U0453077

本书获五粮液股份有限公司软科学项目"五粮液与茅台品牌运营战略对比研究"（CXY2019R005）、成渝地区双城经济圈川南发展研究院规划项目"成渝双城经济圈高质量发展研究"（CYQCNY20221），以及四川省社科联重点基地重大项目"中国白酒上市企业高质量发展路径及对策研究"（SC22EZD036）资助

品牌运营战略

白酒行业案例分析

陈子曦 熊山 青梅 著

中国社会科学出版社

图书在版编目（CIP）数据

品牌运营战略：白酒行业案例分析/陈子曦，熊山，青梅著．—北京：中国社会科学出版社，2022.11
ISBN 978-7-5227-0894-2

Ⅰ．①品… Ⅱ．①陈… ②熊… ③青… Ⅲ．①白酒工业—工业企业管理—品牌战略—研究—中国 Ⅳ．①F426.82

中国版本图书馆 CIP 数据核字（2022）第 178170 号

出 版 人	赵剑英
责任编辑	戴玉龙
责任校对	王品一
责任印制	王　超
出　　版	中国社会科学出版社
社　　址	北京鼓楼西大街甲 158 号
邮　　编	100720
网　　址	http://www.csspw.cn
发 行 部	010-84083685
门 市 部	010-84029450
经　　销	新华书店及其他书店
印　　刷	北京明恒达印务有限公司
装　　订	廊坊市广阳区广增装订厂
版　　次	2022 年 11 月第 1 版
印　　次	2022 年 11 月第 1 次印刷
开　　本	710×1000　1/16
印　　张	20
插　　页	2
字　　数	317 千字
定　　价	98.00 元

凡购买中国社会科学出版社图书，如有质量问题请与本社营销中心联系调换
电话：010-84083683
版权所有　侵权必究

序　言

中国特色社会主义进入新时代，我国经济发展也进入新时期，呈现出经济高速发展转向高质量发展的特征。2015年全国居民人均可支配收入为21966元，2020年全国居民人均可支配收入为32189元，在这期间，中产阶层及富裕阶层人群不断扩大，消费者消费出现消费升级，消费者更趋向于品质消费。白酒产业面对消费需求增速放缓和品质消费升级，企业需要持续优化产业结构升级。白酒产业在2012—2016年经过深度调整后，在高端、次高端以及区域强势品牌的收入增速上较为明显。白酒产业加强对品牌的建设，发挥品牌引领作用，有助于加快经济发展方式的转变和推进供给侧结构性改革。品牌是企业及国家竞争力的综合体现，在自由贸易、经济全球化的背景下，提高企业品牌的价值，是助力企业参与国际竞争、提高竞争力的必然条件。就企业而言，企业实现高质量发展离不开以品牌来促进企业质量的变革。就企业品牌而言，它综合体现了质量、技术、特色、创新等要素，能为企业创造市场，提高企业知名与美誉度，获取消费者的认可，培养顾客的忠诚度，以此将企业形象更好地传递下去。

"品牌"是企业管理离不开绕不过的一个词。企业家思考品牌，管理者经营品牌，学者研究品牌。究竟什么是品牌？是商标？还是企业产品的名号？亦是产品在消费者心中的或好或坏的评价？或是企业背后的美丽故事？我们能从不同的书籍、搜索引擎的搜索中、企业家的口中得到不同的答案。这些纷繁答案没有绝对正确或错误，只是角度不同罢了。

抛去拗口生涩的专业术语，就"品牌"二字本身来思考，或许会另有所获。在我国的语义中，"品牌"一词中"品"字，在古代汉语中从三口，口代表人，三个人即为多数，即众多的人。"牌"字，从片，从卑，卑亦声。"片"指锯开的木头的一半，又泛指扁而薄的东西。"卑"意为"仿真品""模拟品""替代品"。"片"与"卑"联合起来表示"用小木片制作的实物模型"即用木板、金属片或其他材料做成的标志。因此,"品牌"从字面意思我们理解为,大家口中的、心中的企业或产品的形象。在西方语义中,"品牌"一词来源于古斯堪的那维亚语 brandr,意思是"燃烧",指的是生产者燃烧印章烙印到产品。无论是中国还是国外,"品牌"的产生都有悠久的历史,并现已附有了更多的含义,比如"属性""利益""价值""文化""个性"等等。

也许这样"说文解字"依然难以理解"品牌",是否可以这样想象,每个企业都是天空中的星星,"品牌"就是这些星星的名字和其拥有的光晕。有的星星明亮闪耀,很多人都知道这些星星的名字,提起这些名字都能想到其美丽的光晕,产生美好的想象。而有些星星则暗淡无光,很难让人们记住。

五粮液和茅台应该是白酒行业中最闪耀的两颗星,光彩夺目、惹人遐想。五粮液与茅台同样具有悠久的发展历史,同样具有令人称赞的"成绩表",也同样要面对未来发展的种种困境和机遇。许多的"同样"其实却有不同,在消费者眼中五粮液和茅台两颗星,虽然同样璀璨,却各有光芒。我们这里要研究的五粮液与茅台两颗耀眼的明星来路、如何运转,才让其各具光芒、各自耀眼。

在该书写作过程中,笔者们将理论与实际相联系,紧密结合白酒行业市场变化情况和相关政策变化,对我国白酒区域发展战略、白酒上市公司发展战略进行研究以及对五粮液和茅台的品牌运营战略进行了对比研究。该书一共分为四大部分:第一部分为白酒行情变化及相关理论基础;第二部分为中国白酒区域发展战略与白酒上市公司战略分析;第三部分为中国白酒企业品牌竞争力案例分析——以茅台和五粮液为例;第四部分为中国白酒企业品牌运营战略案例分析——以茅台和五粮液为例。该书共有 11 章涉及市场变化、行业发展情况、理论、白酒产区的发展战略、白酒上市公司发展情况,以及五粮液和茅台品牌的发展历程、价值观念与企业愿景比较、品牌价值比较、品牌竞争力比较、品牌模式比较、品牌定位比较、品牌销售系统比较、品牌管理系统比较等方面。

本书得到了五粮液股份有限公司资助"五粮液与茅台品牌运营战略对比研究(CXY2019R005)",书中所有数据、资料均来自公司官网及权威平台。本书也是该项目的研究成果之一。

由于笔者水平有限,若书中存在问题和不妥之处,请各位读者批评指正。

感谢李琛、余元春、凌泽华、甘伦知、杨玉琴、武志霞、杜孟杰、胡浩铭、邹宇阳、陈亚玲、肖梦丹、陈涵、丁宇凡、周静对本书的贡献。

四川轻化工大学

2022年5月

目　录

第一部分　白酒行情变化及相关理论基础

第一章　白酒行业及企业变化 …… 3
第一节　白酒产业发展趋势 …… 3
第二节　白酒消费者变化 …… 8

第二章　研究理论基础 …… 14
第一节　企业品牌运营战略理论 …… 14
第二节　企业营销竞争力理论概览 …… 17
第三节　白酒品牌市场竞争战略 …… 19

第二部分　中国白酒区域发展战略与白酒上市公司战略分析

第三章　中国白酒区域发展战略研究 …… 27
第一节　西部区域发展战略 …… 27
第二节　中部区域发展战略 …… 46
第三节　东部区域发展战略 …… 64
第四节　东北区域发展战略 …… 81
第五节　白酒区域发展战略比较分析 …… 86

第四章　中国白酒上市公司发展战略 …… 90
第一节　白酒上市公司发展战略 …… 90
第二节　白酒上市公司发展战略比较分析 …… 144

第三部分　中国白酒企业品牌竞争力案例分析
——以茅台和五粮液为例

第五章　五粮液与茅台品牌发展历程对比研究 …………………… 157

　　第一节　两大白酒龙头企业品牌发展及运营战略对比研究的
　　　　　　现实基础与意义 …………………………………………… 157
　　第二节　企业自身变化 ……………………………………………… 160
　　第三节　五粮液与茅台发展历程对比研究 ………………………… 169

第六章　五粮液和茅台品牌发展价值理念比较分析 ……………… 180

　　第一节　五粮液和茅台品牌发展价值理念与
　　　　　　企业愿景比较分析 ………………………………………… 180
　　第二节　五粮液与茅台品牌价值比较分析
　　　　　　——基于权威机构数据 …………………………………… 182

第七章　五粮液与茅台品牌竞争力的比较 ………………………… 192

　　第一节　白酒企业品牌竞争力模型 ………………………………… 192
　　第二节　五粮液与茅台品牌竞争力分类比较分析 ………………… 193
　　第三节　五粮液和茅台 2019 年度品牌竞争力评价
　　　　　　结果与分析 ………………………………………………… 211
　　第四节　五粮液提升品牌竞争力的策略建议 ……………………… 219

第四部分　中国白酒企业品牌运营战略案例分析
——以茅台和五粮液为例

第八章　五粮液与茅台品牌模式比较分析 ………………………… 225

　　第一节　五粮液与茅台品牌理念比较分析 ………………………… 225
　　第二节　五粮液与茅台品牌结构比较分析 ………………………… 232
　　第三节　五粮液与茅台品牌授权比较分析 ………………………… 240
　　第四节　五粮液与茅台品牌延伸比较分析 ………………………… 243

第九章　五粮液与茅台品牌定位比较分析 …… 246

第一节　品牌定位演进历程的比较 …… 246

第二节　五粮液与茅台主品牌定位的比较 …… 252

第三节　五粮液与茅台系列酒品牌定位的比较 …… 255

第四节　五粮液与茅台品牌定位的综合比对分析 …… 261

第五节　五粮液品牌定位战略的优化建议 …… 262

第十章　五粮液与茅台品牌销售系统比较分析 …… 267

第一节　五粮液与茅台品牌销售渠道模式比较分析 …… 267

第二节　五粮液与茅台品牌销售组织管理模式比较分析 …… 282

第十一章　五粮液与茅台品牌管理系统比较分析 …… 285

第一节　五粮液与茅台品牌管理团队比较分析 …… 285

第二节　五粮液与茅台品牌管理制度比较分析 …… 286

第三节　五粮液和茅台品牌追踪与维护比较分析 …… 289

第四节　五粮液品牌管理建议 …… 302

参考文献 …… 305

后　记 …… 309

第一部分

白酒行情变化及相关理论基础

第一章 白酒行业及企业变化

第一节 白酒产业发展趋势

一 白酒产出规模稳中有降，产出效益逐步提升

据国家统计局及中国酒业协会发布的数据显示，2013—2020年白酒产业产出规模稳中有降、效益稳步提升。2013—2016年我国白酒产量稳定在1300万千升左右，2017年中国白酒产量开始呈现下滑趋势，2018年全国白酒产量871.2万千升，2019年全国规模以上白酒企业累计产量达到785.9万千升，同比略为减少0.76%。2020年规模以上白酒企业1040家，完成酿酒总产量740.73万千升，同比下降2.46%。

2018年，我国白酒产业规模以上企业销售总收入8122亿元，同比增长10.20%；利润总额1476.45亿元，同比增长23.92%。其中，规模以上白酒企业实现销售收入5363亿元，同比增长12.86%；实现利润总额1250亿元，同比增长29.98%。2019年，纳入国家统计局范畴的规模以上白酒企业1176家，其中亏损企业131家，企业亏损面为11.14%。2019年规模以上白酒企业累计完成销售收入5617.82亿元，与上年同期相比增长8.24%；累计实现利润总额1404.09亿元，与上年同期相比增长14.54%；亏损企业累计亏损额8.88亿元，比上年同期下降5.85%。2020年白酒产业总共完成销售收入5836.39亿元，同比增长4.61%；实现利润总额1585.41亿元，同比增长13.35%。

二 白酒产业集中度进一步提升

2012年以来，我国出台了一系列限制消费的政策来应对经济的结构调整，严禁公款消费高档酒，商业消费和政务消费等消费情景受限，导致白酒销量急速下降白酒产业存在的产能过剩矛盾凸显。在2013—2015

年，白酒产业处于深度调整阶段。2016年以后，白酒产业处于结构性增长新阶段，具体表现为高端和次高端龙头酒业企业量价齐增，规模以上白酒企业数量减少，效益进一步向优势企业集中，产业集中度进一步提升。

2017—2020年白酒规模以上企业数量持续减少。2017年，白酒规模以上企业的数量是1593家。2019年，规模以上企业数量减少至1176家，企业数量减少了417家，减少幅度高达26%。2020年，全国规模以上白酒企业1040家，减少幅度为12%。

2018—2020年，白酒产业的效益进一步向优势企业集中。根据五粮液、茅台2018年报显示，两家龙头白酒企业合计产量26万吨，年营业收入1136亿，年利润486亿，分别占2018年全产业规模以上企业的3.01%、21.19%、38.84%。仅仅两家龙头白酒企业，就以不到4%的产业产量，占据超20%的产业份额，并创造近40%的产业利润，足见龙头企业的强大盈利能力。2019年销售规模达到100亿元以上的7家白酒企业（茅台、五粮液、洋河、泸州老窖、山西汾酒、顺鑫农业和古井贡酒）营收共计2016.22亿元，市场占有率35.89%。其中，贵州茅台酒类业务收入853.45亿元，市场占有率最高，达到15.19%；五粮液酒类业务收入463.02亿元，市场占有率8.24%；洋河股份酒类销售收入221.61亿元，市场占有率3.94%。2020年，贵州茅台以979.90亿元的营收规模位居行业龙头地位，其营收规模占白酒行业规模以上企业营收的比重达16.79%；其次是五粮液，市场份额达9.82%。此外，市场份额占比较高的企业还有洋河股份、泸州老窖、顺鑫农业等，其市场份额占比分别为3.62%、2.85%、2.66%。

三 白酒消费需求多元化

随着生活水平的提高，人们的消费观逐渐变化，白酒消费需求呈现多元化趋势。白酒作为国内主要社交用酒，宴请、送礼等场景依然是主流需求场景。据百度白酒用户大数据调查，白酒的需求场景依然以宴请、送礼、收藏、自饮为主，其占比分别为45%、24%、24%和7%。

而从典型白酒消费群体角度分析，对于白酒的消费需求也是有所不同。资料显示，白酒六类典型消费者分别是高端商务人士、高薪中产、活跃中老年、新势力女性、新入圈年轻人以及拼搏打工人。针对高端商务人士，白酒是匹配个人社交身份的代表符号，他们偏好限量版、高档次白酒。高薪中产群体选择白酒着重于其在社交中助兴、活跃气氛等因素，偏好次高端及以上白酒。活跃中老年人群体在一线或者新一线城市占比最高，他们收入高、爱养生、爱喝酒，热衷于知名度高的白酒产品。新入圈的年轻人群体购买白酒主要用于长辈共饮、投资、送礼等，他们对于白酒的消费需求差异较大。新势力女性群体也将喝酒作为她们的娱乐途径之一，与家人、朋友共饮，人情往来是其消费白酒的主要场景，白酒消费呈现时尚化、个性化、低度化特点。对拼搏打工人群体而言，白酒是日常餐饮中不可或缺的仪式感，熟人推荐、价格实惠以及促销力度大都将是他们购买白酒的影响因素。

四 白酒行业拥抱"互联网+"时代来临

近年来，随着数字经济和传统产业的深度融合，"互联网+优质白酒"已成为一种新的经济常态。"互联网+白酒产业"深度融合，一定程度上给白酒产业形成新的增长方式，产业形态、商业模式和经济增长点。而随着互联网时代的年轻消费者逐渐成为白酒消费主要力量，各个酒企都在不断探索"互联网+白酒"的新经营之道。

2019年8月26日，五粮液集团与阿里巴巴集团签署战略合作协议，双方将在阿里云、天猫和服务、零售通、金融、营销数字化流程平台以及物流服务等领域开展全方位合作，加速推动实施五粮液数字化战略，共同创造传统产业与新兴产业创新发展的新典范。2020年3月30日，五粮液与新浪采用"云发布"的形式达成战略合作，将在消费者服务、新媒体智慧营销、区块链前沿技术应用等领域为名酒的价值发现提供一个新平台，并推出区块链酒证项目。

2018年以来，茅台公司在拥抱"互联网+"，大数据方面也积极布局，从B2C的电子商务业务开始，将B2B、B2C、O2O、P2P等市场营销模式一体化构建茅台云商，将物联网和大数据思维有效利用，促进线上和线下渠道深度融合。茅台公司最近启动的"智慧茅台"工程充分集成运用大数据、云计算、移动互联网、智能视频等新兴信息技术，挖掘出海量数据所蕴藏的潜在商业价值，为其市场营销提供决策建议，围绕线上线下构建和谐的新商业生态。

五 白酒产业拓展国际化市场提速

在我国白酒产能总体规模巨大，市场竞争较为激烈的大背景下，国际化已经成为白酒企业竞争力的新体现，成为行业竞争的另一赛道。借助"一带一路"倡议大规模实施的东风，国内白酒企业纷纷加快实施国际化战略步伐，国际化市场拓展明显提速。不少名酒企业开始向周边国家渗透，借助国际会议、活动、赛事进行品牌传播和市场拓展，白酒国际化成为近年来的热门话题。根据海关总署统计，2017年，白酒企业出口金额已经达到了4.69亿美元，比上年增长了4.34%。2018年，我国白酒出口量为1721万升，同比增长3.86%；从出口金额来看，2018年，白酒出口金额约为6.55亿美元，同比增长39.36%。2019年白酒出口数量为1638万升，同比增长4.8%，金额为6.65亿美元。2020年由于受疫情影响，白酒出口数量下降为1424万升，额度为4.6亿美元。

五粮液集团大力推进企业国际化发展，坚持实施引进来走出去的战略，制定有针对性的海外市场规划。2017年，五粮液发起成立了"一带一路"国际名酒企业联盟，并积极成立亚太、欧洲、美洲三大营销中心。目前五粮液在126个国家实现落地销售，并频频亮相夏季达沃斯论坛、厦门金砖峰会、阿斯塔纳世博会等重要国际舞台。2017年五粮液集团酒类产品出口金额为9733万美元，相对于2014年增幅高达40%。2018年五粮液公司大力拓展韩国日本等东南亚市场，使五粮液韩国市场在原有销售基数较大的情况下，实现了28%的增长，出口日本市场增长近200%。

茅台公司通过产品全球化、品牌全球化、市场发展全球化多个层面的努力，已经远销亚洲、欧洲、美洲、大洋洲、非洲等超过60多个国家和地区，国外营业收入总体呈现增长态势。2017年国外市场销量达到1941.60千升，营业收入为22.70亿元，相对于2015年增长41.17%；2018年国外营业收入28.93亿元，同比增长27%；2019年国外营业收入29.20亿元，同比增长1%；2020年由于疫情影响，国外营业收入下降为24.32亿元。

六 白酒消费群体代际承接问题凸显

随中高端白酒在市场销售中所占据的优势扩大，"80后"消费者已然成为白酒消费主力，"90后"消费者逐渐崛起，白酒年轻化以及白酒消费群体代际承接问题凸显。据《多元分化万变归一：糖酒行业关注趋势报告》显示，在白酒消费上，年轻群体迸发巨大增长潜力，30岁或为存量和增量市场临界点：30岁以上用户对白酒内容的消费占到了77.7%，但增速只有69%，30岁以下用户增长率达到了133%。开拓年轻人的白酒增量市场，白酒消费群体的代际传承逐渐成为白酒企业高度关注的一个问题。

为迎合白酒年轻消费者,许多白酒企业在口感方面进行了低度化尝试。五粮液加速研发推出35度、39度和42度的年轻人产品;江小白公司的明星产品"表达瓶"为40度,并且在持续不断创新饮用方式与研发更低度的产品。

而在白酒时尚化方面,白酒企业也是纷纷下足了功夫。五粮液在2018年3月份与施华洛世奇打造了一场"魔法奇缘之夜快闪店"的营销活动,吸引了众多时尚潮人的关注;茅台2018年发布了茅台醇—星座酒,瓶身和包装一改尊贵特色,融入了年轻时尚元素;江小白对年轻人喜爱的说唱、街舞、涂鸦等潮酷文化的探索,则被行业观察者称为"不是跟随时尚,而是制造潮流"。酒体、口感、场景、产品设计的每一个细节都在向年轻人趋近,这一市场行为的背后是白酒企业对年轻人消费市场的渴求,应对消费群体代际传承问题的努力。

七 白酒行业政策调整带来的新机遇

2019年11月,国家发改委发布的《产业结构调整指导目录(2019年)》指出,把"白酒生产线"移出限制类目录,解除了对白酒产业投资、投产、用地等方面的限制,白酒产业发展由此迎来新的发展机遇。一方面,有利于促进白酒产业内和产业间的优质资源要素充分流动、促进产业并购与整合,为优势资源、资金进入酿酒产业提供政策便利,有利于建立良性竞争机制,使酒类市场恶性竞争得到有效控制,为净化酒类市场秩序奠定了良性基础。另一方面,白酒产业限制性政策的解除,目标在于促进白酒产业的高质量发展,必然更加强调白酒的高品质、生产流程的高标准、产业总体发展态势的高质量,这将非常有利于白酒优质产区和名优酒企发展。市场资源必将进一步向优势白酒产区和知名酒企集中,使得白酒这一产业在建立新生产技术、质量安全、标准化体系、溯源体系等方面有了一定的机会,同时有利于推动白酒产业转型升级并建立符合高质量发展要求的白酒新标准。

白酒产业限制政策解除对于白酒产业的发展既是机遇,也有可能带来不利影响。由于白酒产业进入壁垒降低,这将有可能导致一些地区无序提高白酒企业数量与扩大企业规模,给目前趋于饱和的白酒消费市场带来市场存量间的尖锐竞争。

第二节 白酒消费者变化

一 白酒消费心理变化

(一)"喝真酒,喝好酒,喝老酒"渐成普遍的白酒消费心理

国家对食品安全的高度重视和对假冒伪劣产品的严厉打击,让食品造假分子的违法成本越来越高,加之目前消费者自身的觉醒以及互联网普及所消除的信息不对称,使得消费者能够较轻易就选购到自己心仪的真酒。

居民可支配收入随我国经济发展逐步提升、中产阶层的不断壮大以及高净值人群的增长,基于高端白酒带有标识身份、阶层的"面子酒"等特性,白酒消费将进一步从"有酒喝"向"喝好酒"的阶段演化,消费者青睐于"好酒"的心态以及行为会越来越普遍。

随着"酒是陈的香"广告语的深入人心,"喝老酒"成为新的消费心理,市场上陈年老酒的价格节节攀升,尤其是名酒厂出品的老酒,更是成为众多消费者倾心的对象,乃至于成为投资的理想藏品。

(二)"质优价宜"成为白酒消费的新常态

根据国家统计局数据显示,2020年全国居民人均可支配收入达32189元,中高产阶层人群的持续扩张,推动白酒消费升级,品质需求将成为未来白酒行业的主旋律。以茅台、五粮液为代表的名酒产量限制,所以中产阶层消费者不可能天天都喝这样的好酒。想喝好酒,但又不能太贵,太贵就不符合中产阶层的消费者的习惯,他们青睐于那些能够提供好酒、价格适宜的品牌。中国中产阶层消费者未来几年将超过5亿人群,这个庞大人群的消费观念和消费习惯将促进更多"质量优良价格便宜"的品牌白酒发展。

(三)中低度白酒有望成为消费主流

白酒主力消费人群介于30—50岁,其中30—40岁是骨干消费力量与生力军。而那种认为茅台、五粮液只有高度才会出好酒的消费认知是20世纪70年代的记忆,现在的年轻人可能并不这么认为。据《2019中国酒类消费行为白皮书》调查显示,"90后"年轻消费者认为低度酒能够帮助其兼顾饮用量及健康需求,38%的年轻消费者认为喝低度酒能喝的多一些，显得酒量更大。《2020年轻人群酒水消费报告》数据也显示：2020年，"90后"已成为低度酒水消费市场中唯一消费占比提升的人群，年轻人开始成为中低度白酒市场中的新动力。当然，中低度白酒消费虽然可能仅是白酒消费大趋势，并不意味着高度酒就会消亡，高度白酒未来成为小众消费的可能性更大。

（四）小包装契合饮用新趋势

小包装产品的天然属性，契合当下白酒饮用趋势。根据相关研究表明，超过半数的消费者认为小包装产品更加易于和别人分享，以及小包装产品饮用没有压力；而一部分消费者认为小包装产品（尤其是酒类产品）对于控制消费用量来说更有用。而研究数据显示，超过半数的消费者每次喝白酒的量越来越少，这与整体食品小包装的趋势相近，小包装白酒更符合当下的消费习惯。但目前小包装白酒产品价位构成比较单一，且主要针对的是中低端餐饮（以郎酒的歪嘴郎为代表）。而具有品牌支撑的中高端小包装白酒（40元+/100ml）或能更好地满足目前某些消费升级的需求，并有效打开中高档餐饮渠道。

二　高收入人群白酒消费新特质

根据《2019胡润百富高收入人群生活方式与品牌倾向调研》数据，高收入人群倾向的娱乐方式为运动健身、看书与摄影、旅游、品尝美酒与美食等。而定性研究发现，高收入人群在白酒消费方面有了新的特质，即越来越重视社交、品牌与收藏价值。

（一）社交价值

"情谊往来"在中国人的社交行为上占据着非常重要的位置，对于高收入的人群来说更是如此。据调查，高收入人群中92%的人认为社交关系中起到重要作用的是赠礼这一环节。而值得注意的是，在送礼选择上，高端酒（尤其是高端白酒与红酒）逐渐成为高收入人群社交场合互相馈赠的礼物。

酒作为思想交流的载体，体现了酒在社交中的重要性，特别是现在白酒文化更是深深的表达着消费者的情感诉求。高收入人群将酒类具有的社交价值充分发挥，既对酒的品质、颜值有着基本要求，又对使用价值要求极高，同时还要求获得心理和精神以及社会认同的多种满足。高收入人群在社交过程中使用酒类礼品过程中可以起到精神愉悦、增进交流以及感情联络与商务拓展。这足以说明"酒"举足轻重的社交价值。

（二）品牌价值

品牌对于一家企业的重要性不言而喻，品牌代表着企业的核心竞争力。品牌价值是企业在消费者面前所展示的最直接的形象，具体可从属性、品质、档次（品味）、文化、个性等多方面进行考量。是否拥有良好的品牌价值将是左右消费者消费的重要因素。

根据调研数据，茅台作为非传统奢侈品牌入选高收入人群最受青睐的奢华品牌之一，茅台以2700亿元的品牌价值成为酒水产业最具价值的中国品牌。同样名酒五粮液具有悠久的历史，且作为老牌八大名酒，品牌基因强大，具备明显稀缺的品牌价值。最近几年，五粮液开始对产品进行"瘦身"，砍掉了大部分子品牌，将企业重新定位于高端市场，重点打造品牌核心竞争力；同时发挥出五粮液拥有的国家工业遗产——明清酿酒古作坊资源优势，推出一系列具备五粮液特色的白酒。这些措施为五粮液带来了最显著的改变就是企业品牌价值逐年递增。

（三）收藏价值

随着消费者经济水平的高速增长，人们可支配的资金越来越多，除日常生活外，中高端消费者会选择投资白酒。其可能的原因一方面是这几年的金融市场环境风险巨大；另一方面是因为白酒的时间价值。酒类产品的年份会随着时间的增长而增值，何况好酒和老酒相对于需求而言，还是显著稀缺的。

以茅台、五粮液年份酒为代表的名酒具有相当程度上的投资与收藏价值。根据调研数据，在2019年高收入人群收藏排名中，名酒稳居榜首且近五年来的排名稳步上升。这说明高收入人群对于名酒的喜爱程度越来越高，同时也说明了这种对于名酒的喜爱程度加强了这些人群对于高档名酒的消费水平。

三 白酒购买行为因素分析

（一）口感因素

据调研数据表明，高达81%的人群在购买白酒时考虑的是口感。白酒的口感主要受到香型的影响，而香型与酒所含的化学成分密切相关，是由酒的原料、制作工艺、时间以及生产储存环境等因素决定的。由于复杂的制酒流程，白酒之间的香型各异。公开资料显示，浓香型白酒是目前市场上最受欢迎的白酒种类，占比超过50%，其次为酱香型和清香型。

（二）品牌因素

据调研数据表明，品牌是79%白酒消费者购买时考虑的重要因素。在白酒的品牌偏好上，五粮液、茅台既是最受青睐，也是购买比例最高的两大品牌。在受访者购买过的品牌中，茅台、五粮液的评分最高。定性研究发现，在品牌选择上，白酒的饮酒人群更青睐以五粮液、茅台为代表的知名品牌，因为口感更好，同时也会受到亲朋好友口碑推荐的影响。

（三）酒精度数

据调研数据显示，70%的白酒饮酒人群在购买中会考虑白酒度数，比较受欢迎的高端白酒的度数大多为52度或53度。值得注意的是，在后物质时代下，人们的饮酒观念发生变化，健康意识逐渐增强，降度和低度白酒的需求越来越明显。

（四）白酒年份

据调研数据显示，在购买白酒时，受访者考虑年份的比例也高达59%。公开资料显示，自20世纪90年代古井贡推出"年份原浆酒"概念后，年份酒随着市场推广受到消费者的追捧。茅台30年、梦之蓝M9、五粮液10年和国窖1573是最受青睐的年份白酒，表明高收入人群在年份白酒的选择上对于知名品牌的信赖度较高。

四 白酒购酒行为特征与消费者结构变化

（一）信息渠道与媒体

定性研究发现，对于酒水信息渠道而言，真实性是衡量其好坏的最关键的要点之一，这就意味着信任的渠道极大程度上影响着购买选择与倾向。对于高收入人群而言，他们最信赖的购酒信息来源渠道是品牌官方在销售渠道的陈列及展示，顾客能够亲眼所见与亲身体验，在购物过程中更让他们感受到放心与安心。其次为口碑宣传，无论是口口相传还是有影响力的领袖口碑推荐，良好的评价也是高收入群体信任的消费信息渠道；除此之外，品牌官网信息与日渐流行的公众号或是嵌入式小程序在信息宣传上也颇具影响力。从媒体接触习惯上看，在互联网时代下，网络已成为最主要的媒介，其次为电视和户外广告。

（二）购买渠道

从总体上说，大多数人选择线下渠道购买酒类。虽然年轻人选择线上购买的比例日益增高，但是仍然以线下购买为主。线下购买渠道中，白酒和洋酒主要集中在专卖店和经销店。在线上销售渠道中，综合电子商务平台的选择率远远超过了酒类垂直电商平台，在品牌自营网站及小程序上购买的比例最低。

通过定性研究表明，饮酒人群酒类需求大但所储备的酒量不足时，会选择线上购酒，因为方便、价格公道而且送货上门。还有消费者表示他们有固定的消费平台，即便其他平台即便有折扣，其购买行为也是暂时性的，优惠政策之后便不再使用。在有体验过线上买酒的群体中，专业快速的送货服务是他们选择线上渠道的主要原因。而且越是年轻的群体越喜欢线上渠道的方便性。

相关调查显示，在未选择线上渠道的人群中，有62%的人对产品质量表示担忧，成为未选择线上购买的主要原因。此外，交付风险、及时取货的需求以及缺乏消费体验也是制约线上酒水销售的主要因素。

在大数据、互联网不断发展背景下，移动支付、虚拟现实等高新技术不断拓展，同时也为线上线下融合消费开启了新的可能。

（三）（高端）白酒消费者结构变化

2012年以来，我国出台了一系列限制消费的政策，严格禁止公款消费高档酒，政务消费逐渐退出白酒消费市场，加之中产阶层崛起，白酒产业的消费主体逐渐由政务消费与商务消费演变为商务消费和个人消费。由于白酒消费者的结构变化，个人及商务消费更加注重面子消费，具体表现为白酒消费向高端及名酒转变，消费更为理性。白酒产业经历2013—2015年的深度调整，随着白酒政务消费的逐步出清，大众消费有力的承接了政务消费下滑带来的缺口。高端白酒依靠强大的品牌背书，历经价格调整及库存消化后，实现了需求的快速回升。相比上一轮产业景气周期，随着我国经济不断发展，居民购买能力不断提升，白酒消费的物质基础更加夯实，带来白酒消费品质需求及消费价格的提高，且稳定性更高。

中产阶层占比提升将带动高端白酒销量快速增长。根据国家统计局的数据表明，2018—2020年，我国城镇居民人均可支配收入分别达到39251元、42359元、43834元，总体呈增长态势。由于上层与中产阶层是高端白酒消费的主力人群，随此类收入人群的壮大，将推动高端白酒销量快速增长。

政务、商务消费萎缩，而大众消费占比快速提升，将带动白酒产业良性发展。自 2012 年白酒产业深度调整以来，中国高端优质白酒的消费者结构随之发生变化，政务消费正朝着个人消费之间转换的方向发展。经过近几年的白酒产业不断改变，从 2015 年至今，消费终端的结构已然发生改变。据《微酒》数据表明，2012 年至 2015 年，高端白酒的政务消费比例下降至 5%。在 2016 年 3 月的两会中，茅台董事长正式宣布了茅台酒公务消费的比例已下降至。茅台酒的销量并未因三公消费量的限制而受到影响，反而从 2012 年的 15000 吨增加到 2017 年的 32500 吨。由此，商务消费和个人消费已经成为公司业绩的主要支撑。

第二章 研究理论基础

第一节 企业品牌运营战略理论

每一个企业都有自己独特的品牌运营战略,但是遵循的基本理论是一致的,即围绕企业及其产品品牌开展形象塑造行动提高产品市场竞争力[①]。

一 品牌运营战略理论的提出

伴随市场经济的成熟,各类产品日益丰富与多元化,但同时也出现严重的产品同质化问题。品牌"Brand"一词最早意为"灼烧",而早期在市场营销(AMA)角度将品牌的作用局限于辨认同质化产品与服务的区分功能,1990年后品牌由以往的"请消费者注意"转变为"请注意消费者",随时间推移,品牌赋予了更丰富的内涵。品牌如今已上升到企业发展战略层面。20世纪60年代,大卫·奥格威的创意观念,引起人们对品牌运营的关注。品牌运营战略理论在企业竞争环境中,考虑自身的优势和劣势,采取一些措施和策划使得品牌成为公司的核心竞争力,从而获取差别利润与价值,为公司提供生产和发展战略。品牌运营战略的主要目标是创造"四高"(知名度、认可度、美誉度、忠诚度)的强势品牌,并将其优势长期发展下去,来维持产品或是劳务在市场的长久稳定或增长的销售态势,以品牌能力提升产品在市场的竞争力[②]。

总而言之品牌运营战略就是将战略应用在品牌运营活动当中,创造品牌价值,使得品牌不仅是区分与同质化产品的单向作用,更是构建企

[①] 菲利普·科特勒等:《营销管理》,何佳讯等译,格致出版社2016年版。
[②] 罗科:《我国手机制造企业品牌运营策略研究》,硕士学位论文,西南大学,2010年。

业的核心竞争能力，使得品牌成为公司核心竞争力，构建企业的行业壁垒，让企业更好地可持续发展下去。

二 品牌运营理论

品牌运营是指以品牌为核心，围绕其开展多层次、多形式的经营活动①。国内对品牌运营战略的研究起步较晚，现阶段并未完全形成战略理论体系，研究者对品牌运营战略的见解也各不相同。已有学者提出品牌经营过程主要的理论有：品牌延伸理论、品牌形象理论、品牌定位理论、品牌"四合一"理论。也有学者提出在品牌经营过程涉及的品牌战略有：单一品牌、多种品牌、主副品牌、联合品牌、担保品牌、品牌延伸等战略②。

（一）品牌延伸理论

简言之，在竞争激烈的市场环境中，不少企业会通过新研发产品或服务来扩宽企业的市场空间，在该过程中，企业可以通过将原已打造和维护的知名度及具有市场影响力的品牌"嫁接"到新研发的产品或劳务上，以此对产品或劳务在推新过程中，可以更容易进入市场，能快速或是继续获得消费者的认可。品牌延伸对于企业来说是一把双刃剑，比如海尔由最初的单一产品冰箱延伸到家电行业的几十类的产品（彩电、空调、洗衣机等），其产品延伸获得了成功。再如三九集团最初以药类产品起家，"999"品牌获得消费者认可，但后来三九集团将"999"品牌延伸到啤酒上，由于消费者对三九集团的"999"品牌药类产品治病护胃的功效恰巧与啤酒伤胃相违，使消费者对其产生心理上的抵触，这是一个失败的延伸例子。

（二）品牌形象理论

20世纪60年代，大卫·奥格威认为品牌的塑造离不开广告，而每则广告都应是对品牌的长期投资③。往往消费者对品牌的认识、感知和态度与品牌的形象有着紧密的联系，品牌形象理论也强调对品牌形象的塑造。品牌形象理论的四要素：广告不仅传播速度快，且受众面积广，能重复播放，不受时空限制，可以提升品牌形象的知名度并能长久地维持品牌

---

① 宋晶等：《论品牌意识与品牌运营》，《财经问题研究》2001年第12期。
② 魏义光：《品牌新常态》，中国法制出版社2015年版。
③ 李东、邢振超：《四种营销传播理论的比较——从USP论、品牌形象论、定位论到IMC理论》，《学术交流》2006年第11期。

形象；任何广告都是对品牌的长期投资；产品同质化使品牌之间的同质性增大，对消费者在选择品牌时的消费理性减弱，所以对品牌形象的描绘比对产品功能的特性描绘更重要；消费者"实质+心理"利益的消费理念，广告注意运用形象满足其心理需求①。

（三）品牌定位理论

STP又称现代营销三部曲（市场细分—选择目标市场—品牌定位）②，品牌定位成为营销界中重要的一部分。里斯·特劳特最早提出"定位"概念，随后营销大师科特勒又重新定义。综合几位大师的定义，将品牌定位定义为：企业以"消费者+竞争对手+企业自身"为主要维度，以"行业+市场"等要素为辅助维度，从"产品、价格、渠道、包装、服务、广告、促销"方面寻求差异，塑造品牌核心价值和个性化品牌③。

（四）品牌"四合一"理论

品牌"四合一"理论实质是对品牌的建设方法，目的是打造品牌，与竞争产品进行区别。其具体内容包含以下四个方面。一是品牌特征内外合一，即品牌通过外部所表露出来的特征，如产品包装以及价格与品牌的定位相符、品牌的识别符号与品牌的个性化以及核心的价值观念相符合等；二是传播诉求身心合一，即品牌在传播过程需注意品牌内聚的价值观念以及注入品牌文化提高品牌的竞争力，不仅是让消费者接受所打造品牌的产品，更重要的是需要让消费者认同品牌的价值观念；三是终端服务前后合一，即消费者购买产品前以及在购买产品后，能有同等一致的销售服务，往往消费者购买行为的产生与终端消费的售前与售中服务有关，而是否回购往往与售后服务有关④；四是品牌管理言行合一，主要强调的是执行力的问题以及品牌规划是否切合实际的问题，避免出现规划不切合实际，确定的规划需要严格及时保质执行。

三　国内品牌运营战略的不足

相对国外而言，国内对于企业品牌运营战略研究是比较晚的，从而导致企业品牌运营战略研究在我国还处于发展阶段，对于企业品牌运营战略研究都是借鉴国外理论，这个结果直接导致国内企业的品牌知名度

---

① 邹泉：《房地产品牌营销战略》，硕士学位论文，武汉大学，2004年。
② 陈之昶：《品牌定位的实施流程》，《商场现代化》2007年第23期。
③ 余明阳、杨芳平：《品牌定位》，武汉大学出版社2008年版。
④ 徐辰熠：《四合一理论在颐尚温泉品牌建设中的应用研究》，《品牌》2015第7期。

比不上国外的企业。但是自 20 世纪 80 年代开始，国内大批学者从本国实际情况出发，扎根于中国特色社会主义经济市场的土壤，对我国品牌运营战略进行了深度研究，最终提出了适合中国国情和市场的品牌运营战略理论。有了品牌运营战略理论，国内近年来迅速崛起了一批又一批中国知名产品。例如"华为""格力""五粮液"等。

第二节　企业营销竞争力理论概览

一　企业营销竞争力理论的提出

营销竞争力是营销理论研究的一个重要方面，也是构成企业竞争能力的重要部分。1973 年出现对企业营销竞争力的研究，King 从对企业营销方面的能力以及企业与消费者之间的关系考虑，来评判企业的资产和能力[1]。随后国外学者对营销竞争力展开深入研究。

二　企业营销竞争力国内研究现状

虽然 20 世纪 90 年代已经逐渐开展了企业竞争力方面的研究，但企业竞争力所包含的内容与范围较为广泛，多数分支内容研究相对较少；目前，尤其针对企业营销能力竞争这方面的系统性研究工作几乎空白。

国内对营销竞争力理论的认识有：营销竞争力是销售业绩与营销业绩的综合，是企业"扩大销售、增加市场份额、创造利润"的能力[2][3]。企业营销竞争力能为企业创造竞争优势，能随经验的积累不断进步和创新，将企业内部资源有效运行于整体营销管理中的综合能力[4]。从顾客需求的角度考虑，企业在运营过程中体现企业营销竞争力，一方面能让顾客购买产品或服务来满足顾客的需求，另一方面产品或服务给顾客带来物有所值的消费体验，以此实现企业的目标而取得的竞争优势[5]。在市场竞争环境下，从企业营销这方面的能力以及企业自身所拥有的资源的角

---

[1]　周涛：《区域零售企业多业态发展营销竞争力研究》，硕士学位论文，东北林业大学，2014 年。
[2]　王卫红：《我国企业营销能力现状分析与对策》，《商业研究》1998 年第 1 期。
[3]　熊银解：《新经济时代销售竞争能力的塑造》，《市场营销导刊》2001 年第 4 期。
[4]　杨德立、郭惠玲：《企业营销竞争力的理论初探》，《市场周刊》2003 年第 5 期。
[5]　胡劲、黄嘉涛：《论企业营销竞争力体系构建原则》，《计划与市场探索》2004 年第 3 期。

度来看，与竞争对手相比，企业营销竞争力体现在拥有更优的营销理念，具有更高效的营销组织面对市场机会企业能够快速，企业能够调配好自身所拥有的资源来制定一套有效并适合企业的营销战略，也是以下几方面的综合能力的体现：一是满足顾客的消费需求，二是更高效完成企业的营销业绩，三是提高市场竞争力和盈利的能力①。强调企业营销竞争力构成要素需要企业全局考虑而不应单纯停留在"营销"的层面，因为企业营销竞争力是企业全部资源整合营销的结果②。营销竞争力是企业创造价值和实现价值的能力，并从价值理念、战略、运作三要素来描述企业营销竞争力的构架（V-S-O）模型。

三　企业营销竞争力评价体

随着国外对企业营销竞争力的深入研究，国内也逐渐形成了企业营销竞争力评价体系。郭惠玲从营销理念、营销战略、营销策略、营销渠道、营销执行与控制这五方面构建的层次分析评价模型③。黄艳蓉通过综合"文化、渠道、品牌、产品、协同、销售、价格、执行"这八个方面，采用29个具体明细指标评价指标构建营销竞争力的评价指标体系④。季红颖综合考虑了"业绩、理念、信息、战略、策略、执行、关系管理"这七方面的能力，由27个具体指标构建了营销竞争能力的评价指标体系⑤。丰红辉通过"营销理念、识别价值能力、创造价值能力、传递价值能力"这四个方面，通过17个具体指标构建了有关房地产开发企业的营销竞争力的评价指标体系⑥。程云翔将"产品、质量、品牌运营、供应链与销售管理、服务与客户"多方面综合考虑，构建了有关营销竞争力的评价指标体系⑦。武铮铮、李永从三个方面进行评价，一是对企业产品创新及研发能力的评价；二是对企业质量管理能力（如产品合格率、产品

---

① 刘小平、瞿瑛：《我国企业营销竞争力测度指标体系研究》，《全国商情》2008年第19期。

② 熊山：《基于V-S-O营销竞争力基本架构与管理框架》，《中国商贸》2013年第13期。

③ 郭惠玲：《企业营销竞争力评价体系的构建及其应用研究》，硕士学位论文，华侨大学，2003年。

④ 黄艳蓉：《营销力评价指标体系构建及模型研究》，硕士学位论文，武汉理工大学，2007年。

⑤ 季红颖：《企业营销竞争力评价体系研究》，硕士学位论文，吉林大学，2008年。

⑥ 丰红辉：《房地产开发企业营销竞争力研究》，硕士学位论文，浙江工业大学，2013年。

⑦ 程云翔：《市场营销竞争力评价指标体系构建》，《商业经济研究》2016年第13期。

性价比、产品的口碑及影响力）的评价；三是企业营销运行的评价①。

第三节　白酒品牌市场竞争战略

成为长期的领导者或许是每一个白酒品牌的目标。在产品同质化程度较高，替代产品较多的白酒市场，品牌之间的竞争非常激烈。白酒企业需要及时监测营销环境的变化、了解消费者新的需求以及追踪竞争对手的品牌战略。而不同的市场地位通常会决定白酒企业品牌战略的选择。

一　中国白酒行业市场竞争格局及特点②

伴随消费升级所带来的低端产能出局，中高端白酒的销售占比持续提升，白酒市场分化的特点愈加明显。

（一）行业竞争格局

截至2018年底，我国规模以上白酒企业1445家，地域分布较为分散，消费者的地域化消费习惯也较为明显，行业竞争充分。2018年，我国规模以上白酒企业产量位居前10的省份分别为四川省、江苏省、湖北省、北京市、安徽省、河南省、山东省、贵州省、吉林省和山西省，合计占比83%；从优势品牌聚集地来看，白酒优势企业主要位于四川省、贵州省、江苏省和安徽省。截至2019年底，我国已上市的白酒企业共19家，酒类业务收入超过100亿元的企业有贵州茅台、五粮液、洋河股份、泸州老窖、山西汾酒、顺鑫农业和古井贡酒7家，较2018年增加3家。2019年，白酒行业进一步顺应行业分化加剧、集中度提升的趋势，但尚无一家白酒企业能占据市场绝对份额。

（二）行业竞争特点

1. 不同档次白酒的竞争特点

目前，我国超高端白酒市场主要被贵州茅台、五粮液和国窖1573等知名品牌占据，市场竞争优势突出。贵州茅台、五粮液和国窖1573等超

---

① 武铮铮、李永：《市场营销竞争力评价指标体系的构建方法探讨》，《中国集体经济》2021年第31期。
② 中商产业研究院：《2020年中国白酒行业市场竞争格局及竞争特点分析》，《新浪网》，2020年5月25日，http://finance.sina.com.cn/stock/relnews/cn/2020-05-25/doc-iircuyvi4968481.shtml，2021年4月12日。

高端单品的销售收入远超其他竞争品牌,销售单价整体呈稳定上升趋势。而在高端白酒市场目前还没有出现具有绝对竞争优势的品牌。高端白酒市场对品牌知名度、优质基酒产能、销售体系建设、投融资能力等方面要求较高,市场进入门槛较高,市场参与者少,品牌市场竞争压力较小。但对于中高端白酒市场和中低端白酒市场,由于全国性白酒品牌和区域性白酒品牌众多,各品牌之间的竞争非常激烈。

2. 不同香型白酒的竞争态势

较长时间以来,白酒市场保持着以浓香型白酒为主导、酱香型白酒次之、清香型白酒位居第三的产业格局。我国浓香型白酒市场规模整体处于上升趋势,2019年浓香型白酒销售收入达到2978亿元,占白酒总销售额比约为51%。我国浓香型白酒呈现"两极多强"的竞争格局,五粮液和洋河作为两大龙头企业,在从牌力、产品力、渠道力上,具有明显优势,而布局次高端价格的则大多多为区域性酒企[①]。目前酱香型白酒市场规模的变动呈上升状态,2021年酱香型白酒销售收入占白酒销售总额之比已经超过20%,以茅台为绝对主导品牌的酱香型白酒市场竞争表现出"一超多强、批次布局、多产区并行发展"的态势。而清香型白白酒主要集中在50元到100元左右的大众市场,清香型白酒价格带呈现高端和低端一高一低纺锤形发展态势。从品牌竞争态势看,清香汾酒领导地位稳固,吕梁产区竞争优势下的二次元品牌成长较快。

二 不同地位的白酒品牌竞争战略

竞争战略的核心问题是品牌在市场上的相对地位,这种地位显示了品牌是否具有竞争优势。在一个不完全竞争的白酒市场上,品牌一般可分为四种不同的类型。

(1)市场领导者是指在白酒行业中占绝对竞争优势的品牌,一般占有最大的市场份额,例如贵州茅台,其营销行为会对市场产生很大影响。

(2)市场挑战者是指在白酒行业中仅次于市场领导者的品牌,同样具有较强的竞争优势,有能力向市场领导者发起挑战,争取取代市场领导者的地位。

(3)市场追随者是指众多在竞争实力上远远不如市场领导者或市场

---

① 欧阳宇剑、何宇航:《香型之争:聚焦五粮液为首的大单品渠道改革,浓香酒竞争力如何?》,2021年7月1日,https://baijiahao.baidu.com/s?id=1704045820880433151&wfr=spider&for=pc,2022年4月3日。

挑战者的品牌。这些品牌难以通过自己的营销行为去影响市场的发展趋势，往往只能跟随市场竞争力强的品牌。

（4）市场利基者是指一些虽然竞争实力不强，但并不追随市场主流趋势，而选择市场上大多数品牌所忽略的或不愿进入的市场为自己的目标市场的品牌。例如江小白借助于得天独厚的酿造优势，对光瓶酒的品质进行了全新定义，成功抓住了市场的空位。市场利基品牌往往因市场无强大竞争压力而一鸣惊人。

（一）市场领导品牌的竞争策略

处于市场领导者地位的品牌，往往有着较大的市场份额，因此在产品价格变动、新产品开发、市场覆盖率变化、销售方式选择等许多方面起着相对支配或者领先的作用。同时领导品牌往往会面临众多其他品牌的竞争威胁。因此，市场领导者品牌必须保持高度警觉，采取适当的竞争策略，以维护自己的竞争优势。

一般而言，市场领导者品牌要维护竞争优势有以下三种竞争策略：

（1）扩大市场需求总量。当一种产品的市场需求总是在扩大，收益最大的往往是处于领导者地位的企业。如果茅台和五粮液能说服更多的消费者饮用白酒，在更多的场景扩大白酒的消费量，那么他们的收益会是巨大的。所以促进产品总需求量不断增长，扩大整个市场容量，是领导者企业维护竞争优势的积极措施。

市场领导者品牌可以有三个途径达到扩大市场需求总量的目的：①寻求新的消费对象；②开辟产品新的用途；③刺激原有消费者群体增加使用量等。

（2）维持市场份额。在市场领导者品牌面临的竞争对手中，相对总会有一个或几个实力雄厚者。防止和抵御其他品牌的供给，维护自己现有的市场份额，是领导者品牌守住阵地的有效竞争策略。市场领导者品牌可以借助以下两种方法实现维持市场份额的目标。

①进攻型营销，即在降低成本，提高销售效益、产品创新、服务水平等方面争取能始终处于行业领先地位，同时针对竞争对手的薄弱环节主动出击。

②防御型营销，即根据竞争的实际情况，在企业现有阵地周围建立不同防线。如构筑重点在企业目前的市场和产品上的防线；构筑不仅能防御企业目前的阵地，而且还扩展到新的市场阵地，作为企业未来新的

防御和进攻中心的防线等。

（3）扩大市场份额。市场份额与投资报酬率密切相关，一般说品牌的市场份额越大，其投资收益率相应就越高。许多品牌把市场占有率作为自己的营销目标，领导者品牌可以根据经济规模的优势，降低成本，扩大市场份额。市场领导者品牌在采用扩大市场占有率的竞争策略时，必须注意三个问题：①引起反垄断的可能性；②为提高市场份额所付出的成本；③采用何种营销组合策略。

（二）市场挑战者竞争战略

处于市场挑战者地位的品牌，一般都具有相当的规模和实力，在竞争策略上有相当大的主动性，它们随时可以向市场领导者或其他品牌发动进攻。然而，作为市场挑战者的白酒品牌，盲目的进攻是愚蠢甚至有害的，要使自己的挑战获得成功，必须明确品牌营销目标和挑战对象，然后选择相当的进攻战略。

（1）确定挑战目标。明确白酒企业的竞争对手和主攻方向，是市场挑战者白酒企业成功与否的基础。一般有三种挑战目标可供市场挑战者白酒企业选择。

①向处于领导者地位的白酒品牌挑战，意在夺取其市场份额和产品优势。

②向与自己实力相当的白酒品牌挑战，意在扩展自身市场份额以改变市场地位。

③进攻力量薄弱的小白酒企业品牌，意在夺取其市场份额或进行兼并，扩充自身实力。

（2）选择挑战竞争战略。白酒市场挑战者企业发起挑战是一种主动的攻击行为，进攻方向及具体运用的营销策略是经过认真选择的。

①正面进攻。当市场挑战者品牌实力明显高于对方时，可以采用正面或全面进攻的策略。比如经营和竞争对手相同的产品，进行价格竞争，或者采用势均力敌的促销措施等。这是集中全力向对手主要市场阵地发动攻击的策略，进攻的是对手的强项而不是弱点，胜负取决于双方力量的对比。

②迂回进攻。如果竞争对手的实力较强，正面的防御阵线非常严密，市场挑战者白酒品牌可以采用迂回进攻的策略。比如选择竞争对手忽视的细分市场进攻，或者选择竞争对手产品销售薄弱地区、服务较差的地

区进攻。这是集中自身优势力量攻击对手弱点的策略,成功的可能性更大。

③游击进攻。如果挑战者白酒品牌企业暂时规模较小,力量较弱,可以采用游击进攻的策略,根据自身力量针对竞争对手的不同侧面,进行小规模的、时断时续的攻势。比如进行有选择、有限度的降价、采用突然的强度促销措施、与中间商联合行动等,达到干扰对手士气,争取消费者的目标。这是以小型的,间断性的攻击手段,逐渐削弱对手的实力,以占据长久立足点的策略。

(三) 市场追随者竞争战略

优胜劣汰的竞争法则是无情的,在市场竞争中,持续的正面竞争往往会造成两败俱伤,因此许多白酒企业会避免与市场领导者白酒企业正面发生冲突。同时,对于相当一部分中小白酒品牌而言,无力承担在产品创新上所需的大量人力、财力、物力以及相应的市场风险。因此在实际营销活动中,许多白酒品牌可以采用追随策略,从事产品仿造或改良。在投资少、风险小的基础上,获取较高的利润,并保持品牌相对有利的竞争地位。一般而言,市场追随者白酒企业有三种可供选择的跟随策略。

(1) 紧密追随。市场追随者白酒品牌在进行营销活动的所有市场范围内,都尽可能仿效市场领导者品牌,以借助先行者的优势打开市场,并跟着获得一定的份额。但是要注意,所谓的紧密追随并不等于直接侵犯市场领导者品牌,那样容易遭到被追随者报复。

(2) 保持距离追随。市场追随者白酒品牌在营销策略的主要方面紧跟市场领导者品牌。比如选择同样的目标市场、提供类似的产品、紧随其价格水平、模仿其分销渠道等。在品牌营销策略的其他方面则发展自己的特色,争取和领导者白酒品牌保持一定的差异。

(3) 有选择追随。市场追随者白酒品牌根据自身的具体条件,部分地仿效市场领导者品牌,择优追随。同时在其他方面自行其是,坚持独创。比如主动地细分和集中市场、有效地研究和开发等,尽量在别的白酒品牌想不到或者做不到的地方去争取一席之地。

(四) 市场利基者竞争战略

处于市场利基者地位的白酒品牌,其目的在于利用自身特长寻找市场中的空隙并努力去满足之。在现实营销活动中,市场利基品牌可以在市场、消费者、产品、渠道等各个方面实现自己的目标,比如为一些特殊的消费者群体服务。市场利基者白酒企业的竞争战略关键在于专业化、精细化营销，由于营销目标和营销力量的相对集中，所实现的产品高度差别化，会使白酒品牌具有其他人无法轻易仿效的特殊竞争力量。当然利基者白酒企业实施专营化竞争策略并非易事，必须注意两个问题：

（1）识别"利基基点"。所谓的利基基点就是市场空隙，一个好的利基基点应该具备以下特征：

①所发现的利基基点，对主要的市场竞争者不具有吸引力，或者是大部分市场竞争者不屑一顾的。

②所发现的利基基点，有足够的购买潜力，白酒企业如果进行开发后，是有利可图的。

③白酒企业具备弥补该市场空隙的营销能力，并且能够与竞争者抗衡。

（2）坚持利基观念。品牌利基者一般是指精心服务于市场某些细小部分，在这些小市场上通过专业化经营来获取最大限度收益的白酒品牌。这种在大白酒品牌夹缝中求生存和发展的策略，是坚持利基观念，以连续不断创造新的利基市场为基础，而不是只追求一个利基基点。

①创造利基市场。积极适应特定的市场环境和市场需要，努力开发专业化程度很高的新产品，从而创造无数的利基市场。

②扩大利基市场。利基品牌在开发出专属性程度很较高的新产品以后，还要进一步提高产品组合的深度，创造更多需要这种专属性产品的市场需求者，以扩大市场占有率。

③保护利基市场。利基品牌需要关注竞争者的动向，及时采取相应的策略，提高市场忠诚度，全力维护自己在特定市场的领先地位。

第二部分

中国白酒区域发展战略与白酒上市公司战略分析

第三章 中国白酒区域发展战略研究

第一节 西部区域发展战略

一 以四川为代表区域（产区）的发展战略

（一）代表性企业与代表性产品

我国最适合酿造白酒的区域被称为"中国白酒金三角"，其中四川省就占据其二，而且宜宾与泸州是在北纬 28 度上最适合酿造蒸馏酒的区域，所以在四川拥有全国乃至世界都知名的白酒。

"六朵金花"的称号是国家级评酒会对川酒的认同与赞美。这六朵金花分别是：五粮液、泸州老窖特曲、郎酒、水井坊、沱牌舍得酒、剑南春。在这"六朵金花"之外，还有"十朵小金花"，它们分别是丰谷酒、文君酒、仙潭酒、三溪酒、古川大曲、小角楼、叙府酒、江口醇、金雁酒、玉蝉酒。

四川有很多著名的白酒企业，在各个企业的共同努力下才有了这么多的"金花"以及"川酒甲天下"的美誉。宜宾五粮液股份有限公司：超级名酒五粮液以五种粮食为原料——高粱、大米、糯米、小麦和玉米，再由老窖发酵、陈酿勾兑，酿出的白酒以独特的浓香闻名。其主要的系列产品为：五粮液系列、五粮春系列、五粮醇系列、五粮特曲系列、五粮头曲系列、尖庄系列。泸州老窖股份有限公司：泸州老窖是我国最早的四大名酒之一，"浓香鼻祖，酒中泰斗"指的就是泸州老窖。泸州老窖酿造基地以及酿造技艺的历史非常悠久，其拥有白酒行业中的第一个国家重点文物保护单位——国宝窖池群，以及国家级非物质文化遗产传统酿制技艺。其主要的产品为：国窖 1573、泸州老窖 1952、泸州老窖特曲、泸州老窖窖龄酒、泸州老窖高光、泸州老窖头曲、泸州老窖二曲、泸州老窖健康养生酒①。四川郎酒股份有限公司：郎酒是四川省内相对来说比较特别的酒类，主要酿造的是酱香白酒。此外，世界上最大的自然储酒溶洞——天宝洞，就在郎酒的酿造基地中，因此泸州老窖酿出的郎酒有香气醇厚、细腻绵长的风味。其主要的系列产品为：青花郎系列、红花郎系列、郎牌特曲、小郎酒、奢香郎酒系列。四川剑南春（集团）有限责任公司：公司位于川酒的发源地之一——酒乡绵竹（唐朝称"剑南道"），剑南春是古时候有名的"剑南烧春"酒，也是在正史上留下姓名的唐朝御酒。该公司主要的产品为：剑南春（水晶剑）、金剑南、剑南醇、绵竹大曲、东方红。四川沱牌舍得酒业股份有限公司：沱牌酒在唐代就颇为出名，当时称其为"射洪春酒"；在明朝时，酿酒师谢东山在酿造工艺上作了改进，酿出的酒便以"谢酒"命名；清朝时，酿酒继承人李方明继续在"谢酒"的基础上精制出了"沱酒"；如今的舍得酒是根据传承下来的技艺再结合新兴技术得以升华的"沱酒进阶版"。该公司主要的系列产品为：舍得系列、沱牌系列、天子乎系列、吞之乎系列、陶醉系列。四川水井坊股份有限公司：水井坊基地有着"世界上最古老的酿酒作坊"，水井坊也是"六朵金花"中较年轻的品牌，未来发展空间巨大。水井坊也是一个很特殊的白酒企业，它是我国唯一的被外资（帝亚吉欧）控股的白酒企业。

（二）发展历程与现状

1. 川酒总体发展历程

四川至少在汉代的时候就形成了独特的酿酒区域带——长江上游的"U"字形名酒区域。成都市彭州市的竹瓦乡曾经两次出土战国时期的青铜酒器十余件。著名的酒乡绵竹也发现了同时期的提梁壶等古物。这些都能证明，至少在两千多年前四川就已经开始出现酿酒业了。后来，在绵竹还发现了地下窖池，以及一块"永明五年"的纪年砖；与此同时，三十公里以外的广汉"三星堆"发现了三千至三千五百年前的陶酒器，有酿造的器具、贮藏的容器以及饮用的酒器。

在"湖广填四川"的运动之后，以及山西与陕西两地商人的投资支持之下，川酒的名气开始崛起，以"浓香"扬名万里。在清代酒税优势

---

① 熊燕飞：《泸州老窖品牌战略发展研究》，硕士学位论文，电子科技大学，2016年。

的推动下，到 20 世纪初，川酒在酿造技艺上以及酿酒业上都得到了极大的发展。

在 20 世纪中期，川酒已呈现为村村有酒卖的繁荣景象，"金花"和"银花"纷纷出现。

80 年代是川酒发展最为蓬勃的时代，全中国八分之一的白酒都产自四川。其中五粮液是当时白酒行业中最耀眼的新星，"班禅大师祭酒图""五粮液酒史博物馆"都是五粮液辉煌的见证者，浓香白酒的名号响彻神州。

90 年代，在四川的省会城市——成都，举办了"首届国际酒文化学术讨论会"。后来的几年中，泸州老窖、水井坊、郎酒接连发现了古代的酒窖遗址。

如今川酒的名声早已响遍全国，川酒独特的浓香也被人们所喜爱。

2. 代表产区（宜宾）发展历程

宜宾是著名的中国历史文化名城，地处四川南部名酒带的中心位置，是中国酒文化发祥地之一，名酒五粮液蜚声中外，名扬四海。宜宾作为四川有名的酒乡，有着独家的酿酒技艺和悠久的饮酒文化。

秦汉两代，"僰道"（宜宾）是一个较大的移民聚集之地，各个区域的酒文化以及酿酒技艺在这里碰撞，以至于此地的酿酒业十分地发达，酿酒之技艺、饮酒之文化、市酒之风气十分流行。

在宜宾出土的汉代酒文物中，酿酒、盛酒、取酒、温酒、饮酒的铜器五花八门。此外，在宜宾市山谷祠岩墓中，还出土一个沽酒的陶俑，这个陶俑的出现说明当时已经开始销售白酒了。长宁县飞泉乡七个洞东汉岩墓内壁刻有一幅"夫妻饯行图"，说明当时人们已经有了"酒以成礼"的习俗[①]。此外，在距离"僰道"二十里地的公子山出土了东汉时期的石棺，该石棺上雕刻着"迎谒图"和"饮宴图"。这些汉代的各种图说明宜宾的酿酒业在汉代已经达到了较大的规模。两汉以后，叙州府的酿酒业和酒文化继续向前发展，但由于整体资料较少，这里不再探讨。

唐朝时期，"戎州"（宜宾）有一种名酒唤为"重碧春酒"，杜甫在

---

① 黄均红：《酒都宜宾和宜宾酒文化史迹》，《中华文化论坛》2001 年第 1 期。

《宴戎州杨使君东楼》中写道:"重碧拈春酒,轻红擘荔枝。"① 他把该酒与荔枝相比较,赞美它的味甘清甜堪比荔枝。

宋朝时期,白酒品类繁多,其中名气最响亮的有其四:荔枝绿、玉霖、雪曲以及春泉。黄庭坚在被贬谪到宜宾的这一段时间里,写了大量关于白酒的诗文。有《荔枝绿颂》云:"王墙乐之美酒,得妙于三物。三危露以为味,荔枝绿以为色,哀白头而投裔。"此外,他还写了《安乐泉颂》赞美安乐泉酒的清甜可口、香味醇厚。这种无色透明、品质清厚、甘辛各味谐调的酒质特点,是品质极好的大曲酒。

迄今为止发现的古代宜宾最早的酿酒作坊(糟坊头遗址)是明代初期建造的。该遗址是四川省首次发现的使用年代早、文化层包含物纯净、要素齐全的酿酒遗址。最早期仅揭露出作坊和作坊相关的建筑如生活区、仓储区等遗迹,目前正在进一步寻觅和核实中。中共宜宾市委讲师团教务处副主任冉华森认为:糟坊头酿酒作坊遗址位于岷江之畔入川出川的水路要冲,规模大且远离当时的城市中心,这足以说明糟坊头明代酒坊的酒不是为了满足这一带的消费需求,而是为了通过便利的交通向外运输,生产的目的是获取更大的利润。此外,当时最具盛名的两个酿酒作坊分别叫"温德丰"和"德盛福",这两个酿酒作坊都被建造在内城之中,店铺临街,后方是酿酒的工厂,实现了产销一体。"温德丰""德盛福"和"糟坊头"是明代宜宾地区酿酒工业达到相当高水平的历史见证。我们现在都能看到这几个遗址保存得非常完整,它们的酿酒规模宏大,各种酒器、瓷器数量数不胜数,各种酿酒工具也依旧很完整。因此,这三个作坊都是别的遗址无法超越的存在。

清朝时期,宜宾的酒业持续向前发展。同治二年,在明代"温德丰"和"德盛福"的基础上,有名的酿酒作坊又增加了"长发升""张万和"两家。这四大作坊总共购置、保存了明初以来的十二个酒窖,这是目前国内最早、最完整、连续使用时间最长的发酵窖池之一。从这些历史悠久的酒窖我们可以看出清代宜宾的酿酒业达到了相当大的规模,酿出的酒也是远近闻名。

近代以来,宜宾白酒的发展更是突飞猛进,五粮液的崛起为宜宾白

---

① 谢振斌、郭建波:《四川宜宾县喜捷镇糟坊头酿酒遗址价值分析》,《四川文物》2013年第5期。

酒在中国白酒史上增添了最浓墨的一笔。

3. 代表产区（泸州）发展历程

在泸州出土的汉代酒文物——陶制酒杯、饮酒俑以及巫术祈祷图来看，此地在秦汉时期就有了独特的酿造历史和饮酒文化。

宋朝时期，泸州的酿酒原料颇为丰富，以至于酿酒业发展迅速。据《宋史食货志》中记载，白酒有着大小之分。其中"小酒"指的是从春天到秋天制作的米酒，此种米酒，每年都新酿，一般不作储藏。"大酒"指的就是我们现在饮用的蒸馏酒。《酒史》中提到，大酒是在腊月间下料，运用蒸馏技术从高粱酒糟中烤制出来，而后再在酒窖中储存半年的时间，等到醇化老熟以后就真正地酿制成了。

此外，这个时期朝廷在泸州设置了六个税收机关，酒税的"酒务"就是其一，这说明泸州的酒市呈现出一种繁荣的姿态。

《阅微堂杂记》中曾有记载，元代时期，泸州酿制出了第一代泸州老窖大曲酒，此酒标志着泸州大曲酒正式成型了。

明代时期，有名的"舒聚源"作坊（泸州老窖国宝窖池），用万年的酒曲入池，以甘美的"龙泉井"中的井水做引，制作出了曲酒，浓香型酒就此出世。

20世纪50年代，以"温永盛烧坊"为首的三十六家作坊合营成立泸州市曲酒酿造厂，后与四川省第一酿酒厂合并组建了"公私合营泸州市曲酒厂"，这就是泸州老窖的前身，它们合营推出的特曲酒便成为今天的经典产品。

目前，泸州已经形成全世界有名的白酒产业集群，主要的企业有：泸州老窖股份有限公司、四川郎酒股份有限公司以及上百家中小型酒企组成的川酒集团。

4. 发展现状

思及川酒在世界的地位，现在许多白酒企业的出口，并没有真的走进国际市场。川酒的出口总量以及总额在全国白酒中所占的比重在不断下降。其主要原因是川酒的出口总量以及总额长时间处于一个波动状态，并没有显著提升，而且同一期间许多其他省份的白酒销量是在不断增长的。其次，川酒在国际上的影响力不足，对国外消费者缺乏一定吸引力。所以，为了加速出口进程，众多川酒企业合作共赢，推选出最具特色的白酒，积极地参加国际酒会的评选，将中国酒文化传播于各个国家；酒商的宣传活动也不断地革新，逐步地提升着品牌的影响力。川酒在营销策略上也逐步调整，与国外餐饮合作，借助川菜的名气打造中国特色餐饮文化——吃川菜喝川酒。总体来看，要大量进军国际市场还需要更多的时间与精力去研究国际消费者的消费倾向，川酒的出口量近年不会有太大的变化。

川酒企业众多，但在中国白酒总体排名上要稍逊茅台一分，且还有其他省份的各种品牌紧追其后。要想摆脱困局，川酒不仅要学习茅台的策略，找准属于自己的酒文化、赋予白酒新的思想与新的理念，还要勇于创新，打造新型白酒品牌。

（三）政府支持性产业发展政策与战略

1. 四川省支持性发展政策与战略

2003 年，《"7+3" 规划和八个产业调整》中多次提到，要依托我省丰富的农产品资源，重点发展优质白酒，着力打造中国白酒"金三角"，为后来的中国白酒金三角协会的成立打下基础。

2009 年，《四川省产业园区产业发展规划指导意见》指出了园区发展的重要性。白酒产业园作为其中重要的组成部分，要时刻紧跟领导，按照"一园一主业，园区有特色"的要求，推进全省经济协调发展。努力把白酒产业园建设成为具有特色的、环保的、协调的产业基地。

2012 年，中国白酒金三角酒业协会及其发展研究院成立，这是四川省为了进一步提高川酒在国际上的名气和竞争力而做出的一个重要决定。同年，在《四川省十二五白酒产业发展规划》中指出：

（1）根据自然资源、质量、技术、品牌和影响力等因素，将川酒产业的区域布局划分为核心区域、延伸区域和协作区域三个部分，推动产业的分工、协作和整合，形成有龙头带领、各中小酒企协作发展的"中国白酒金三角"集群。

（2）坚持全行业共同发展，优先支持川酒中的"六朵金花"的市场快速扩张，继续鼓励"十朵小金花"的特色化发展。

（3）推动原酒品牌化、优质化发展，合理规划原酒产能布局，引导原酒市场销售。

（4）强力推进品牌建设，加强品牌保护，加大对"中国白酒金三角"地理标志的保护立法工作，规范标志的申报和使用。

（5）继续巩固白酒行业在省内的重要地位，积极出台、执行有关政策，在水、电、气上定制具体优惠方案，以及优先保障重点白酒产业园区和企业的酿酒技术改造提升。

（6）加强财政金融的支持力度，在涉及白酒生产、研究以及品牌推广方面加大资金的投入，通过设立专项资金、贷款资金以及担保基金的方式，为川酒的发展提供充足的资金。此外，各级地方税务部门要积极研究可用于优质白酒企业的特殊税收政策，降低企业税收负担，对于企业的科研创新活动支出、品鉴费用、培训费用、宣传广告费用等，各级地方税务部门应制定具体规定，加大抵扣和摊销幅度。

（7）重视白酒人才的培养工作，积极与高校、协会等组织开展有关白酒的专项活动。不仅要培养出优秀的酿酒人才，还要培养出优秀的酒业管理人才。

（8）不断探寻与白酒有关的标准体系，具体包括白酒香型，白酒酿造工艺质量以及对原酒质量评估的标准。

（9）加强科技研究和转化平台建设，完善与优化现代市场服务体系，加强展览展示平台建设，搭建川酒文化宣传展示平台，建立现代物流市场辅助平台。

（10）全面发挥行业协会的作用，按照市场化原则，大力促进以"四川中国白酒金三角酒业协会"为主的酒类协会蓬勃发展，以此在最大程度上发挥协会的纽带作用。

2015年，在《关于促进白酒产业转型升级健康发展的指导意见》中指出，要继续建设白酒行业的"万亿集群"。其重点任务包括以下几条：

①对白酒产业的结构进行进一步改造升级，形成强大的白酒联盟——名优白酒企业+原酒企业。

②强化建设白酒质量检查以及追溯体系，为食品安全保驾护航。

③在营销方式上要不断地革新，充分利用四川旅游业的优势，将特色化的地方川酒顺利的推销出去，进一步支持酒企采用跨区域、跨品牌合作的营销方式，支持采用兼并重组、异地建厂的方式占有省外市场。

④强化品牌的建设，积极开展"宜宾酒""泸州酒"和"邛酒"地理标志保护，鼓励企业打造"中国驰名商标""中华老字号"等国家称号。第二梯队品牌要谨记特色发展的重要性，不断强化品牌的知名度。此外，要注重伪劣产品的查处力度，为白酒行业的健康发展扫清障碍。

⑤持续关注人才培养。

⑥深化简政放权，减少与白酒有关的项目审批程序，减少不必要的费用缴纳项目，做到真正减轻白酒行业的负担。

⑦强化要素保障，切实降低要素价格水平。

⑧鼓励各个金融机构给予白酒企业以贷款支持，鼓励各个金融机构设立基金、投融资以及交易平台，让白酒企业能无后顾之忧地快速发展。

⑨最大程度发挥互联网的传播优势，播放川酒的宣传片，展现川酒的特色文化。

2016年，省委省政府相继提出川酒产业"四个转变""进酒吧，看川酒"等部署，意在刺激白酒产业的转型升级。为此，经信委提出了"川酒新生代"的战略，举办了白酒新生代酒品暨调酒技术培训班，学员们通过和国内外知名调酒师进行现场传授与理论知识交流，熟练掌握了鸡尾酒新酒体设计创作，此次培训呼应了白酒产业发展新趋势、新变化。

2018年，首先，川黔由"竞争"走向"竞合"，白酒金三角形成合力。双方携手共同谋发展、共同深化"中国白酒金三角"建设。双方宣布"携手共创酒业新时代""共建行业新秩序"。其次，川酒"五朵金花"齐上阵，讨论并制定了浓香白酒的新标准。再次，建立"国家酒类品质安全国际联合研究中心（白酒分中心）"，推动中国白酒酿造技艺与国际标准相接轨。最后，资本助力打造多艘产业航母，加速四川白酒产业的整合。①优势产区锁定千亿规模，各地明星产区在发展的同时，也带动着白酒产业整体的进步。②整合产业，构建大型投资平台，继续优化整合白酒的产业布局。③中小酒企要串珠成链，最大程度上激发、释放"十朵小金花"的竞争力与活力。

2019年，中国白酒金三角协会携手新媒体助推川酒品牌宣传推广。①借助《今日头条》等新媒体产品，启动"大国浓香"川酒品牌推广计划，传播和树立"喝好酒，选川酒"的消费理念，加强对"六朵金花"名优产品和中小企业品牌宣传推广。②启动川酒品牌短视频推广计划。借助新媒体短视频平台、网络红人等优势，开展川酒产品市场营销和品牌推广。③启动川酒品牌大数据推广合作。借助互联网公司的大数据以及其平台的优势，为川酒品牌宣传的效果提供数据分析报告。利用四川今日头条公司自身和关联公司产品的用户资源以及人工智能、大数据、精准推送等传播，优化制定川酒产品营销推广方案。④阿里巴巴、京东、苏宁纷纷入"酒局"，"白酒+互联网"也擦出了火花。借助互联网，实现供给侧结构性改革与创新转型发展成为白酒行业发展的内生动力。

2020年，白酒行业注重机械化、信息化、智能化改造。在不断巩固传统酿酒技艺的基础上，对酿酒技术与工艺进行革新，对酿造设备作进一步的研发升级。下一步便是要准确地找到能够进行革新与创造的点，继续走高质量发展的道路。

2021年，重点围绕"五大行动"，着重提升川酒的市场竞争力。具体分为以下五点：①在项目建设上，以"清单制+责任制"对重点项目实行一对一联系帮扶。②在产业链发展上，坚持珠串式联合发展，继续建设和优化产业、产区集群，继续打造白酒主产区——宜宾、泸州、成都、德阳，支持泸州、宜宾培育世界级优质白酒产业集群，支持泸州打造世界级赤水河酱香酒谷。③在企业培育上，坚持分梯度发展白酒企业，结合"一企一策"的战略计划，打造世界白酒名品。④在市场拓展上，坚持发展多元化产业。⑤在安全监管上，坚持加强质量检查程序，继续建设食品追溯体系。

2. 代表产区（宜宾）支持性发展政策与战略

为充分发挥长江沿岸酿酒生态区的优越性，在不断提升五粮液等高质量白酒世界知名度的同时，还要着力于中小微白酒企业的共同发展，打造白酒世界级产业集群。就此，政府推行了《宜宾白酒产业发展规划》。根据《规划》，宜宾政府将"1388"部署作为基本方向，构建"一核多点，强链成圈"新格局。五粮液作为龙头，在建设、人才、信息等方面要带动周边白酒产业园协同发展。

为传承白酒的传统酿造工艺，进一步提升浓香型白酒在国内的地位，对列入省级重点的项目要极力支持，对使用的老窖池的老产区给予奖励与保护。

为降低新生物技术对中小微企业的威胁，要不断加快技术改造升级，在保持传统白酒酿造的同时，支持个性化定制酒、果酒、调味酒等多种特色差异化发展。加强白酒酿造技术的革新，支持高校、协会、研究所以及企业共同建设川酒的创新平台，开展一系列技术、设备以及营销方法的创新研讨会。

为促进白酒行业的蓬勃发展，政府决定加大财政支持，给予白酒行业最坚固的后盾。建立川酒产业高质量发展基金，建立重点融资对接服务白酒企业名单，鼓励各种金融机构为大型白酒企业供应链、中小型白酒产业集群提供多元化的融资支持。利用四川省独特的"园保贷"模式，加强企业融资能力，为其上市添砖加瓦。

3. 代表产区（泸州）支持性发展政策与战略

为了明确白酒行业知识产权的重要性，泸州市于 2021 年 4 月 26 日正式成立了中国第一个白酒产业园区人民法庭——四川泸州白酒产业园区人民法庭，此法庭是为泸州白酒产区量身定做的司法保护模式，给予了白酒行业最严谨的法律保护。

为了规范白酒生产秩序，政府规定：①严禁未取得许可证（或备案）的作坊产销白酒。②严格按照标准进行白酒产销，小作坊只能酿造纯粮、固态的白酒，禁止对酿造工艺进行变动。③严禁对白酒添加非法物质。④严禁虚假宣传。⑤严禁侵犯知识产权——商标、专利、地理专用标志。⑥严禁混淆知名商品——名字、包装、装潢。

为了推进白酒产业高质量突破发展，政府提出若干政策，其中包括：5 个"支持"：支持龙头企业和酒业园区突破发展，支持业外资本兼并重组，支持名优酒企投资发展，支持扩大优质产能，支持生态绿色发展；2 个"鼓励"：鼓励企业上档升级，鼓励企业做强品牌开拓市场；2 个"强化"：强化要素保障，强化组织保障。

二 以贵州为代表区域（产区）的发展战略

（一）代表性企业与代表性产品

酱香型白酒是贵州白酒的特色招牌，与其他香型白酒相比，酱酒有几个优势：品牌稀缺、产能稀缺、基酒稀缺。这三个优势造就了贵州酱酒不可替代的地位，也注定了贵州酱酒的高成本、高售价、高收藏价值。贵州的代表性白酒都在贵州省酱酒组合式产区——仁怀+习水+金沙，这里生产出了最优质的酱酒。

贵州评选的十大名酒分别是：茅台酒、董酒、国台酒、百年糊涂酒、平坝窖酒、安酒、习水大曲酒、鸭溪窖酒、湄窖酒、金沙回沙酒。这些酒归属于不同的酒企，分别为：中国贵州茅台酒厂（集团）有限责任公司、贵州董酒股份有限公司、贵州国台酒业股份有限公司、糊涂酒业有限公司、平坝酒厂有限责任公司、贵州安酒集团有限公司、国营习水酒厂、贵州中心酿酒集团有限公司、贵州湄窖集团、贵州金沙回沙酒业有限公司。目前，贵州 100 强品牌中白酒企业榜上有名的有 10 个，分别为：

中国贵州茅台酒厂（集团）有限责任公司、贵州茅台酒厂（集团）习酒有限责任公司、贵州金沙窖酒有限责任公司、贵州黔酒股份有限公司、贵州金沙安底斗酒酒业有限公司、贵州醇酒业有限公司、贵州鸭溪酒业有限公司、贵州岩博酒业有限公司、贵州省都匀市酒厂有限责任公司、贵州九镜台酱香酒文化传播有限公司。

（二）发展历程与现状

1. 黔酒总体发展历程

贵州的酿酒文化能追溯到战国时期，其成熟于唐宋时期，精进于明清年代，繁盛于当今社会。贵州酿酒始终包含着浓郁的民族风格，并体现出一定的乡土特色。

战国时期，贵州出现了一种名叫枸酱酒的美酒，这是夜郎国王族所饮用的酒，在西南地区非常有名。

汉朝时期，有史册中记载，汉武帝曾对此地产的酒大加赞赏，赞美此地所酿出的酒香气醇厚、味甘绵柔。

南北朝时期，此地已经出产了高浓度的白酒。

唐宋朝时期，一种独特的饮酒方式在贵州出现了，名唤"咂酒"。杂记中有记载，鄂、湘、川、黔四地的交界之处有一种名叫"钩藤"的酒，由于酒液与酒糟是没有分离开来的，饮用时只能通过加水才能将酒吸出来，喝到香甜的酒液。"咂酒"这种饮酒方式在此地盛行了很长的一段时间，特别是在当地的少数民族聚集区尤盛。

明朝时期，贵州酒类丰富——咂酒、女酒、窖酒、刺梨酒、烧酒、黄酒、葡萄酒以及配制酒。但最为盛行的还属黄酒，当时也唤"春酒"。

清朝时期，贵州酒酿名气颇大，独特的酿造之法也颇为有名。李汝珍在《镜花缘》中写到的名酒其中就有"苗酒"和"夹酒"二品产自此地。苗族、布依族按照传承技艺，取黑糯米所酿造的酒——"苗酒"，该酒呈红色，晶莹剔透，味醇厚，且度数偏低。此种酿造技术颇为神秘，近十年秘方才开始有所显露。"夹酒"是用黄酒加烧酒勾兑而成的，颜色也是红的，但加上烧酒的厚实，味道更为爽口。此时期，此地的"女酒"也颇为盛行，该酒主要的特点就是"陈"。在当时人们心目中，偏远的贵州女酒深藏不露，求索难得，似乎比绍兴的女儿酒和广东的女酒更有魅力。

近代以来，贵州白酒以茅台为首，目前已经逐步形成了多种香型兼顾、中高端白酒并举的格局。

2. 代表产区（遵义市仁化市）发展历程

遵义自古就以酿酒闻名，有名的白酒品牌众多，大大小小的酒厂数不胜数。此外，在遵义与酒文化有关的名胜古迹也数不胜数。例如：茅台酒瓶、"美酒河"型崖刻、国酒文化城以及春阳岗糟房。

二十多万年前，"桐梓人"便发现了自然酒——水果、蜂蜜通过微生物发酵生成的原始酒。随着时间的推移，谷物被逐渐用来酿酒。在新石器时代，曲蘖酿酒出现了。

商周时期，古书有云：周王伐鬼方与濮人盟酒为盟。此外，通过在遵义出土的酒文物来看，濮人大约已经摸索出了酿酒的方法。

明末清初时期，黔人采用独特的回沙工艺酿造出了蒸馏酒。这是一种在烤过的酒糟里加入高粱，然后再进行发酵的工艺。到了康熙时期，这种酿造方法已经颇为完善，此酒一时也声名鹊起。

"中华民国"时期，"两次投料，八次发酵，七次取酒"的茅台酒的特别"回沙"酿造技艺基本上形成。

20世纪50年代，遵义各地开始大量修建酒厂，酿酒业浩浩荡荡地进入工业时代。董酒就是在之后的几年重新建厂，开启了独特的董香型白酒之路。但从20世纪50年代至80年代，贵州酒业最大的事，还属茅台酒香型的最终定型。

发展至今，遵义市仁怀市有着三大名酒——茅台酒、董酒、鸭溪窖酒。

3. 发展现状

从《史记》记载的贵州酿酒的史实，到茅台酒获得巴拿马万国博览会金质奖章，从外交礼节中的无酒不茅台，到贵州白酒产业雁群式发展，贵州酱酒有着不可替代的地位。

在2012年，贵州提出发展以酱香为主的白酒，同时兼顾浓香型白酒、其他香型白酒共同发展的战略。目前，贵州已然形成了多种香型兼顾、中高端白酒并举、各色品牌齐驱的良好格局。

贵州的白酒品牌文化建设也取得巨大的进展，最具有特色的是以侗族刺绣图案设计白酒的品牌形象。这种设计使贵州白酒从视觉上和文化底蕴上与其他省份的白酒品牌产生差异。贵州白酒在这一方面是做得极其独特的，差异性的酒文化能在消费者心中留下更深的品牌印象。饮酒之道以及饮酒之德，酒歌、酒舞、酒礼、酒品等都是历代先辈传承下来的独特的酒文化，利用好这些文化，贵州白酒的品牌发展之路更为顺利。

虽然贵州白酒出口额为中国之首，但相对于国外蒸馏酒的进口额来看，还相差甚远。政府与企业正在为此不断努力，遵义白酒成功申报为国家级外贸转型升级专业型示范基地，仁怀成为国家外贸转型升级基地，这都为贵州白酒走向世界搭建了有利平台。

（三）政府支持性产业发展政策与战略

1. 贵州省支持性发展政策与战略

2007年，为解决产业整体发展不平衡，以及多数企业营销观念和水平落后、规模小和竞争力不强、技术支撑和人才储备不足、酒类生产流通环节制假贩假、侵犯知识产权的各种情况[①]，贵州政府推出以下工作重点：①促进茅台集团又好又快发展，以"国酒茅台"的超级品牌优势占领更多的国内以及国际市场份额。②树立"贵州白酒"这个整体的品牌形象，让更多的人熟悉黔酒，晓知黔酒的魅力。③加强资源综合利用和环境的保护。④继续规模化建设优质的白酒原料基地。⑤积极带动相关行业的发展，为白酒行业保驾护航。⑥继续深化改革，推进白酒行业资产优化整合重组。⑦重视人才队伍的建设问题，并出台相应的培育体系和鉴定体系。⑧加强行业指导，建设白酒行业公共服务平台，为贵州白酒走出去加把火。⑨要规范行业的秩序，首先要严惩侵权行为，其次是确保卫生与安全，最重要的是各部门要履行好监督、管理、检查的职责。⑩财税、金融的支持力度要尽量扩大。

2009年，《贵州省白酒产业振兴计划》出台，该计划重点指出：①继续巩固茅台龙头的地位。②重视白酒的技改，将酱香酒的优势发挥至极致。③加强扶持的范围和力度，为众多白酒企业的持续发展做后盾。④持续做好技术创新和人才培养的工作。⑤继续全方位地打造"贵州白酒"这个整体性品牌。⑥重视环境保护以及资源的有效利用。⑦带动配套的包装业发展。计划中有在建项目24项，拟建项目1项，例如：青酒系列包装生产线技改、新增2000千升茅台酒技改工程、鸭溪酒基酒生产及辅助配套技改工程建设等。

2011年，省科技厅为白酒产业发展提供全方位科技支撑，全省科技

---

① 《省人民政府关于促进贵州白酒产业又好又快发展的指导意见》，《贵州省人民政府公报》2008年第2期。

工作将继续以"两加一推"和"三化"同步发展战略为指导。在原料基地上,解决优质原料规模化培育的问题。在风味上,在不断改进酿造技术不足的同时,采用生物、基因工程等技术为酿酒业增添新风采。在推动配套产业的发展上,支持新材料、新技术、新产品及新装备的研发。在创新平台上,建立包括技术开发、成分分析、质检以及人才培养的大型研发平台。在产、学、研联合创新上,给研究院、高校搭建足够大的创新以及实施创新成果的平台。在技术研究上,秉承合作开放的原则,利用全国的科技资源,为技术研发进步添砖加瓦。

2013年,省白酒产业工作重点主要在持续规范白酒市场秩序和维护名优品牌上,净化市场、擦亮贵州白酒招牌是刻不容缓之事。

2014年,酱香型酒的标准体系正逐步开始建设。立足于贵州酱香白酒产业的发展现状、标准状况等方面开展调研,制定和完善贵州酱香型白酒技术标准体系,并组织全省白酒生产企业对该标准体系的宣贯、培训和应用。同年,贵州省白酒企业商会成立大会在贵阳举行,为"未来十年中国白酒看贵州"的战略目标跨出了重要一步。

2015年,出台规范小作坊生产的准则,只允许产销用固态酿酒法生产的白酒,不可以外购原酒或者酒精生产加工白酒[①]。生产的酒要标明作坊的详细信息以及白酒制作的有关信息。同时,主要生产者每年至少要接受一次培训,生产的酒要经过检查才能销售。此外,贵州四川签署白酒产业合作协议,联手打造"白酒金三角",两地秉承协同行动、互相支持的准则共谋发展。最后,"互联网+"助推贵州白酒产业转型发展。携手"滴滴"跨界融合走新路,联姻"互联网+"遵义白酒乘云而上。

2017年,为促进白酒产业的健康发展,提出如下建议:①强化品牌打造和市场开拓。依照规定对各种称号、示范区进行相对应的大额奖励,并在财政资金扶持、用地优先保障、政府收费减免或挂账、人才免费培训、融资担保、市场开拓、品牌打造等全方面给予支持。②强化财政扶持和融资服务。进一步加大财政扶持力度、拓宽白酒企业融资渠道。③鼓励和引导酒类企业自主创新。实行首购首用风险补偿政策,对申请发明专利的白酒企业,给予申请费、代理费、实质审查费补贴。④进一步

---

① 李付丽等:《电子舌和测色仪在酱香型白酒质量检测方面的应用》,《酿酒科技》2015年第3期。

推进转型升级。⑤强化招商引资和兼并重组。积极邀请国内国际企业来贵州开启"醉美之旅"或协助开拓市场，对取得实际成效的中介机构给予奖励。对新引进的各类资本、投资机构、基金公司、融资租赁公司等投资白酒生产企业的和对已注册的当地企业通过入股、收购、联营等方式新组建年销售收入亿元以上企业集团的，按规定获得税收留存部分全部返还等奖励。对当地企业因为引进而亏损部分，按相应比例进行补贴。⑥强化要素保障和各项服务。进一步加强土地保障服务力度、落实税费优惠政策、加强高粱基地建设、落实行政事业性收费优惠政策等。⑦强化组织保障和环境打造。进一步加强对白酒产业发展工作的组织领导；通过酒文化的传播加大对黔酒的宣传力度；发挥商会协会纽带作用，引导企业整合资源，拓展产品，加快产品结构调整，重构商品销售终端，整合销售渠道资源，打造线上线下同步运营实体。⑧充分尊重企业，尊重企业家。

2020年，政府高度重视《关于大力发展高粱产业夯实贵州白酒原料基地的建议》，对此做出一系列的规划：①通过招商引资在高粱产区引进龙头企业，建设高粱产业种植基地。②各地大力推广"龙头企业+合作社+农户"组织方式，通过规模化，提升产业综合能力。③通过项目示范，推广绿色增产增效技术。④强化种植技术的指导。⑤重视高粱产业的发展。同年，继续打造白酒企业集群，将金沙也纳入赤水河流域世界酱香型白酒核心产区打造范畴，通过"金沙回沙酒"地理标志保护产品带动作用，鼓励和支持金沙企业强化品牌打造，引领斗酒、春秋、毕节大曲、碧春等加速发展。

2021年，白酒包装作为白酒行业的有力支撑，成为目前工作重点。其中最新的政策就是有关于该产业的。相关协会多次举办白酒与包装企业的交流会，为两个行业创建了一个超大的合作平台，力争供给与需求的完美对接。首先给白酒生产企业扩能增效、释放产能，再给包装企业提供市场空间，为白酒新增产能配套工作提速加码。

2. 代表产区（遵义市）支持性发展政策与战略

为解决白酒产业链问题，市政府推出产业集群发展的总规划，意在打造完整的产业带、产业区。

为了巩固茅台龙头的地位，鼓励后梯队企业进一步发展，市政府实施骨干企业计划，首先着力支持茅台扩张，再利用兼并重组、招商引资等方法，提升后梯队酒企的竞争力，打造一批规模化、品牌化的遵义酒企。

为了提升白酒的竞争力，要重视品牌影响力的提升，充分发挥"国酒茅台"品牌的带动作用。极力打响"中国酱香赤水河谷"品牌示范区的名气，进一步发展"遵义白酒"品牌，着力培育名优品牌。

为了乘坐"互联网+"这个顺风车，要快速建设好遵义白酒交易中心、遵义名酒展销及电子商务中心这两大平台。

三 以内蒙古为代表区域（产区）的发展战略

（一）代表企业与代表产品

内蒙古地区的著名白酒品牌主要有河套老窖、宁城老窖、蒙古王酒、赤峰陈曲等。河套老窖以其幽雅爽净、绵甜醇厚、尾净余长的独特风格，深受消费者喜爱，属低度浓香系列酒。宁城老窖的口感更具"绵柔爽净，醇香回味"，品质更具"国酒风范"，"宁城老窖，国酒品质"也由此得名；蒙古王酒属于浓香型白酒，采用传统酿造工艺，结合现代科学技术精酿而成，具有窖香浓郁、入口绵甜、诸味协调、余味悠长之特点，是草原百年佳酿质的升华，其前身是"东泰隆西烧锅"；陈曲酒具有色清、香浓、醇甜、余香的特点，评酒专家评为："清亮透明、窖香浓郁、绵甜纯厚、尾净余长"。

（二）发展历程及现状

1. 总体发展历程

内蒙古自治区是蒙古族（也是中国北方古老游牧民族）的聚居区，由于地域和生活习惯的原因，早在游牧时代，这里的人们就开始酿制牛奶酒、马奶酒。据史书记载：蒙古民族有出则食牛羊肉、入则饮马奶酒的风俗习惯。可见，酒与蒙古民族的生活有很密切的关系。新中国成立后，内蒙古地区的酿酒工业尤其是白酒的酿造有了很大的发展，使这一地区不仅仅是中国白酒的消费大区，也成为重要的生产区域。

内蒙古白酒市场从区域上划分，可以分为蒙东和蒙西两大市场。蒙西以"呼、包、鄂"金三角为中心的区域消费能力较强，占到全区白酒消费60%以上①。呼和浩特市是内蒙古白酒消费的主要市场，呼和浩特白

---

① 李海凤：《内蒙古白酒市场营销策略研究——以河套酒业高端酒为例》，《中国管理信息化》2013年第6期。

酒市场主要集中在中低端市场，代表产品有金呼白、银呼白；中高端市场上，河套王占据主导地位。

2. 代表产区发展历程

内蒙古白酒品牌中最具竞争力的是河套酒业，河套酒业在内蒙古自治区白酒品牌中价值名列前茅。河套酒业品牌涵盖低、中、高各类档次，主导品牌为河套老窖、河套王，前者针对大众消费者，后者针对高端商务宴请。其他白酒有宁城老窖、金骆驼、蒙古王等，但由于均为中低端产品且销量较少，因此不具有品牌优势。近几年内蒙古自治区白酒行业出现萎缩态势，河套酒业业绩不景气，销售收入不断下滑，受名优白酒和其他地区品牌酒的挤压，同时面对产业转型升级，尽管其积极调整产业结构，结合市场高端白酒发展前景较为良好的情况下，努力发力中高端市场，但是收效甚微。

3. 发展现状

内蒙古河套酒业集团股份有限公司始建于1952年，1997年转制为股份公司，历经60多年的发展，企业成长为内蒙古酿酒行业的龙头企业、中国轻工业酿酒行业十强企业、国家AAAA级标准化良好行为企业和全国文明单位[1]。

内蒙古河套酒业是全区酒类行业唯一一家拥有两个"中国驰名商标"的企业，企业被认定为首批"中华老字号"企业，被中国轻工业联合会和中国酒业协会联合授予"中国北方浓香型白酒生产基地"荣誉称号，被国家标准评审委员会审定为"奶酒国家标准起草制定单位"，河套品牌连续七年被世界品牌实验室评为"中国500家最具价值品牌"，河套王原酒生产基地被中国酒业协会认定为"中国北方第一窖"，并获得了首届自治区主席质量奖；河套酒业作为地方财政支柱企业和农牧业产业龙头企业，在县域经济中发挥着举足轻重的作用，创造着最大的经济效益和社会效益。

（三）政策支持性产业发展政策与战略

1. 省支持性发展政策与战略

为加强酒类生产和流通管理，维护酒类市场秩序，保护生产者、经营者和消费者的合法权益，内蒙古在2013年发布了《内蒙古自治区酒类

---

[1] 张奔等：《内蒙古河套酒业品牌延伸发展的分析与思考》，《中国商贸》2014年第14期。

管理办法》。

2. 代表产区支持性发展政策与战略

近年来河套酒业通过一系列的战略调整确定了未来的发展目标和方向。2018 年，河套酒业将"河套王"的品牌诉求调整为"王者无疆"，在更高的战略层面来演绎"河套王"的品牌意境。基于战略的转变，河套酒业在未来的发展中必须坚定"六个坚持"和"六个转变"。

四 以陕西为代表区域（产区）的发展战略

（一）代表企业与代表产品

陕西省代表白酒品牌有西凤酒、太白酒、白水杜康等。西凤酒古称秦酒、柳林酒，是产于凤酒之乡的陕西省宝鸡市凤翔区柳林镇的地方传统名酒，为中国四大名酒之一。始于殷商，盛于唐宋，已有三千多年的历史，有苏轼咏酒等诸多典故。西凤酒无色清亮透明，醇香芬芳，清而不淡，浓而不艳，集清香、浓香之优点融于一体，以"醇香典雅、甘润挺爽、诸味协调、尾净悠长"和"不上头、不干喉、回味愉快"的独特风格闻名；太白酒始于商周，盛于唐宋，成名于太白山，闻名于唐李白，太白酒选用优质高粱为原料，大麦、豌豆制曲做糖化发酵剂，配以土暗窖固态续渣分层发酵，混蒸混烧传统老六甑工艺精心酿制，酒海贮存、自然老熟，科学勾兑而成，其品质清亮透明，醇香秀雅，醇厚丰满，甘润挺爽，诸味谐调，尾净悠长。

（二）发展历程及现状

1. 总体发展历程

陕西省是香型白酒的主要生产地，但陕西白酒行业规模较小，其产量占全国的比重维持在 1.00% 左右。陕西地产酒呈现"一超多弱"格局，陕西白酒中仅西凤酒具备全省号召力，其他白酒规模极小，品牌影响力较弱。西凤酒针对中高端白酒市场且主要布局 100—300 元价格带。陕西省第二大白酒企业为陕西杜康酒业，其规模为 7 亿—8 亿元，与西凤酒差距较大，其余企业均较弱；而低端市场主要品牌为太白，但其销售业绩欠佳。陕西是凤香型白酒的发源地，具有较好的品牌优势和产品差异化特色，陕西省正在借此打造凤香型白酒产业园区、产业集聚区和产业集聚带。

2. 代表产区发展历程

西凤酒产于陕西省宝鸡市凤翔县柳林镇，始于殷商，盛于唐宋，至今已有三千年左右的历史。相传殷商晚期，周武王伐纣获得成功后，以家乡出产的"秦酒"（即今西凤酒前身，因产于秦地雍城而得名）犒赏三军；汉代，秦酒更名为柳林酒。到了近代，柳林酒改为西凤酒。1956年10月，陕西省西凤酒厂成立。在第一、第二、第四、第五届全国评酒会上，西凤酒先后四次被评为国家四大名酒。1999年，陕西西凤酒股份有限公司成立，2008年以陕西西凤酒股份有限公司为母公司组建成立陕西西凤集团。企业主导产品西凤酒，是我国最著名的四大老牌名白酒之一，是凤香型白酒的鼻祖和典型代表。然而近年来西凤酒品质和口碑一路下滑，沦为区域品牌。

3. 发展现状

目前陕西省凤香型白酒产业基地主要依托西凤酒集团的"西凤"品牌进行产品战略整合，"一核一辅"（核心区域：西凤酒城；辅助区域：太白酒文化区），推进宝鸡区域白酒集中发展。2021年7月，陕西省召开了第二届"秦酒"质量提升发展大会。会议中提到，到"十四五"末，宝鸡市将建成以西凤酒、太白酒为龙头的凤香型白酒产业基地，白酒产业产值达到500亿元，综合收入达到1000亿元。

（三）政策支持性产业发展政策与战略

1. 省支持性发展政策与战略

2019年宝鸡市政府印发了支持酒产业高质量发展实施意见，主要任务有以下几方面：

①坚持集群化发展。以西凤酒为龙头，以太白酒公司和柳林酒公司为骨干，加大上下游产业培育力度，壮大产业链条，推动全市酒产业做大做强。

②推进酒类产业向智能化、信息化转型。

③建设白酒优势产区。

④强化品牌市场。打造中高端产品，淘汰小散乱品牌。

⑤推进重点项目建设。加快实施西凤3万吨/年制酒、3万吨/年制曲和万吨酒海储存技改项目。支持太白酒技改项目、陕西柳林酒业提质技改项目等重大酒类产业项目建设。

⑥加快"中国西凤酒城"的建成。

⑦促进酒旅融合发展。

⑧建设优质原料基地。

2. 代表产区支持性政策与战略

在 2021 年，凤翔县委、县政府制定出台《凤翔县促进白酒产业高质量发展实施意见》，为凤香型白酒产业集群发展作出规划：到 2025 年完成投资 100 亿元，白酒主业收入达到 150 亿元以上，配套产业收入达到 20 亿元。

西凤酒加强高端、次高端白酒品牌的布局，西凤品牌也得到了从内到外的品牌形象认可。除此之外，西凤酒建立了"4+6+16"的全国化运营模式，以更好地达到全国化布局发展。从品牌、产能、管理方面进行优化升级。西凤加大了基础投入，将新建"333"工程来提升基酒酿造、制曲能力，扩宽了西凤酒原粮种植面积。2021 年西凤集团以"高端化全国化品牌战略"和"回归一流名酒序列奋斗目标"为行动指南，高质量完成 2021 年度各项工作目标任务。

第二节　中部区域发展战略

一　以湖南为代表区域（产区）的发展战略

（一）代表性企业与代表性产品

湖南位于长江中游，拥有优质的粮食、水资源，我国的浓香型白酒很多都产自这里。该区域是中国白酒产区中的重要一级，这里的白酒香型丰富，常德地处白酒兼香带和浓香带的交汇点，其水土气候、微生物条件等地理优势使得中国优质的兼香型白酒在此地出产。此外，湖南还有特殊的馥郁香型白酒，这是中国白酒发展史上浓墨重彩的一笔。

湖南的六大名酒为：酒鬼酒、邵阳酒、湘泉酒、武陵酒、白沙液、浏阳河，这六朵金花就涵盖了四种香型：酱香、浓香、馥郁香以及兼香。其中，馥郁香为酒鬼酒独创，所谓二者为兼，三者为复，馥郁香就是指酒鬼酒兼有浓、清、酱三大白酒基本香型的特征，一口三香，前浓、中清、后酱；湘泉酒纳大小曲酒工艺于一体，容各香型为一体，继承湘西民间历史酿酒精华，结合现代先进酿酒技术，精心酿制而成。酒液无色透明，芳香馥郁，味绵甘洌，醇厚柔美，后味爽净，回味悠长。邵阳酒以当地优质糯米、高粱、小麦为原料，采用传统工艺精心酿制而成，具有窖香浓郁、绵甜爽净、余味悠长的独特风格。武陵酒为酱香型大曲法白酒，酒液色泽微黄，酱香突出，幽雅细腻，口味醇厚而爽冽。

湖南比较有名的白酒企业有：酒鬼酒股份有限公司、湖南武陵酒有限公司、湖南湘窖酒业有限公司、长沙白沙酒业有限责任公司、浏阳河酒业有限公司。

（二）发展历程与现状

1. 总体发展历程

"贾湖"原本是中原文明的高地，是传统中国的象征。随着部分贾湖人迁到湘鄂边界衡山（现湖南），开始传播使用大米、蜂蜜、葡萄和山楂等进行发酵酿酒，那么湖南的酿造历史也可追溯到 9000 年前，也可谓是酿造历史悠久。

先秦时代，有摆"春台席"置酒"与之合饮"的风俗。屈原在《楚辞》中提到过衡阳古酒——醑酒，在《招魂》中还讲述了楚国宴席间美酒飘香的场景。此外，武陵文化中所讲的"酉水"和酿酒也有着超乎寻常的关系，没有此水便没有美酒飘香的武陵县。

汉朝时期，此地还有"元月元日饮春酒，五月五日切菖蒲蕰和雄黄泛酒饮之，九月九日饮菊花酒"习俗。汉魏时期，湖南北边的南县酿酒业也繁荣非常，此地得益于洞庭湖的湖水甘冽，酿出的酒芳香四溢、圆润悠长。

五代十国时期，此地最出名的酒是姓氏为"崔"的老太太所酿造的酒，崔老太太是有名的酿酒师傅，她取水酿酒的水井后来被叫作"崔婆井"，还成了现在的酿酒古遗。

宋朝时期，湖南的酿酒业格外地兴旺，酒的名声也格外地响亮。其中"鼎州白玉泉"的品质最佳，被推崇为全国名酒。熙宁年间，鼎州的酒税已经达到了五万两白银，当时是湖南产酒的主要州县。

清朝时期，整个地区的酿酒也都颇为繁荣，所以制酒已是普遍现象，而湖南的酒品质优良，许多文人墨客为此留下了赞美的诗句名言。例如，史大成曾有诗云："客思浮云外，人情浊酒中。"此外，武陵春在清末也较为出名，溥杰曾有诗赞云："千秋澄碧湘江水，巧酿香醪号武陵。"清代在南县还酿有"米酒、烧酒"，颇为出名。

近代，拥有传统酿造技艺的白酒纷纷涌现，除了之前提到的武陵春，湖南还有毛泽东亲自命名的白沙液，继承了湘西民间历史酿酒精华的湘泉酒，与湘泉酒同酒厂的酒鬼酒等等。

2. 代表产区（邵阳）发展历程

邵阳作为湘酒的发源地，自古便拥有着得天独厚的酿酒地理环境及气候——北纬26.2东经111.4度，临水依山，玉带环腰，空气温润，气候温和，其鬼斧神工的大自然更是孕育出冠绝天下的丹霞地貌，成就了邵阳独一无二天的天赋酿酒优势。

得益于邵阳天然的资源，聪明的邵阳人早在三千多年前，便懂得用资、邵二水为原料，在状元沙洲这一人杰地灵之地，酿制甘洌醇厚的美酒，酝酿出了芳华绝代的湖湘酒之精髓，其中，黑酒，素富盛名。

南宋时期，理宗在邵阳做防御使期间，为此地产的美酒所倾倒，对邵酒情有独钟。此后他还推崇邵酒为皇室贡品，这更使得许多人闻名而来品尝此地的美酒。

1952年，政府为推动白酒规模发展，便带头将城中八家酒坊合并成立了邵阳市酒厂。在烧酒酿造技艺上加上"汾酒"的制作特色，酿造出了崭新的"邵汾"。此后，邵阳酒厂又在邵汾的基础上汲取五粮液的制作特色，又酿造出了新酒"邵阳大曲"。

至今，邵阳有名的酒企有多家，其中湖南湘窖酒业有限公司是全市龙头，旗下有：湘窖酒、开口笑和邵阳大曲，都是本地有名的白酒。

3. 发展现状

湖南是中国酒文化资源相对丰富的一个地方，这里有最古老的酒器、最早的酿造工艺、最早的皇室贡酒。湘酒曾在全国占有重要地位，产业规模也一度处于全国前列，享有较高声誉。但在90年代白酒行业发展的繁荣时期，湘酒业错过了机遇，之后就逐渐与其他省份拉大了差距。现在能在全国占据一方的似乎只有酒鬼酒一枝独秀。湘酒的发展是不平衡的，产业规模存有差距，缺少真正龙头企业的引领。其间原因可以总结为以下几点：

第一，白酒是中国的传统特色酒类，市场上酒类众多，竞争非常激烈。湘酒相比前几个酿酒大省而言，其定位不够准确，整体上竞争力就比较弱，产销规模也极不相称。

第二，政策支持力度不够。一个好的品牌建设需投入较大的成本，需要政府的支持。前几年，省政府对白酒的支持政策是比较少的，所以湘酒被甩开了一大截。今年，政府正在逐渐重视白酒产业的发展，其目的是希望湘酒酒企快速走上品牌复兴的道路。

第三，中国白酒市场竞争激烈，名优企业的影响力要远比一般企业大，也就导致强者愈强，低端品牌逐渐被剔除。此外，整个行业目前呈现挤压式增长，各省的白酒在政府的指导下都在抱团共谋发展。在此方面，湘酒也正在积极学习其他优秀白酒雁群的战略，积极苦练内功，最大程度上放大龙头企业示范引领作用。

（三）政府支持性产业发展政策与战略

1. 湖南省支持性发展政策与战略

2006年，湖南与四川达成合作、共谋发展，以"泛珠三角"为主要区域，开展技术项目合作与经济项目合作，极大促进了两地资源配置。

2010年，湖南省酒业协会第三次会员代表大会召开，会议指出：湘酒要走低度发展之路，适当改变消费者的购买习惯。国家指出白酒要作出"四个转变"：其一，高度转低度；其二，蒸馏转发酵；其三，粮食酒转果酒；其四，普通转高质量。

2012年，有关领导经考察指出：第一，明确目前的目标是让酒鬼酒先进入第二梯队；第二，要持续为酒鬼酒进入第一梯队的目标助力，不管目标有多远都要坚定执行下去。为此，政府做出以下总策划，一是要抓产品质量，二是要抓企业文化，三是要抓内部管理，四是要抓扩建进度，势必要把酒鬼酒树立成国内知名品牌。

2014年，白酒不仅要加快转型，积极拓展省内外市场，还要加强生产监管，注重质量品牌。从营销方法、渠道上做出改变，以达到拓展市场的目的。例如：建设网上平台、渠道下沉。

2015年，工作重点倾向于专利权的保护与质量安全的监督。对盗用商标、模仿包装、假冒名酒等行为做出严重惩罚；对流通环节的白酒抽样检测，查处标签标识不符合标准要求的违法行为；严格查处非固态法酿造白酒的小型作坊；严查应当取得而未取得《食品流通许可证》《酒类产品批发许可证》《酒类产品备案登记证》的厂家。

2017年，《湖南省加快推进重要产品追溯体系建设实施方案》指出，要利用信息技术建设追溯体系，监督酒类质量安全。

2018年，振兴湘酒，助力产业扶贫是主要目标。湘酒在税收、就业等方面贡献较大，做大做强湘酒，将对地方经济发展、社会就业、产业扶贫产生积极深远的影响。但目前，湘酒整体上一直处于小规模、小发展、缺乏龙头品牌带动的局面。因此，提出以下检验：①扶持湘酒品牌，从振兴湘酒战略层面展开战略布局，做大做强湘酒企业，助力地方产业扶贫。②打造湘酒生态文化园，规划建立湘酒龙头企业生态环境保护区或地理生态保护圈，实现湘酒龙头企业与城市建设、旅游、周边村镇、生态环境融合发展。

2019年，有关领导在调研中强调，要贯彻落实新发展理念，推动白酒产业供给侧结构性改革和高质量发展。最大程度上发挥政府督导以及支持的作用，加强市场管理，规范市场秩序，着力优化行业生态，形成公平有序、充满活力的发展环境。要大力培育龙头企业，加强营销策划，挖掘文化内涵，打造全国白酒行业具有较强市场影响力的知名品牌。

2020年，《邵阳市人民政府关于加快白酒产业高质量发展的意见》中提出下列发展意见：①支持企业稳定快速发展，大力支持企业提质扩量、人才培养和技术创新。②支持企业开拓市场，鼓励开拓销售市场、支持邵酒品牌推介、鼓励做强网上营销。③支持企业品牌宣传造势，鼓励媒体宣传造势、加大户外广告宣传力度、支持酒旅融合宣传。④加大市场监管力度，加强质量安全体系建设、大力开展市场整顿。⑤加大政策扶持力度，强化企业帮扶、加强组织领导。

2. 代表产区（邵阳）支持性发展政策与战略

为了开拓湖南白酒市场，政府领导各阶层营造一种爱家乡酒、喝家乡酒的好氛围，并指导设立相应的营销点、网点，把白酒作为重点产品进行推荐。此外，政府设置了一系列奖赏制度，来鼓励更多的经销商推销邵阳酒。政府还鼓励企业参加中国国际食品餐饮博览会、邵商大会、沪洽周、港洽周、交易会、农博会等重大商务活动来推介产品。

为了给湘酒品牌宣传造势，各级媒体为湘酒定制宣传方案。充分利用各种媒体宣传酒文化和城市记忆等故事，推广湘酒文化、产业与品牌。创建技能大师工作室，推广工匠精神，打响白酒品牌。同时支持酒旅兼并宣传，将"湘窖生态文化酿酒城4A景区"纳入休闲旅游线，并作为市重点景点向外宣传。

为了规范白酒市场，政府加大了市场监管力度。从质量监管上出发，监管部门加强了安全体系的建设，尽量完善各种检验方法，提升检测能力。同时，要求白酒企业健全其质量检测机制，确保酒类食品安全。在法律上，加大对冒牌白酒产品和侵权行为的惩罚力度，出现问题的酒不得进入市场，并设立监督、举报电话。

二　以湖北为代表区域（产区）的发展战略

（一）代表性企业与代表性产品

湖北是白酒大省，因处在长江和汉江两江汇融之地，所以土地肥沃、水资源丰富，自古就是个酿酒的好地方。湖北和湖南一样地处长江中游，一南一北，这条线上生产出了中国最好的兼香型白酒。

湖北白酒香型丰富，白酒众多，其中"四朵金花"尤为出彩，它们都是湖北好喝不贵的名酒。分别是清香型白酒黄鹤楼、浓酱兼香型白酒白云边、浓香型白酒稻花香、米香型白酒枝江大曲。黄鹤楼白酒积黄鹤之灵以酿其味，循楚地之法以铸其魂；黄鹤归来酒"色香味格"极为考究：黄鹤归来之"色"，晶莹、剔透，如春之朝露；黄鹤归来之"香"，陈香、飘逸，窖香浓郁；黄鹤归来之"味"，醇厚、绵甜，回味悠长；黄鹤归来之"格"，甘润、幽雅，堪称传世佳品。白云边酒创制于1974年，嗣后经数百次单项试验，上千次理化分析，在选料、制曲、发酵、蒸馏、调度、勾兑等数道工序上，掌握了科学的酿造工艺流程，研制出一种独特的白酒，这种酒需经长年窖贮，窖贮时间愈久，酒质愈感醇厚香美。稻花香白酒采用酱香型酒典型生产工艺。"重阳下沙、端阳扔糟"，一年一个生产周期，两次投料，九次蒸煮，八轮发酵，七次取酒，恒温洞藏贮存。饱经岁月洗礼，酒体醇和细腻，回味悠长，空杯留香持久。

以上四种酒分别来自于：黄鹤楼酒业有限公司、湖北白云边股份有限公司、湖北稻花香集团、湖北枝江酒业股份有限公司。

（二）发展历程与现状

1. 总体发展历程

湖北地处古时的楚国境内，白酒文化源远流长，至少可追溯至三千年前。

《楚辞》中有记载，喝酒的方法有两种：其一为混着渣滓同饮，其二为滤掉酒渣只饮酒液，此种酒液称为"镜"。《招魂》也有对此种酒液有所描述，将其称为"挫糟冷饮"，此文中除了描述酒液甘美外，还描绘了酒宴的盛况，能想象此时酒业有多么繁荣。

宋朝时代，我国科学技术相比较来看是很发达的，有酒经记载其造酒之术已开始讲求科学技艺。湖北地处酿酒带的中心地方，有极优质的水资源与丰富的粮食储备，众多文人墨客赞美鄂酒的甘美。最具代表的是李白也为这里酿出的酒所倾倒，在安陆停留十年之久，留下了"涢水浓于酒"、"买酒白云边"的名句。

元朝时期，老湖北人——李时珍在著名古书《本草纲目》中讲到，我国白酒真正开始得到发展是从元朝开始的，他在书中所讲的白酒是指药酒一类，在今日的湖北，此种酒为本地农民所喜爱。

20世纪50年代，由于小曲酒发酵时间较短，产出速度较快，而酒香淡雅匀人，所以小曲酒产量占湖北总体产量的九成以上。湖北现存较优秀的小曲酒要数劲酒，该酒采用的是传承下来的优质小曲。

如今，湖北的酒厂众多，也出了闻名全国的好酒，像白云边、枝江大曲、演义酒、黄鹤楼、稻花香、劲酒、石花等都是在本地销量较好的酒。

2. 代表产区（宜昌）发展历程

宜昌地处西陵峡口，有一个古称叫夷陵。

唐朝时期，当地有歌云："绿樽翠杓，为君斟酌。"李白为此地名酒挥墨："将船买酒白云边"，可见宜昌酒市的繁荣。

宋朝时期，宜昌的酒税只有一万两白银，比起其他名酒域，是个极小的产区。但也有酒录记载这里的酒，说明宜昌还是有出名酒，记载称至喜泉。

明朝时期，宜昌酿有"白糁酒"，有诗曰："白糁红酣两岸风"，该酒此时最为有名。同一时期，民间有腊月酿米酒一说，酿出的酒供自家节日饮用，此后将此酒称为"腊酒"。

清朝时期，宜昌人用玉米制酒，酿出来的酒用当地的话叫"包谷酒"。有诗人曾评价此酒曰："祭祀及燕饮，一味包谷酒。"但由于当时出酒质量不高，并未广泛流传。此外，枝江造酒之术此时已颇为发达，集市上卖酒者云集，其中江口的烧春最为有名，常常供不应求。后来，有张秀才借助江口的名气，在此处开起了糟坊酿高粱酒，并挂牌取"谦泰吉"之名。再后来，江口到处都开起了酒坊，枝江烧酒的名气逐渐扩张，最后在荆楚大地上留下浓墨重彩的一笔。

20世纪50年代，政府整合酒坊建成了"七一酒厂"。因为出产的酒品质不高，并不是很有名气。70年代，优质白酒——西陵特曲开始产出，没多久就销量极好，该酒厂也就改名为"宜昌酒厂"。

如今，宜昌不仅酒厂多，优质白酒也多，楚园春、关公坊、枝江大曲以及稻花香这些品牌都是宜昌的门面担当。

3. 发展现状

1994年，我国的市场体制发生改变，湖北的市场进入壁垒偏低，大量的省外品牌匆匆占领鄂酒市场，导致本地白酒市场低迷。政府为了促进鄂酒的发展，制定了一系列规划。先整顿了众多小作坊，将他们合并重组成大酒厂。后来，各家酒企逐渐发展起来，拥有了自己的特色产品、特色文化，在有了这些竞争的优势后都纷纷开始抢占市场，或者与外来品牌竞争市场。年前不少酒企与产区都遇到了相当大的经营困难，而鄂酒总体上却保持着基本稳定的发展态势，有的酒企还实现了逆势增长。

鄂酒的名牌酒企占领了主要的根据地，这使得一般的外来品牌很难到省内抢占市场份额。在湖北的几个主场，例如在宜昌，稻花香与枝江地位颇高，难以替代。鄂酒大多走中低端定位，从一定程度上"腰部"产品也是其优势，能削弱行业环境的不利影响。但也是其劣势，鄂酒没有特别强势的品牌，不能够在全国占得一席之地，也缺乏能引起行业轰动或为行业效仿的代表性人物、代表性事迹。所以，鄂酒酒企的话语权比较少，想要成功突围比较困难。

此外鄂酒的缺点也很致命，没有竞争力强的龙头企业，虽然酿造历史长，技艺高，但错过了最佳发展时期，难以跟上现今白酒行业的爬升速度，众酒企基本不具备傲视群雄的规模和品牌。所以，为解决此种难题，鄂酒正在逐渐走上规模化、多元化、集团化之路。此外，虽然今年鄂酒产量居第二位，但是与第一阵营的差距还是比较大。要想追赶上第一阵营，鄂酒要继续注重产品升级。最重要的是要利用好鄂酒的历史文化底蕴，更深层次挖掘出湖北白酒的特色，走上鄂酒自己的特色品牌之路。

（三）政府支持性产业发展政策与战略

1. 湖北省支持性发展政策与战略

2014年，《做大做实做强湖北白酒产业行动计划》提出，现今已有多个高端酒企开始推出中低端品牌，在这种情况下，鄂酒不仅面临没有超高端名品的引领问题，中低端品牌还受此类品牌明目张胆的挤压。想要跳出此种窘境，唯有实施品牌升级、技术转型以及资源整合之路。首先，不再追求量，要以提升白酒的品质为先。其次，明确品牌建设的重要性，通过选出几个骨干酒企作为重点培养对象以及建设白酒产区示范基地的方法，来培育龙头企业。最后，通过兼并重组等方法重新分配资源，优化配置。

2015年，省重点成长型产业集群发展情况报告中提出，酒业产业集群是以湖北白云边股份有限公司等为龙头，以粮食基地采购、造纸、印刷、饲料加工、玻璃制品、瓶盖生产、物流配送等上下游协作配套形成产业集群。坚持做真做实、做大做强的发展理念，主动调整升级，提升发展质效。拉长产业链条，壮大集群规模，对外招引项目，上下游延伸产业链条，使集群规模迅速得以扩大。一是加快建设生态产业园，进一步做大龙头企业；二是延伸产业链，提升配套能力；三是突出质量品牌，提升集群竞争力，设置高标准的质量检测中心，保证白酒的整体质量；四是打造服务平台，助推集群发展，推进技术创新，增强集群科研实力。例如白云边在全国首创了浓酱兼香型白酒，为了保证技术优势，白云边公司采取了一系列措施持续推进技术创新。

2017年，根据国家指出的经济新常态指导思想，政府为适应经济发展，做出以下重点决策：重视传统技术的改造升级，落实万亿技改的战略。

2018年，在技术创新改革的路程下，政府支持奋进公司研发上甑机器人。上甑机器人被应用于白酒行业，使酿造技术得到自动化改造，实现新旧动能转换，目前已经在劲酒、习酒、洋河、六尺巷、口子窖、劲牌茅台、老村长、十里香、青青稞等酒厂上线应用。此外，省经信委召开全省酒业发展座谈会，会议指出：省委、省政府高度重视湖北酒业发展，全省白酒重点骨干企业要练好内功，走出产品同质化、营销同质化的误区，进一步增强发展后劲和信心，创新工作思路和方法，不断加强人才技术引进，不断提升产品产量和质量，强化人才科技支撑，优化产品结构，努力为"楚酒振兴"和经济社会高质量发展做出更大贡献。

2020年，省科技处就白酒行业的典型质量标杆——黄鹤楼酒业有限公司、湖北稻花香酒业股份有限公司的战略作了分析，以此激励白酒行业高质量发展。两个企业分别实施"一核五化"质量管理与"1+1+N"标准化管理模式。"一核五化"创新质量管理模式：推行"以卓越绩效管理模式为核心，实施管理标准化、生产智能化、服务共赢化、风控常态化、知识传承化的五化"质量管理模式，将质量和食品安全管理推向纵深。"1+1+N"标准化管理模式：基于1个综合管理体系，执行1个卓越绩效标准,结合标准化的管理活动,最终实现覆盖产前、产中、产后的标准化管理模式。

2. 代表产区(宜昌)支持性发展政策与战略

为了提升鄂酒生产企业竞争力,政府支持白酒生产企业提升创新能力。鼓励企业加大研发投入,形成一批拥有自主知识产权的产品、标准和酿造技艺;给予领头开发建立新平台的创新者丰厚的奖励。邀请名优酒企、高校与政府一同挂牌设立各种相关的研究院,从新技术上、新思想上为白酒的发展添砖加瓦;将智能化技术、数字化工厂的建设提上日程,加快行业的产能、质量发展;支持白酒领域专业人才培养,将酒企负责人纳入精英计划培育工程。在领军人才(项目)、优秀专家、省级以上专家评选中,优先推荐白酒人才。

为了加强鄂酒的品牌影响力,政府支持酒企发展特色精品品牌,引导酒企去评国家级称号、专业级奖项;引导标准体系建设、行规制定,对参与制定高质量标准体系的企业给予资金奖励;引导企业根据当地本土文化给自身品牌增值,通过文化传播打响白酒品牌;引导开展一系列与白酒相关的比赛、讨论会,对全国、全省大赛上获奖的酒品给予相应的奖励。支持发展以酒文化为主的工业精品旅游线,酒旅共发展。

为了跟紧行业发展,增加市场占有率。政府引导酒企与电商合作,两方相互成就发展;政府指出不仅要注重省内市场,还要涉足于省外市场,甚至是逐渐进入国际市场;在资金方面给予帮助,政府作如下策略:设立专门的发展基金,引导金融机构对行业进行支持,以及出台优惠政策以吸引更多的外商投资。

三 以河南为代表区域(产区)的发展战略

(一)代表企业与代表产品

河南省知名白酒主要有:宋河粮液、杜康酒、宝丰酒以及张弓酒等。

宋河粮液以优质高粱、小麦为原料,精湛绝伦的传统酿造工艺与现代科技的完美结合,固态泥池,纯粮发酵,具有"窖香浓郁,绵甜爽净,回味悠长"的特色,被赞誉为"香得庄重,甜的大方;绵得亲切,净的脱俗";杜康酒属浓香型,以优质小麦采制高中温混合使用,又精选糯高粱为酿酒原料,并采取"香泥封窖、低温入池、长期发酵、混蒸续槽、量质摘酒、分级贮存、陈酿酯化、精心勾兑"等先进工艺;宝丰酒有着"清香纯正、绵甜柔和、甘润爽口、回味悠长"的特点,是我国清香型白酒的典型代表。张弓酒在酿造时低温入窖、双轮底发酵，再加上回沙工艺二次发酵，勾兑的酒基要求是存放 3 年以上的双轮底中段酒，这样的酒窖香突出，酒体醇厚丰满，最后还要经冷冻和活性炭吸附进行过滤，最终达到"低而不淡""低而不解""低而不浊"。

（二）河南发展历程及现状

1. 总体发展历程

河南位于黄河中下游地区，地处中原，物产丰富，气候适宜，悠久的历史文化和沉淀千百年的酿酒技术，使河南成为一个传统的白酒酿造大省和消费大省[①]。河南的酒文化也源远流长，"杜康造酒说"、仰韶文化遗址，都为河南的酒文化形成了深厚的积淀。河南特殊的地理优势和气候环境构成，使河南的白酒香型呈多元化发展，主要有浓香、清香两种香型。河南省酒业发展历程所经历的阶段：20 世纪 80 年代到 90 年代中期的高速发展时期，走向了全国；1998 年以后陷入低谷，2002 年以后经过改革，豫酒开始从低谷艰难发展；2017 年河南省发布白酒业转型发展行动计划，正式开启振新豫酒新篇章；目前，河南省的白酒生产厂家有数百家之多，著名白酒品牌有杜康、仰韶、赊店、张弓、宋河、林河、宝丰、卧龙、睢酒等，它们都有着深厚的文化内涵[②]。

2. 代表产区发展历程

我国著名大型酿酒企业之一的宋河酒业股份有限公司，地处河南省鹿邑县枣集镇（我国传统酒乡），先后被评为河南工业企业 50 强和国家工业企业 500 强、国家重点企业，连续多年位居周口市场工业企业第一名。公司主要生产中国名酒、河南名牌"宋河粮液"和河南名牌"鹿邑大曲"及其系列产品。

3. 发展现状

目前，河南省的白酒生产厂家有数百家之多，著名白酒品牌有杜康、仰韶、赊店、张弓、宋河、林河、宝丰、卧龙、睢酒等，它们都有着深厚的文化内涵。

从地域分布上看，河南的白酒产地可划分为四个部分，即豫东、豫西、豫南、豫北。豫东地区的白酒品牌主要有宋河酒、林河酒、张弓酒、

---

① 金孟泽，郭慧：《河南白酒市场浅析》，《中国酒》2000 年第 2 期。
② 李代广：《复兴豫酒企业有样板可参照》，《经理日报》2006 年 1 月 14 日第 3 版。

四五老酒、睢酒、皇沟御酒等；豫西地区有杜康酒、仰韶酒等；豫南地区有宝丰酒、赊店酒、卧龙酒、天冠纯净酒等；豫北地区有新兴的红旗渠酒、梨园春酒和百泉春酒等①。

（三）政府支持性产业发展政策与战略

1. 河南省支持性发展政策与战略

2017年，河南省政府提出《河南省酒业转型发展行动计划（2017—2020）》的决定。

①打造知名品牌。着力培育1—2个豫酒领军品牌，打造豫酒核心品牌和超级单品。

②提高产品品质，发扬豫酒柔和绵长的风格，大力推广纯粮固态发酵。

③推进企业重组。推动重点酒企进行兼并、收购和重组，提升产业集中度。

④优化产品结构。重点扩大中档产品市场份额。

⑤丰富销售渠道。在各流媒体网站进行集中大量推广宣传。积极推进下沉市场，开发县级和农村市场，凭借供应链物流等方式推广豫酒。

⑥开拓酒类新市场。将酒品牌、酒文化、旅游业统一宣传，加快开发以豫酒文化为主体的旅游商品、纪念品。

⑦发展原酒基地和原料基地。

⑧注重酒类人才培养。

⑨建设白酒工业园区。

⑩推动酒企绿色发展。

2. 代表产区支持性发展政策与战略

宋河酒业2019年进行了产品线调整，做好"销"和"消"，前者解决酒类流通渠道问题，后者提高客户的忠诚度，是怎样让消费者认知、认可宋河酒。在过去的几年，宋河酒业在产品品质方面做到缺陷零容忍，为产品品质打下好的基础。在市场方面，朱景升说，务实四城联运战略（四城为"鹿邑、周口、郑州、北京"）。稳周边市场，抓省内重点市场。重布市场局，重划战区。

---

① 刘朴兵：《略论改革开放后河南酒文化的传承和发展》，《农业考古》2012年第1期。

四 以安徽为代表区域（产区）的发展战略

（一）代表性企业与代表性产品

安徽拥有三千年的酿造史，是著名的酿酒之地，作为八大传统名酒之一的"古井贡酒"就是产自于安徽亳州。

古井贡酒是亳州最有名的白酒，距今已经有近两千年历史，此酒有"酒中牡丹"之美誉。口子窖酒是兼香型酒的代表，其香味较浓，入口回甘。迎驾贡酒产自霍山，同五粮液一般都是采用五种原料酿造，但不同之处是：用的是大别山上的五谷。宣酒有国家地理标志，前身是唐代春酒，它是新香型白酒的开创者，独特的芝麻香型吸引了无数爱酒之人。金种子酒也是浓香型的，香气也颇浓。除了这几大名酒，高炉家酒、文王贡酒、皖酒、明光酒、沙河王酒也是安徽排名靠前的名酒。

这些酒分别隶属于以下企业：安徽古井集团有限责任公司、安徽口子酒业股份有限公司、安徽迎驾贡酒股份有限公司、安徽宣酒集团股份有限公司、安徽金种子酒业股份有限公司、安徽双轮酒业有限责任公司、安徽文王酿酒股份有限公司、安徽皖酒制造集团有限公司、安徽明光酒业有限公司、安徽沙河酒业有限公司。

（二）发展历程与现状

1. 总体发展历程

安徽是白酒的发源地之一，历史悠久，具体从哪个年代开始已不可考证，但从酒厂的命名足可以佐证，文王贡酒得名于三千年前的西周姜尚；高炉家酒因春秋时期，道教鼻祖老子开坊烧酒而取名；迎驾贡酒是汉武帝南巡所赐；古井贡酒始于曹操家乡亳州产的"九酝春酒"；淮北口子酒的酿造历史，则可以追溯到春秋时期；运酒能追溯到东汉末年，漕河开通之后；老明光酒的历史可追溯到唐朝起。

东汉时期，曹操最爱喝家乡亳州所酿的酒，称此酒比蜜糖还要甘甜，还特意将"九酿春酒"以及做法推荐给汉皇室。

晋代时期，酿酒业出现。醉三秋是当时较有名的浓香型酒，此酒依照传统混蒸续糟法制成。此酒的酒名还有一个传说：竹林七贤的刘伶爱酒，曾一醉三年才酒醒，醉三秋便是这样来的。

宋朝时期，滁州已有酿酒业，此地因美酒众多还被誉为了醉乡和酒国。欧阳修的《醉翁亭记》中也曾赞美曰："酿泉为酒，泉香而酒洌。"此外，熙宁年间亳州酒税早已达到了十万两，此地是当时主要产酒地区之一。

明朝时期，据传有古井建造于南北朝，此井水酿出的酒色清、香醇、味美，而此酒又曾做过贡品，所以取名为古井贡酒。从现今的遗址来看，当时的酒业颇为繁荣。

清代酿有烧酒、黄酒。

近代时期，众多古酒开始重新崛起，醉翁牌、漆园春、魏王酒等依次建厂、酿造名酒，开始了辉煌的徽酒时代。

2. 代表产区（亳州）发展历程

亳州是徽酒的重要产区，产有名酒——古井贡酒。古井镇地理位置极好，有着优渥的酿造资源。此地水源充足且优良，还盛产小麦、玉米、高粱、大豆和各种薯类，极其适合于酿酒业的推进与发展。

从出土的各种酒器以及发酵物件来看，此地的酿酒业至少有三千多年的历史。

东汉时期，曹操著有《九酝酒法》，这是亳州"九酝春酒"作为汉皇室贡酒最早的文字记录。此外，"减酒"色亮、味香，负有十里飘香的美誉。特别是"公兴糟坊"酿的减酒最为出名。

明朝时期，亳州有作坊四十多个。

宋朝时期，亳州税收早已达至十万两白银，如此大的课税说明当时此地的白酒产业已极具规模。

1959 年，在减酒酒厂的基础上建造了古井酒厂，此后，酿酒师在减酒的酿造方法上添加新型技术，从而酿出了风味独特的"古井贡酒"。

3. 发展现状

安徽白酒历史悠久，白酒行业一直有"东不入皖"的说法，但从近几年徽酒的销售数据来看，其影响力正在逐渐下降。省外名牌正在逐渐吞噬徽酒原有市场，所以徽酒不仅需要与本土品牌相互打擂，还要抵挡省外品牌的威胁。徽酒虽然一直有意开拓省外市场，但由于缺乏名酒品牌的建设，只有极少的白酒能在全国享有一席之地，大多数企业还是只能固守本省及周边市场。因此，徽酒正面临着内忧与外患，重震昔日威望是徽酒企业最迫切实现的目标。

在安徽境内的白酒市场中，众多白酒品牌竞相争夺市场份额。其中名气最高自然是茅台、五粮液，其次是颇为有名的古井贡酒、口子窖。安徽品牌在当地销量也还不错，主要是当地白酒的受众偏向中低端客户，经营战略上也采用的是渠道下沉的策略，这就与前面的高端名品错开了市场。此外，安徽当地人对安徽白酒的热爱比一般省份来说要更多一些，这就导致外来品牌进入安徽市场的壁垒会比较高。且酒企是税收大户，是地方政府的重点保护对象，徽酒品牌在省内渠道下沉至各个乡镇，对终端的控制力很强。

目前，安徽白酒产业的特点：第一，竞争格局转变。之前安徽白酒对市场的竞争占领体现在资源渠道上，如今作为龙头的古井贡酒和口子窖已经占有了一定的资源，因此现在的目标转为打响品牌名气。不论是省外还是省内，随着国民消费力的提升，消费者对品牌的敏感度会越来越高，那么对名品白酒的消费额会随之增加；第二，低端白酒各种品牌鱼龙混杂，竞争将会进一步激化。考虑省内龙头品牌的影响，再加上外来名优品牌的挤压，省内低端白酒品牌将会越来越少，以至于白酒行业竞争将会越来越激烈；第三，考虑本产地的优势以及价格优势，中端的本地白酒品牌相较于高端品牌，预计在近期会更迅速地占领原有的低端市场；第四，由于安徽白酒的高端名优品牌较少，考虑价格的影响，一般白酒的终端市场将会聚集在乡镇。

(三) 政府支持性产业发展政策与战略

1. 安徽省支持性发展政策与战略

2020年，《关于促进安徽白酒产业高质量发展的若干意见》指出，安徽省酒产业的目标：到2025年，要实现营业收入500亿元，产量达标500吨；打造营业收入超200亿元的企业一家、超100亿元的企业两家；培养闻名全国的名优企业以及增强徽酒的品牌效力；从原材料到新型技术研发，再到研发包装出厂，建设好链条式白酒发展体系。为此提出以下发展策略：①围绕"产区+基地"，建设特色化白酒示范展区，明确产业集中型产区的优势，从原料到产出全方位建设产区基地集群。②围绕"扶优+扶强"，明确龙头企业的重要地位，通过兼并重组将多数中小型企业打造为大型白酒企业。对此出台相对应的扶持政策，鼓励各企业不断革新。③围绕"数字+智能"，建设智能化生产线、数字化产业链。提升白酒生产效率。④围绕"低碳+循环"，建设绿色产区。⑤围绕"质量+安全"，规范白酒行业标准，保证白酒质量与安全。⑥围绕"精品+名品"，着重发展名优品牌，打造精致徽酒。⑦围绕"创新+创意"，发展多样化产销模式，发展新型技术。⑧围绕"领军+工匠"，着重发展匠人以及白酒行业高质量管理人才。

2021年，重要工作：一是继续注意白酒行业的监督管理，加强对违规者的惩罚力度，鼓励行业中各企业形成不成文的规定，墨守自律的准则；二是检查各政策与战略有没有落在实处，检查对所有企业有没有同等对待；三是增加重要组织或者协会，加强白酒行业的对外交流发展。

2. 代表产区（亳州）支持性发展政策与战略

为了提升规模竞争力。企业要充分利用黄淮、长江名酒带的地理优势，打造名牌产业。引导资源向重点产区靠拢，打造产业基地集群，打造有核心竞争力的白酒产业。在古井、高炉两个酿酒小镇中打造产业集群，明确古井贡酒、双轮酒业龙头的位置，明确井中、金不换骨干企业的位置，带领余下上百家小型企业共谋进步。此外，积极制定优惠政策，吸引更多省外投资商来投资酒产业，进一步促进配套产业的发展。

为了重新打响徽酒品牌。政府出台鼓励政策以支持酒企争创国家级、省级称号。鼓励酒企往中高端走，最大程度上发挥古井的优势，引领后方品牌跳出本地市场。此外，在品牌宣传上要下苦功夫，通过宣扬亳州历史酒文化来打响徽酒品牌；建设白酒示范产区、示范小镇，打造特殊旅行路线。总体来说，不仅做到深耕省内市场，还要加快开拓省外市场，推进营销网络全国化，推进徽酒品牌进一步向国际进军。

为了加强人才队伍的培养。对现有的匠人及领军者要给予丰富的资源和优惠的政策，不断提升他们的影响力与社会地位。同时，注重新一代人才的培养，通过与研究所、高校合作，培育专业对口的技术性人才、管理人才以及销售人才。对于在职的人员，也要不断学习进步，提高白酒行业人员整体素质。

为了形成安全的酒业市场。不仅政府要推出一系列的监管措施，企业也应该形成一套独特的监督流程。支持企业加大技术改造和智能设备投入，建设数字化车间。从原料供应、生产加工到终端销售，全流程智能化管控。对产品生产、仓储、分销、物流运输、市场在监察等环节数字跟踪溯源。

为了给白酒业以坚固的后盾支持，政府工作要确认白酒行业相关研发费用、固定资产、进口装备的优惠等政策是否完全落实，相关优惠政策要根据不同地区情况来制定。此外，在资金支持上，鼓励银行等金融机构设定可执行的方案为酒企提供资金,例如:窖池抵押。最重要的是,要对一般企业同等对待,真正落实相关政策,确实给行业减负担。

五 以山西为代表区域(产区)的发展战略

(一)代表企业与代表产品

山西省白酒代表品牌主要有汾酒集团的汾酒、汾阳王、竹叶青,梨花春酿酒集团的梨花春酒,祁县六曲香酒厂的六曲香酒。汾酒作为清香型白酒的典型代表,因产于山西省汾阳市杏花村,又称"杏花村酒",其工艺精湛,源远流长,素以入口绵、落口甜、饮后余香、回味悠长特色而著称,在国内外消费者中享有较高的知名度、美誉度和忠诚度;竹叶青以汾酒基酒为基础,另搭当归、陈皮、砂仁、零香、广木香、紫檀等十多种名贵药材,并加入冰糖、白糖或蛋清等配料调味,配以独特酿造工艺调酿而成,竹叶青的酒液不仅带有相当养眼的淡竹叶青色,更具有一定的保健功效,酒液入口绵甜微苦,酒气中带有淡淡药材芬芳,温和不刺激;六曲香酒无色,清亮透明,清香纯正,醇和爽口,绵软回甜,饮后余香有诗为证:"酿造风格独一枝,清香蝉联状元榜。

(二)发展历程及现状

1. 总体发展历程

山西省酿酒历史悠久,汾酒为清香白酒代表。山西汾酒以其久远的酒文化,誉为"中国白酒产业的奠基者"。从北齐发展到唐代,汾酒成为我国最早的蒸馏白酒,在发展到明清时代,清香汾酒被传播于全国各地,随后便产生了浓香、酱香类白酒。汾酒1707年,载入《四库全书》,成为其中唯一的白酒品牌。1915年,山西高粱汾酒在巴拿马万国博览会上获得最高奖——甲等大奖章,成为唯一获得甲等大奖章的白酒品牌[①]。

2. 代表产区发展历程

吕梁是全国最大的清香型白酒生产基地(汾阳是吕梁产区的核心,而汾阳产区的核心是杏花村)。"借问酒家何处有?牧童遥指杏花村"使得杏花村在晚唐时期就闻名于世。2012年6月山西杏花村汾酒集团酒业发展区有限公司成立,是清香白酒原粮种植、生产、销售、储藏、仓储

---

① 化春光:《破解茅台巴拿马获奖谜团:一个无中生有的金奖》,《旅游时代》2015年第4期。

以及物流和文化传播的大型企业；在 2018 年 9 月第二届山西（汾阳·杏花村）世界博览会在中国汾酒城成功举办①。

3. 发展现状

山西省吕梁市酿酒历史悠久，目前，全市共有酿酒企业 72 户，有汾酒、竹叶青、杏花村、汾阳王等 4 个全国驰名商标，老白汾、玫瑰汾、金家、晋善晋美、老传统等 20 个山西省著名商标②。2016 年，山西省政府批准设立了唯一以白酒为主导产业的杏花村经济技术开发区，随后入选为第一批中国特色小镇；2017 年，吕梁市被中国酒业协会授予"世界十大烈酒产区·吕梁产区"；汾阳市打造了旅游景区（杏花古镇、汾酒古作坊、汾酒博物馆等），一为闻名，二为吸引更多游客，三为更好地传播汾酒文化。

（三）政策支持性产业发展政策与战略

1. 省支持性发展政策与战略

2010 年 1 月，山西省提出培养白酒集群发展，提高山西清香白酒产量，以此来维护稳固山西清香白酒依旧为我国最大的清香白酒生产基地的地位。2013 年，山西省提出整合省内白酒资源，集中推进杏花村酒业集中发展，来确保清香白酒在市场的品牌地位，发挥品牌作用，带动酒业可持续发展。2016 年 10 月，山西省吕梁市白酒行业协会成立，为酒类行业交流信息、共享资源、集群发展、弘扬文化提供了一个新的交流平台。2017 年 1 月，山西省依旧提出白酒行业注重发挥杏花村酒业集中发展区的示范效应和汾酒集团的带动作用，提升酒业知名品牌地位。

2. 代表产区支持性发展政策与战略

2021 年山西省吕梁市政府工作报告提到要打造"清香型白酒生产基地和酒文化旅游胜地"，吕梁市支持汾酒集团抢占高中端白酒市场。目前正全力打造杏花村经济技术开发区；支持做强做大以汾酒为龙头的白酒产业，加强技术研发和人才培养，突出以汾酒集团为龙头，支持汾阳王酒业、中汾酒城等一批白酒企业发展壮大，形成多层次酒品牌竞相发展、错位互补新格局。

---

① 江源：《中国最大清香型白酒生产基地在汾阳揭牌》，《酿酒科技》2018 年第 10 期。
② 刘小宇：《大转型：跑出加速度彰显高质量》，《吕梁日报》2019 年 1 月 20 日第 1 版。

第三节　东部区域发展战略

一　以山东为代表区域（产区）的发展战略

（一）代表企业与代表产品

山东省白酒代表产品主要有景芝酒厂的景芝白干、曲阜孔府家酒业的孔府家酒、云门春酒业集团的云门陈酿、扳倒井股份有限公司的扳倒井酒等。景芝白干作为中国酒水史上最早的高亮大曲酒，已有上千年历史，早在1915年代表中国白酒入展巴拿马万国博览会，该酒酒香幽雅，丰满醇厚，纯净回甜；孔府家酒素以三香（闻香、入口香、回味香）、三正（香正、味正、酒体正）而著称，加之古朴典雅的包装及厚重的儒家文化内涵，1988年荣获国家质量银质奖章；云门陈酿酒具有酱香突出、酒体醇厚丰满、幽雅细腻、香味协调、回味悠长，空杯留香持久等特点，深受广大消费者的喜爱，被誉为"鲁酒之峰，江北茅台"。

（二）发展历程与现状

1. 总体发展历程

山东省是白酒生产大省，2007年以前其产量一直居全国第一，之后被四川省超越。20世纪90年代，鲁酒荣获第一届"央视标王"，享誉一时，后因"秦池"事件而渐渐衰退。山东白酒企业约有700家，地产酒格局高度分散，各县基本都有地产品牌。其中较有规模的有兰陵、孔府家、泰山、景阳"四大家族"以及泰山、兰陵王、景芝、孔府家、趵突泉、古贝春、扳倒井、琅琊台"八大金刚"。这些名酒构成山东地产白酒品牌第一梯队，但多为二线品牌，只具有地方优势，相比全国知名品牌缺少品牌竞争力。其他白酒企业多是中小白酒企业。整体来讲山东地产酒企多且偏小，集中在中低端品牌，没有领军品牌，不具有品牌优势，地产白酒竞争格局高度分散，其在近些年的发展中处于被动地位。

2. 代表产区（景芝镇）发展历程

景芝镇作为齐鲁三大古镇之一，以酿酒闻名于世，是中国高粱烧酒的发源地之一，也是我国芝麻香型白酒发明创造和生产基地。芝麻香型白酒是新中国成立后自主创新的白酒香型，是景芝酒业历经50多年自主创新的成果，填补了国内芝麻香型白酒的空白，结束了鲁酒多年来没有自主白酒香型的历史。芝麻香型白酒的问世，使我国白酒香型从 10 个增加到 11 个。在芝麻香型白酒问世之前，我国有 10 个传统白酒香型都是历史传承下来的，没有创新香型白酒。

芝麻香型白酒的出现，破坏了"酱香、浓香、清香"三分市场的现状，使鲁酒走向全国白酒高端化市场，成为最具发展前景的白酒品种。芝麻香型白酒在景芝酒业的带动下，山东、河南、河北、黑龙江、内蒙古、江苏等省份 200 余家白酒企业开始进行芝麻香型白酒的研发，芝麻香型白酒总产量占全国白酒产量的比重由 2006 年的 0.5% 上升到 2016 年的 1% 以上，其中山东芝麻香型白酒产量占全国总产量的 90% 以上。主要表现在以下方面：

景芝酒厂联名中国食品发酵工业研究所等单位起草了芝麻香行业标准在 1995 年发布，该标准的发布，意味着一个新的白酒香型芝麻香确立了。

2006 年 9 月，芝麻香型白酒在原行业标准的基础上，制定了国家标准"GB/T20824-2007"，于 2007 年发布实施[1]。该行为推动芝麻香型白酒发展。

2008 年，"芝麻香型白酒的研制"获中国轻工业科技进步一等奖和山东省科技进步三等奖。"芝麻香型白酒生产工艺"荣获中国专利优秀奖、山东省专利一等奖[2]。中国酒业协会认定"一品景芝"为中国白酒芝麻香型代表，被国家质检总局认定为国家地理标志保护产品[3]。

2012—2016 年，在山东景芝酒业股份有限公司的带领下，景芝镇芝麻香型白酒产业得到快速发展，取得丰硕成果。芝麻香型白酒研究取得科技成果 6 项，获省（部）级奖励 6 项，专利 80 件，其中发明专利 8 件；一品景芝等荣获省级以上荣誉 25 项。芝麻香型白酒成为我国白酒最具发展潜力和发展速度最快的酒种。

3. 代表产区（鲁西）发展历程

西部地区白酒酒厂众多，其中"孔孟之乡"济宁市的知名品牌有孔府家、孔府宴、金贵特曲、心酒等；菏泽白酒市场容量很大，有花冠、

---

[1] 曹广勇等：《再议芝麻香型白酒》，《酿酒科技》2013 年第 11 期。
[2] 松子、金秀：《景芝镇被授予中国芝麻香白酒第一镇景芝酒业获中国芝麻香白酒生态酿造产区》，《中国酒》2012 年第 12 期。
[3] 刘守刚：《做酒就是做文化》，《中国酒》2013 年第 9 期。

曹州老窖、四君子、水浒等品牌；聊城有景阳冈、东阿王等品牌①。

4. 代表产区（鲁中）发展历程

济南的白酒品牌主要是趵突泉、百脉泉、阁老贡酒；淄博、潍坊具有一定规模的白酒，厂家众多，扳倒井、黄河龙等品牌均具有较大的影响力，尤其是扳倒井酒，在全国范围内也有着较高的知名度；潍坊有历史悠久的景芝白乾，是中国芝麻香型白酒的典型代表。另外潍坊地区还有曾经名噪一时的秦池、齐民思，以及坊子酒等地方品牌。

5. 代表产区（高青县）发展历程

高青县具有浓厚的酒文化气息，是酿酒文化的起源地，也是酒祖仪狄故里。

高青县内陈庄西周城遗址出土大量酒器酒具，反映了西周时期当地酿酒业的繁荣盛况。

近年来，高青县白酒产业发展不断实现大幅增长，国井和扳倒井作为骨干企业，在品牌提升、科技创新、技术改造、品质提升和市场开拓等方面都取得重大突破。

（1）建成中国最大的纯粮固态酿酒车间；

（2）建成中国白酒第一酒庄——国井1915酒庄国井；

（3）建成了三大国家级白酒科研平台；

（4）高青成为工信部"全国产业集群区域品牌建设（白酒产业）试点地区"。

目前，高青县正在全面推进"中国白酒名城""中国白酒原酒基地""国井特色小镇"等项目的建设，不断加快高青白酒产业发展，按照规划建设方案积极推进落实，支持国井集团做大做强，推动高青白酒产业结构调整和品质提升，为中国白酒的繁荣发展做出新的贡献。

6. 发展现状

山东景芝酒业股份有限公司是我国重点酿酒骨干企业与芝麻香型白酒的创领者，主要经济指标连续多年位列山东省白酒行业第一位。公司拥有景芝、景阳春两个"中国驰名商标"，并形成以下系列的酒系："一品景芝"代表芝麻香型，"景阳春"代表浓香型，"景芝白乾"代表传统

---

① 段宁：《基于客户感知的酒文化旅游开发市场特征与定位研究》，硕士学位论文，山东师范大学，2016年。

酒系,"阳春滋补"代表营养保健型。系列酒各具特色,2008年一品景芝被定为"国家地理标志保护产品"和"中国名特白酒国家标准样品";景阳春为山东第一个浓香型粮食酒,第一个出口创汇白酒,为全国浓香型白酒质量优质产品,被认定为中国历史文化名酒;景芝白乾,中国最早的高粱大曲酒,中国八大大众名白酒,首批"中华老字号",其传统酿造技艺成为山东非物质文化遗产。

(三)政府支持性产业发展政策与战略

1. 山东省支持性发展政策与战略

近年来山东响应国家号召,积极进行产业转型升级。2018年7月24日,山东省贯彻落实《关于加快培育白酒骨干企业和知名品牌的指导意见》。主要内容有:

(1)增加创新产品的研发,依靠低度浓香、芝麻香白酒技术优势,组建低度浓香型白酒、芝麻香型白酒创新中心,制定联盟规章和团体标准。产品方面,集中优势资源打造大单品,探索白酒与葡萄酒、黄酒、药酒等酒类的结合[①];

(2)支持企业技术改造,升级提品质;

(3)重视人才培养;

(4)鼓励酒企收购或改制上市。支持并购省内外白酒企业,积极引进省外知名企业;

(5)打造整体品牌形象;

(6)加强网络营销宣传。

2. 代表产区(景芝镇)支持性发展政策与战略

白酒产业是景芝镇国民经济的重要组成部分和关系景芝镇经济社会发展的一号支柱产业。白酒产业的发展可以推动工业和农业发展。根据市委市政府《关于进一步做强做大景芝镇白酒产业的意见》,制定《景芝镇白酒产业2016—2020年发展规划》。

(1)产业发展趋势分析。随着经济的发展,城乡居民收入普遍提高,生活质量不断改善,对白酒产品在数量和质量上都提出了更高的要求,为白酒工业的发展提供了广阔的空间。在未来数年内白酒工业的发展将

---

① 《山东省人民政府办公厅转发省经济和信息化委关于加快培育白酒骨干企业和知名品牌的指导意见的通知》,《山东省人民政府公报》2018年第18期。

呈现如下趋势：

食品安全至关重要。食品安全是公共安全的重要组成部分，直接关系到人民群众的身体健康和生命安全，党和政府历来高度重视①。为了加大监管力度，《食品安全法》等法律法规也相继出台，深入落实了生产企业质量安全主体责任。随着消费者对食品安全意识的不断增强，食品安全问题越来越受到全社会的广泛关注，整个行业也将采取更加严格的措施，切实保障食品安全。

消费结构不断升级。随着人们生活水平的不断提高，人们对白酒的消费由量的需求向质的需求转化，呈现出绿色、低度、品牌、多样、优质的特点，对白酒的消费越来越注重品质、安全、品牌、低度等，也对白酒工业提出了更高的要求。

（2）战略定位、指导思想。战略定位：立足自身优势和区域内酒业发展态势，未来我镇酒业总体战略定位是：中国芝麻香白酒生产基地、山东酒类物流交易中心。

（3）发展重点和布局。根据产业基础和发展实施，以山东景芝酒业股份有限公司为镇区白酒产业重点布局区域，做大做强景芝白酒产业。切实做好下列"两、三、四"的建设和发展。两大园区指："生态酿酒产业园"和"齐鲁酒地文化创意产业园"，提高景芝的品牌、市场及文化的能力；三大工程指："五十百经销商工程""文化挖掘工程""'中国北方生态酿酒第一镇'工程"，通过三大工程建设，将生产规模延展为效益和市场规模；四个平台指："人力资源平台、营销平台、科技平台、信息平台"，提高资源调配和增强保障②。

积极开展申报"中国芝麻香型白酒第一镇"工作，加大弘扬酒文化，实施品牌战略，整合景芝酒资源，带动酒类相关产业发展，打造生态白酒酿造基地。

重点发展景芝、景阳春品牌系列白酒，壮大市场竞争优势，形成稳定的经济增长点。

①调结构转方式，促进行业转型升级。景芝镇全力打造融合白酒、文化、健康三大领域的产业新标杆，对于促进鲁酒乃至全国白酒行业实

---

① 朱姝：《解读新〈中华人民共和国食品安全法〉》，《中国标准导报》2015年第6期。
② 孟凡德：《铸就高端品牌引领鲁酒振兴》，《中华商标》2012年第7期。

现转方式、调结构，传统产业转化提升，具有积极的借鉴意义。

深化产品结构调整，聚焦大单品。突出消费引领的作用，坚持"价格亲民，需求亲民，信用亲民"开发理念，全面梳理，全面优化，强力缩减产品线，聚焦主导产品，培育利润产品。

优化组织结构，建立快速反应机制。全面贯彻发展战略，坚持以高效化管理为载体，按照业务流程科学化、机构设置扁平化、定员定编高效化、管理信息网络化的要求及时对相关职能部门进行调整，合理优化组织机构，形成了职责明确、授权充分、利于沟通、快速反应的组织架构。

建立上下游联动机制，打造生态产业链。在保障白酒产业发展的同时，带动印刷业、制瓶业、纸箱业、机械行业、科研和广告行业的发展。打造生态产业链，为企业、社会再次创造效益，有利于实现以大带小、以强带弱、以工带农等产业链的连锁进步，为农民的增收创造条件。

深入企业文化建设，助力企业发展。景芝镇坚持把文化建设作为一项长期的系统工程来抓。成立以景芝酒业董事长任组长的企业文化建设领导小组，任命首席文化官。深度剖析与挖掘企业文化内涵，汲取5000年传统文化积淀，嫁接现代文化元素，系统梳理、思考、提炼，形成了企业文化建设纲领——《景芝宪章》。

②走新型工业化可持续发展之路，发展循环经济。具体体现在以下四方面：

节能减排情况。白酒生产过程中利用粮食、稻壳为原料，使用电力、蒸汽及水等能源，企业始终坚持科学发展，合理规划，引进技术，舍得投入，逐步建立绿色发展的生态工业体系。

环境保护情况。废水处理方面，实施污水厂搬迁改造提升，满足当地政府对排放水质达标的要求。烟尘治理方面，10月底通过安丘市环保局组织的环保验收，完成脱硫脱硝超低排放的治理任务。

循环经济情况。景芝镇白酒产业形成了以白酒生产为核心，将传统的"资源——产品——废物"单向线性工业生产模式转变为"资源——产品——再生资源——副产品"的循环经济工业生产模式[①]，实现产前、产中和产后的生产流程生态化。

---

① 白向群：《切实推进循环经济发展》，《光明日报》2006年2月27日第8版。

节水技术及效益。深入推广节水技术，在白酒企业中在洗瓶机就近安装包装洗瓶水回收水箱，最后一道工序使用一次水作为补充水，循环复用后再集中回收进行超滤回用，反渗透排放的浓水进行回收，用于酿酒工艺冷却水、热电厂喷煤防尘及绿化用水，重复利用率达到87%。

③创品牌、树名牌，提高产品竞争力，开拓国内外市场。科学实施品牌规划、品牌定位，统领企业品牌建设和高度重视品牌建设。建立起以"景芝"为统领的品牌架构。景芝品牌的品牌文化深厚，景芝酒业的品牌价值以个性化为传播诉求，传播"人立品为先"的品牌主题。

文化注力品牌，丰富品牌内涵。成立酒文化研究会，挖掘五千年酿酒文化。

传播好客、真情的"人立品为先"的品牌理念，深度挖掘景芝酒文化内涵，强化品牌宣传，将"情感文化"融入品牌，从"难舍最后一滴，景芝景阳春酒"到"景芝景阳春，山东精气神"和"人立品为先，一品景芝"，提升景芝年份酒品牌形象，"影帝"黄渤为其代言，一句"哈（喝）出朋友味"，突出酒文化，接地气，拉近了与广大消费者的距离。

④"1+4"品牌，打造高中低档大单品。强化品牌塑造，树立全国化品牌形象。通过深入实施《景芝品牌纲领》，形成"1+4"品牌架构，"1"是企业品牌"景芝"；"4"是一品景芝、景阳春、年份景芝、景芝白干四大单品。

⑤强化区域内企业技术创新能力，提高产业核心竞争力。十大技术平台，构建科研优势。2009年以来，区域内企业在景芝酒业的率领下，在先后建立了山东省芝麻香型白酒发酵工程技术研究中心、省级企业技术中心的基础上，陆续建立了中国芝麻香型白酒研究院、国家博士后科研工作站、中国技能大师工作室等平台，并与中国科学院、中国食品发酵工业研究院、齐鲁工业大学、江南大学等院校、科研院所在白酒酿造、微生物研究、分析检测等领域建立了长期稳固的产学研合作关系[1]。

梯队式人才培养，助力科技体系建设。以景芝酒业为主的白酒企业，深入实施"人才兴企，科技强企"战略，不断落实和加快科技体系建设，完善引进、学习、交流、薪酬、考核、晋升、评价、表彰、淘汰管理机

---

[1] 冯英木：《"芝麻香"曲高和众新鲁酒一枝独秀——"鲁酒新突破"新闻发布会隆重举行》，《酿酒》2008年第6期。

制，设立了专业总师、技术带头人、技术骨干、基础技术人员的科技人员晋升通道。

注重产品研发，不断适应消费者需求。景芝镇拥有一品景芝、景阳春、景芝白干、景芝年份酒、景芝滋补酒等系列产品。其中，一品景芝和景阳春为中国驰名商标，景芝白干为老字号北方传统大曲酒，获"八大大众名白酒"称号；景阳春酒为山东省第一个浓香型白酒，也是山东省单品种销量最大的白酒品牌；一品景芝为芝麻香型白酒代表产品，在多次芝麻香白酒品酒会上感官品尝名列前茅，以其独特的景芝芝麻香风味而闻名；景芝年份酒是近年来景芝酒业开发的兼香型白酒产品，融合浓芝风格，风味独树一帜，既有浓香型白酒的窖香浓郁、绵柔净爽，又有芝麻香的优雅怡人、余味悠长的特点，投放市场后受到消费者的青睐，实现了产销两旺，成为公司新的经济增长点。

⑥创新生产经营体制，建立绿色生产链，提高食品质量安全保障水平。强化经济合作机制，建立原料基地。多年来，景芝镇逐步打造绿色生态酿酒原料基地，实现粮食基地化供应，打造高标准原料，提升核心品系竞争力，形成了生态化全产业链。构建质量体系，落实食品安全企业主体责任，打造安全白酒、品质白酒；深入开展白酒健康度、舒适度研究，科普宣传健康饮酒、科学饮酒，提高与消费者的亲密度，夯实白酒的社会基础；积极参与规范产业准入、修订行业标准，实施阳光酿造，让消费者远程零距离见证品质。

⑦通过强化信息化工作，提高产业效益和市场竞争力。近年来，在景芝镇"十三五"白酒发展战略引领下，实施统筹规划、创新驱动、互联互通、高效协同信息化发展战略。以互联网思维创新为统领，全面实施组织创新、技术创新、营销模式创新。信息化建设覆盖公司采购、生产、销售、经营管理的各个环节，实现了各项信息化系统的数据互联互通，提高公司运作效率，获得长久的可持续性发展以及强有力的竞争力。

生产信息化。景芝酒业利用现代信息化技术、高端装备制造技术，建立了自动化控制为基础的数字化酿造工艺管理平台、自动包装系统及立体仓储系统，以五码关联为核心的二维码防伪溯源管理系统。

企业管理信息化。景芝酒业建立 ERP 管控一体化信息系统。整合物资资源管理、人力资源管理、财务资源管理、信息资源管理，实现信息数据标准化、系统运行集成化、业务流程合理化、绩效监控动态化、管理改善持续化①。

营销管理信息化。营销管理平台集成了基础数据管理、客户管理、渠道销售数据管理、市场促销管理、HR模块五大模块。重点突出营销数据的管理以及订单的流程化。营销管理平台与ERP平台相交互，实现了基础数据的高度同步，订单流程的相互协作，形成了经销商、业务员、公司的订单流程一体化。

3. 代表产区（高青县）支持性发展政策与战略

多年来，高青县积极谋划，全面推进高青白酒产业的全面发展，加快建设"中国白酒原酒基地"。

（1）将高青中国白酒原酒基地建设列为中国白酒名城全面发展的核心内容，积极推进白酒原酒基地、芝麻香生产基地、浓香生产基地、其他香型生产基地的建设；

（2）加快白酒产业园区建设，扩大白酒产业规模；

（3）加强窖池群建设，扩大原酒酿造基地规模，夯实产能基础；

（4）加强地下酒窖、储酒库等储酒设施建设，增强原酒基地的储酒能力，提升原酒品质。

二 以北京为代表区域（产区）的发展战略

（一）代表企业与代表产品

北京市的代表白酒品牌主要有北京红星股份的红星二锅头、顺鑫农业的牛栏山二锅头、仁和酒业的"菊花白"等。红星企业成立于1949年，是作为新中国献礼而指定建设的项目之一；由于红星二锅头甘烈醇厚，价位低廉，受到消费者始终不变的青睐，"红星二锅头"也成了"大众的好酒"的代名词。所酿之酒甘冽异常，为平北特产，销售邻县或平市，颇脍炙人口，而尤以牛栏山酒为最著。此处所提及的"烧酒"，即牛栏山酒。菊花白酒是真正的御用养生酒，酒体高贵、口味独特，充分体现了"气阴双补、平衡阴阳、延年益寿"等皇家养生的奇特效用。

（二）发展历程及现状

1. 总体发展历程

北京市白酒产业从新中国成立到2008年，一直都是二锅头独霸整个

---

① 赵晶：《中国"隐形冠军"型中小企业国际化战略分析》，硕士学位论文，浙江工业大学，2015年。

市场，特别是红星二锅头更是全国闻名，奠定了北京二锅头 1.0 时代；2000 年，牛栏山二锅头开始在口味上进行改革和创新，克服了二锅头入口难的劣势，实现了全国风靡，开启二锅头 2.0 时代；永丰二锅头在国家一带一路的国际化背景下，成功崛起，开启了二锅头 3.0 时代。北京地产白酒缺乏高端品牌，北京消费水平居全国前列，但因为本地高端白酒缺失，高端白酒市场被其他省份的名优产品占据。北京地产白酒中最具竞争力的是北京二锅头。

2. 代表产区发展历程

牛栏山酒厂隶属北京顺鑫农业股份有限公司，位于北京市顺义区北部牛栏山镇，其历史可上溯至 3000 年前周初时期。300 多年来，因专心酿好酒，口碑日隆；以古法谱新篇，长盛不衰。康熙《顺义县志》记载："造酒工：做是工者百余人，所酿之酒甘洌异常，为北平特产，销售临县或平市，颇脍炙人口，而尤以牛栏山酒为最著。"新中国成立后，顺义县以牛栏山地区"公利""富顺城""义信"和"魁盛"等四家著名的老烧锅为基础，筹备合营生产[①]。

牛栏山酒厂历经三朝，由最初"潮白河"牌二锅头，经"华灯"牌北京醇，到"牛栏山"牌系列白酒。

3. 发展现状

目前牛栏山二锅头、红星二锅头、永丰牌二锅头形成了三足鼎立的竞争局面，牛栏山二锅头跻身百亿俱乐部；红星将自己标榜为"二锅头的宗师"；而永丰牌二锅头不仅有悠久的历史，更重要的是有"御酒"名头。2015 年到 2020 年北京市白酒行业，高端白酒的营业收入较为可观，呈增长态势。未来随着消费者消费的个性化与年轻化，消费收入的增加，推动白酒消费升级，高端白酒的市场将持续可观。北京市高端白酒销售产品主要以酱香型白酒为主，占比为 40%，其次分别为浓香型、清香型和酱香型，占比分别为 24.3%、19% 和 16.7%。

（三）代表性企业发展战略

2016 年，牛栏山酒厂在新形势下，全面制定了"四·五战略"发展规划，提出了"1.2.3.5"核心战略思想。即一个方针：营销为龙头，科技为核心，管理为基础，文化为底蕴；两个原则：一是坚持一元化发展

---

① 梁淑佳：《北京牛栏山创意包装设计》，硕士学位论文，长沙理工大学，2019 年。

的原则,二是坚持民酒定位原则;三个目标:一是实现顺鑫牛栏山酒业百亿销售收入目标,二是实现"牛栏山"的全国化市场营销目标,三是实现职工收入持续增长目标;五大跨越:一是通过内部机制改革和创新实现向现代管理的跨越,二是实现"牛栏山"品牌从"民酒"到"民酒"中的"名酒"的跨越,三是实现北京生产基地向北京总部基地的跨越,四是实现文化体系到文化落地的跨越,五是实现从内生发展到并购扩张的跨越[①]。"四·五战略"的制定,为牛栏山酒厂在酒业转型期明确了新的方向,奠定了企业持续、快速发展的基础。

牛栏山酒厂将分三步走,实现"百年名企"的伟大目标。第一步,到2020年,确保实现牛栏山酒厂"四五"战略目标,力争提前完成百亿营销目标[②]。第二步,从2020年开始,再利用两个"五年"规划,将其发展成为中国极具影响力的现代化酒业集团。将"牛栏山"打造为"中国名酒"品牌,企业综合实力排名,稳居行业前列,生产、管理、科技现代化,保证企业的核心竞争优势,以不断满足广大人民群众追求美好生活为使命的企业定位,将为企业顺势发展,增添无限活力。第三步,从2030年开始,再用20年左右的时间,力争在牛酒国营100周年之际,实现牛栏山酒业集团国际化的梦想。

三 以河北为代表区域(产区)的发展战略

(一)代表企业与代表产品

河北省知名白酒主要有衡水老白干酿酒集团有限公司的衡水老白干、十八酒坊,承德乾隆醉酒业有限责任公司的板城烧锅、紫塞明珠,河北刘伶醉酿酒有限公司生产的刘伶醉,品牌有衡水老白干酸酒集团有限公司的衡水老白干、十八酒坊系列,邯郸丛台酒业股份有限公司生产的丛台酒,以及迎春酒、蒸潮酪、五合窖、避暑山庄酒、小刀酒、张家口老窖、大名府酒、泥坑酒等。

衡水老白干自古享有盛名。明代、衡水酒有"飞芳千家醉,开坛十里香"之誉。据传,明嘉靖年间建造衡水木桥时,城内有家"德源涌"酒店,很有名望,建桥工匠常到此聚饮,饮后赞曰:"真洁,好干!"后取名:"老白干"。板城烧锅酒以其独特的淡浓香型,饮后不上头的特点

---

① 纪磊:《牛栏山"三五"圆满收官》,《中国酒》2016年第3期。
② 杨沐春:《且看宋克伟引领下的二锅头"牛速"》,《中国酒》2018年第12期。

畅销燕赵大地，成为北方浓香型白酒的代表。刘伶醉以独特古老的老五甑酿造工艺，于千年国保窖池发酵，地下百年酒海长期陈储，使刘伶醉具有"清澈透明，窖香浓郁，绵甜醇和，酒体浓厚，尾净香长"的典型白酒风格。

(二) 发展历程及现状

1. 总体发展历程

河北省是华北板块重要的白酒产地，2018 年河北白酒产量为 16.10 万千升，占华北板块产量的 19.05%，占全国产量的 1.85%。河北白酒行业的省内地产白酒品牌集中在中低端，且产业集中度较高。河北白酒可以分成四大阵营：第一阵营的衡水老白干一枝独秀，实现全省布局；第二阵营的山庄老酒、丛台双雄割据本土市场；第三阵营的泥坑酒、十里香、保定府三足鼎立，已经在其地级市场率先脱颖而出，远远领先其他地产酒企业，并且在石家庄地区实现经销商基本布局；第四阵营企业的发展依然依靠酒厂所在区域。总体来讲，衡水老白干是河北白酒领军企业且是全国一线品牌，而其他品牌的竞争力相对较弱。

2. 代表产区发展历程

1999 年河北衡水老白干以 1.4 亿资本成立了酒业股份有限公司并在 2002 年 10 月于上海证交所正式挂牌上市交易。

衡水老白干酒厂是公司的前身，其主导产品衡水老白干有着千年的历史文化底蕴。据记载，它始于汉、盛于唐、名于宋，明朝即被列为国安用酒，享有"隔壁千家醉，开坛十里香"的美誉。至清末民初声名日隆，远播海外。宣统一年（公元 1910 年）远销新加坡，1915 年巴拿马万国博览会获金奖[1]。新中国成立后，衡水老白干酒获得平稳发展，1952 年作为抗美援朝慰问品，随祖国慰问团赴朝鲜慰问中国人民志愿军和朝鲜人民军[2]。

自公司成立以来，衡水老白干酒屡获殊荣，表 3-1 为衡水老白干近年发展所获的荣誉。

---

[1] 张一:《衡水老白干酒新品牌营销战略研究》，硕士学位论文，天津大学，2006 年。
[2] 陈东方:《客户价值研究与差异化营销》，硕士学位论文，华北电力大学（北京），2006 年。

表 3-1　　　　　　　　　　衡水老白干所获荣誉

年份	事件
2002 年	67°衡水老白干酒荣获国家级典型风格金杯奖
2004 年	国家工商局认定衡水老白干"衡水"牌为"中国驰名商标"
2006 年	国家商务部认定衡水老白干为"中华老字号"
2007 年	通过"纯粮固态发酵白酒"的审核
2008 年	文化部将其酿造技艺认定为"非物质文化遗产"; 公司"十八酒坊"认定为"中国驰名商标"
2010 年	荣获上海世博会"千年金奖"

资料来源:根据川酒发展研究中心相关资料整理。

3. 发展现状

河北地产白酒集中度较高,代表有衡水老白干、板城烧锅和山庄老酒,衡水老白干最为出众,板城烧锅和山庄老酒是冀北地区的主导品牌,二者在冀中的势力受衡水老白干和外来品牌的冲击,有所下降;其他地方区域性品牌还包括刘伶醉、丛台酒、古遂醉等。整体来看,河北地产酒规模偏小。

从市场占有情况来看,河北省中低端的销售市场占据主导,而占据河北主要市场的正是河北本地酒业——衡水老白干;中高端白酒主要是河北省外的酒企产品——茅台、五粮液、剑南春、泸州老窖等。

(三)政府支持性产业发展政策与战略

1. 省支持性发展政策与战略

2019 年河北省出台了白酒产业转型发展行动计划,主要内容有如下几点:

(1) 支持白酒企业实施"一体两翼"转型发展计划;

(2) 加强技术革新。推广纯粮固态发酵,积极支持白酒企业申报国家、省各类技术改造项目资金;

(3) 加强产地建设。促进原料标准化种植,建设优质专用小麦、高粱原料种植基地;

(4) 推进绿色发展。建立和完善重点白酒产区水源地生态环境保护和生态建设补偿机制，切实保障酿造白酒所需的水质和生态要求。推行清洁生产，降低能耗；

（5）注重人才培养；

（6）推动营销升级。针对市场需求开展圈层营销、企业和婚喜宴定制，加强网商合作，推行精准营销；

（7）打造知名品牌。融合白酒品牌、产品、文化等因素，落实品牌推广战略；

（8）对白酒企业加大财税扶持力度。

2. 代表产区支持性发展政策与战略

近年来，公司坚持以品牌建设为核心，大力实施品牌发展战略，深度挖掘衡水老白干酒文化，丰富衡水老白干的历史内涵，精心打造企业形象和品牌形象，强化品牌运作[1]。同时，坚持走技术创新、产品创新的道路，通过加强品牌建设，不断研发中高档产品，优化产品质量，提高产品内涵，抓住营销与研发两个关键环节，加大产品宣传力度，积极开拓全国各地市场[2]。

2021年是"十四五"战略的开局之年，衡水老白干酒业股份公司要求今年衡水老白干酒业要贯彻"330"计划，即销售保持30%以上的增速，河北市场要实现30%的市场占有率，公司净利润要达到30%的增速。衡水老白干"一香为主，多香兼顾"的发展战略，使其在河北省的白酒市场地位更加稳固。除此之外，C端战略，加强了衡水老白干酒业对终端市场的消费者加以重视，在营销上以消费者为核心，洞察市场，发现和制造消费需求，与消费者紧密联系，广泛传播衡水老白干的品质、品牌、品类。

四　以江苏为代表区域（产区）的发展战略

（一）代表性企业与代表性产品

江苏是白酒的产销量大省，酿酒技术历史悠久，有着非常深厚的酒文化底蕴。苏酒曾经是皇室贡酒，不仅在中国有着名酒的称号，在国际上也获得众多奖项。江苏的好酒都产自江淮一带，其中最为出名是"三沟一河"，具体名为汤沟酒、双沟酒、高沟酒、洋河酒，其口味甘洌、窖香浓郁、回味绵长。除了这四大名酒，江苏还有分金亭、沛公酒、苏酒、

---

[1] 李亚男：《基于老白干酒业的企业风险管理分析》，《企业导报》2011年第7期。
[2] 董娜：《我国中小企业提升核心竞争力的研究》，硕士学位论文，河北师范大学，2011年。

秦淮酒、汤府酒、五醍浆大曲这些家喻户晓的白酒。分金亭其香气醇香自然，复合优雅，协调怡人，醇厚丰满，尾净清爽；沛公酒，适量饮之有润肺、生津、驱寒、和血、健脾、强胃、增食之功；苏酒味香，棉柔，全面体现了当今我国浓香型大曲酒的最高水平。

江苏主要的白酒企业有：江苏汤沟两相和酒业有限公司、江苏双沟酒业股份有限公司、江苏今世缘酒业有限公司、江苏洋河酒厂股份有限公司、江苏分金亭酒业有限公司、江苏沛公酒业有限责任公司、江苏秦淮酒业有限公司、江苏汤府酒业有限公司、江苏省滨海县五醍浆酒厂。

（二）发展历程与现状

1. 总体发展历程

江苏酿酒史首看宿迁，此地的遗址表明，其酿酒史能追溯到约四千万年前的"下草湾猿人"时期。

春秋时期，古书中就有吴王与民共饮的故事，他还在横山之趾（今横泾镇一带）修建酒城（亦称苦酒城），把全国有名的酿酒师都召集到此城，酿出的酒名扬在外。

汉朝时期，洋河镇已是酿酒名地。

唐朝时期，此地到处可见酒馆、酒肆，依稀能想象出苏酒的繁荣景象。当时最为出名的饮酒之地叫"大酒巷"的地方，其遗址至今仍在。此"大"字意在说明此处酒价的贵以及酒液的美。

宋朝时期，酒产业开始规模式的扩张，各地美酒的名声依次打响，苏州"横泾"得以声名远播。

明末清初，洋河酒的美誉远近闻名。当时许多外省商人在此地聚集，还专门设立了会馆，一起切磋酿造美酒，一起品尝美酒，这些商人的到来使得洋河镇的酿酒业格外地繁荣。连乾隆皇帝都被此酒征服，挥墨赞扬洋河酒的香醇。

民国时期，横泾大约近一半的农户都在酿酒，横泾烧酒名声在外。

在当代，中国举办的总共五届全国评酒会上，无论是"八大名酒"还是"十七大国家名酒"，江苏白酒必占一席之地。来自宿迁"洋河"与"双沟"一起连续多次荣获国家名酒称号，永远记入了中国白酒的发展历史。

2. 代表产区（宿迁）发展历程

宿迁地理位置优越，不仅有多条河流流经此处，还有著名的洪泽湖相伴，这样优渥的地理环境给予了双沟和洋河绵柔、独特的口感。

在洋河附近的宗墩遗址，出土了黄陶鬶、罍、黑陶碗等酒具，经过研究确定这些文物来自四千多年前的宿迁。

春秋战国时期，洋河便是专门酿酒的地方。所酿之酒，不仅作为贡酒朝贡，还在各诸侯国间流通，泗水国也因为洋河镇美酒的存在被称为"天然粮仓，大汉酒国"。

宋朝时期，双沟酿造的酒名扬四海，苏东坡曾写出了"使君半夜分酥酒，惊起妻孥一笑哗"的美言。北宋唐介留下了"斜阳无幸事，沽酒听渔歌"的名句。这些都是在赞美双沟酒的清澈透明、芳香扑鼻、风味纯正、入口甜美、回香悠长。

清朝时期，洋河酒同样美名在外，被列为贡酒。康熙皇帝曾在此地的酒坊停留过两次，对洋河酒赞不绝口。此后，洋河镇的酒坊有将近三十家，四地的商人、酿酒师在此地集聚，他们酿酒、品酒、卖酒，此时洋河的酒业格外地繁荣。

2012年8月，中国轻工业联合会和中国酒业协会正式授予宿迁中国白酒之都称号①。目前，宿迁酿酒业以白酒为主，啤酒、调味酒为补充。

3. 发展现状

江苏位于长江三角洲地区，气候、地理环境适宜，水资源也很丰富，为酿造白酒提供了优越的自然条件。再以优质高粱作为原料，配以秘法酿造，酒色澄澈、口感细腻悠扬，是绵柔型白酒的代表。苏酒销量近几年稳居前三，是名副其实的白酒。江苏有四大酒都之一的宿迁，有兴于唐宋的酿酒历史，洋河镇在汉唐时就是知名的酒乡，洋河酒如今也是全国知名白酒，目前已经走出了国门，成为远销海内外的白酒。

江苏经济强省的地位奠定了江苏酒类消费市场的繁荣，使其成为中国白酒的产销量大省，未来发展空间极广。洋河与今世缘是次高端价格带市场份额最高的两家企业，该价位段竞争现阶段集中在江苏内部，龙头洋河不仅要往全国乃至国际上发展白酒业，公司资源配置基本优先满足省外市场，在江苏省内还要与身后的白酒企业对抗，这对洋河来说是

---

① 姚婷：《作业成本法在A公司酿酒环节的应用研究》，硕士学位论文，大连海事大学，2018年。

一个不小挑战。

(三) 政府支持性产业发展政策与战略

1. 省支持性发展政策与战略

2011年,《省政府办公厅关于进一步加强酒类质量安全工作的意见》中提到,产销的规范性不高,假冒产品时不时出现在市场上。因此,作出以下意见以规范市场:严格落实酒类产品各环节监管制度;严厉打击酒类产品违法行为;建立酒类质量安全工作统筹推进机制;强化企业责任,强化监管职责,强化政策措施,强化社会监督,强化宣传教育。

2016年,《江苏省重要产品追溯体系建设工作实施方案》中提到,企业要重视质量安全追溯体系的建设问题,从原材料到产成品都记录在册,积极承担产品安全的责任。

2017年,《"十三五"现代产业体系发展规划》中提到,①不仅要传承传统酿造技术,还要积极发展新技术;②明确龙头的地位,发挥龙头作用,带领整个地区协调发展;③注重相关人才的培养;④最大程度上利用江苏文化信息打造独特的江苏名酒品牌。

2. 代表产区支持性发展政策与战略

2020年,对新上白酒项目的限制减少,宿迁市建设"中国酒都"的规划变得更容易,做大做强白酒产业依旧是苏酒的最大目标。为了全面实行中国酒都建设规划,政府做出以下战略:其一,建设省级特色小镇。结合农业、旅游、体育等创建特色小镇,组织洋河镇围绕产业定位、项目建设等做好白酒特色小镇创建工作。其二,支持申报省级物流重点园区和企业。加大对酒类产业研发的支持力度,给予政策资金补助。积极创建示范物流园、重点物流企业,为白酒产业的销售运输添砖加瓦。其三,设立白酒专业委员会。从各种专业角度为苏酒酿造、销售等提供意见,鼓励各个酒企积极参与、相互学习、共同进步。其四,建设国家地方联合工程研究中心。2019年洋河股份"江苏省生物酿酒工程研究中心"已获批省级工程研究中心,下一步将围绕国家地方联合工程中心开展创建。其五,积极举办品博会,吸引更多城市以及知名企业和品牌参展,展示长三角世界级城市群的品牌魅力。组织邀请洋河股份、文旅集团、电商产业园等优势品牌产品参展,通过实物、视频等多种形式,演绎宿迁的风土人情和人文景观,展示宿迁白酒之都、新兴产业、旅游名城的独特魅力。

为了更好地监管白酒市场，促进苏酒全面发展，政府明确指出：小作坊要达到一定的标准才有资格进行产销，且只能用固态法酿酒。同时尽快确定与白酒有关"七项"制度，明确自查方法，细化自查步骤，确保各经营小作坊自身过硬。对企业也不可放松，要进行全方位的监管监察，对违法原料进行特别检查，严厉处罚使用非法添加剂的行为；在装瓶、包装上要采用合格的材料，禁止使用有污染风险的材料。

第四节 东北区域发展战略

一 以黑龙江为代表区域（产区）的发展战略

（一）代表企业与代表产品

黑龙江代表白酒品牌有齐齐哈尔市北大仓酒厂的老村长酒和北大仓酒，富裕老窖酒业的富裕老窖、牡丹江酒厂的牡丹江大曲、双城花园酒业的花园酒。老村长酒，传承传统工艺，融合现代科技，纯粮酿造，绵甜顺柔，饮后不口干、不上头；北大仓酒酒质清亮透明，呈微黄色，酱香突出，幽香纯正，入口醇正，柔和绵甜，余香不息，属酱香型白酒；富裕老窖是由黑龙江省富裕老窖酒业有限公司制作的浓香型白酒，其质地清澈透明、窖香浓郁、圆润绵甜、头醇尾净、后味余长；花园酒生产工艺独特、窖香浓郁、酒质醇厚、绵甜爽净、回味悠长的特点，在国内外享有崇高声誉。

（二）发展历程及现状

1. 总体发展历程

黑龙江省是东北区域中产量仅次于吉林省的白酒生产大省，2012—2017年其产量能排进全国前十。黑龙江白酒产业产销量主要集中在哈尔滨、齐齐哈尔和牡丹江地区，其产量和销量总和均在全省总量的80%以上[①]。黑龙江省的白酒生产厂商大多是小型酒厂，规模以上白酒企业比较少，导致黑龙江白酒行业缺少自己的知名品牌、缺乏市场竞争力。此外，

---

① 李宇珩：《黑龙江省白酒生产企业现状及相关税收政策效应分析》，《黑龙江科技信息》2011年第34期。

拥有悠久历史的黑龙江白酒,一直没有形成自己独特的香型,与四川的浓香、贵州的酱香、山西的清香、陕西的凤香、山东的芝麻香型白酒相比,缺少差异化、特色化的市场竞争力[1]。

2. 代表产区发展历程

北大仓酒产区拥有丰厚的物资资源,独特的地理环境,表3-2为北大仓酒产区的一个发展历程。

表3-2　　　　　　　　　　北大仓酒产区发展历程

年份	事件
1914	"聚源永"烧锅,酱香白酒传统工艺技术创建黑龙江第一家酒坊
1951	转为地方国营齐齐哈尔制酒厂
1981	更名为"齐齐哈尔北大仓酒厂"
2007	被国家冬运会组委会认定为"中华人民共和国第十一届冬季运动会指定用酒"。随后,北大仓被认定为"中国驰名商标"
2009	酿造工艺列入"黑龙江非物质文化遗产名录"
2010	北大仓酒授予"中华老字号"称号
2016	北大仓酒业的酿酒原粮——小麦,搭载"神十一"完成太空之旅
2021	北大仓酒曲搭乘"神舟十二号"直上云天,实现世人瞩目的太空科研之旅

资料来源:黑龙江北大仓集团有限公司官网。

3. 发展现状

黑龙江白酒产业产销量主要集中在哈尔滨、齐齐哈尔和牡丹江地区,其产量和销量总和均在全省总量的80%以上。纵观全国市场,黑龙江白酒产业并不发达,缺少差异化、特色化的市场竞争力。

(三)政策支持性产业发展政策与战略

1. 省支持性发展政策与战略

为振兴黑龙江白酒产业当地政府提出了一系列措施。

(1)与旅游、健康产业发展相结合,将北五味子、人参、鹿茸、熊胆等北药与酒产品开发相结合;

(2)把东北大米作为主要的酿酒原料,借助东北大米的声誉提高东

---

[1] 吕建铖:《打破香型束缚,东北酒逆势前行》,《酿酒》2015年第6期。

北白酒的品质和声誉；

（3）深挖东北酒文化内涵，将东北大地的文化与酒品牌融合，实现东北酒从通俗文化向高雅文化转型；

（4）对东北三省的资源进行整合，使东北白酒品牌有代表性，走向全国市场；

（5）发展高档酒市场，打造本省知名品牌。

2. 代表产区支持性发展政策与战略

北大仓集团公司实施名牌战略，研制开发新产品，以适应不断变化的市场需求。集团目前积极整合现有资源，采用现代技术，建设信息平台，提高管理水平，接轨国际市场，以"创造满足客户需求，创新谋求企业发展，创业实现产业升级"，树立"北大仓物流"形象，打造"北大仓物流"品牌。

二　以吉林为代表区域（产区）的发展战略

（一）代表企业与代表产品

吉林省代表白酒品牌有龙泉酒业的龙泉春、榆树钱酒业的榆树大曲、德惠大曲酒厂的德惠大曲。龙泉春酒不仅有东北"甘冽"高度酒高而不暴的共性，也有低度酒低而不淡、醇厚丰满的特点，其以无色清亮、窖香浓郁，香味协调，绵甜甘冽、尾净余长、回味怡畅的特色著称于世；榆树大曲作为浓兼复合型白酒，与其他浓香型白酒相比更具有醇厚、幽雅、净爽、怡畅的北方独特风格，且在风格上也衍生出很多具有地方特色的香型；德惠大曲酒曾为宫廷御酒，在二十世纪60年代就誉满关东，自1963年第一次被评为吉林省名酒，1988年在首届中国食品博览会上，获三块金牌，38度德惠大曲被评为中国优质酒，获国家银牌奖。

（二）发展历程及现状

1. 总体发展历程

吉林省自然资源优势突出，盛产优质的酿酒原料，是中国重要的白酒原料生产基地，水资源优质且丰富，具有发展白酒行业的先天资源；其酒文化具有浓郁的东北地方特色和悠久的历史内涵，榆树钱酒和大泉源酒有几百年的历史。吉林省白酒行业总体产量较大，但受区域内企业规模小、品牌影响力不足、利润率低、市场占有率低等因素的限制，没有形成区域特色。榆树市和德惠市是吉林省的白酒传统产区，产业基础较好，两市正在打造以榆树市为中心，榆树市、德惠市两地协同的松花江流域中部白酒产业集群。

2. 代表产区发展历程

吉林省榆树钱酒业坐落在素有"天下第一粮仓"美誉的吉林省榆树市。始建于1812年（清嘉庆年间）的"聚成发烧锅"，至今已有200年的酿酒历史，拥有"七代传承"的二百年传统工艺，是东北地区酒史之源，酒文化之根。2009年，华泽集团（金六福企业）整合榆树钱酒业，使古老的酿酒企业跨入了一个崭新的起点。榆树钱荣获"中华老字号""国家地理标志保护产品""吉林省非物质文化遗产"和"中国北方酒业基地龙头企业"等一系列荣誉称号。2012年，榆树钱酒业累计投资10亿元打造中国北方首家体验式白酒庄园——榆树钱酒文化庄园，获布鲁塞尔国际烈酒大赛金奖，成为东北首个获得酱香金奖的白酒企业①。

3. 发展现状

吉林规模以上白酒企业比较少，大多是小型酒厂，当地白酒缺乏知名品牌，市场竞争力较弱，难以向全国发展。占据本省大部分消费市场的是地产低端酒。中端市场上，外来酒和地产酒竞争激烈，主要有本地的榆树钱，外来的泸州老窖、洋河、古井贡酒等。在高端市场上，五粮液、茅台、国窖1573等属于热销产品。白酒消费以地产酒和光瓶酒为主，档次普遍不高。白酒企业缺少有代表性的高端品牌，加上生产技术有限、品牌形象不深刻、营销能力弱等原因，吉林地产酒很难打开全国市场。

（三）政策支持性产业发展政策与战略

1. 省支持性发展政策与战略

目前吉林省还没有系统的白酒产业长期发展规划，导致白酒发展前景模糊，整个行业发展缓慢。

2. 代表产区支持性发展政策与战略

2005年，企业以"转变观念，营销战略转移"为指针，在营销方式与销售渠道进行了较大的变革。打破传统的销售模式与思维，采取因地制宜的差异化营销。对重点市场、客户、产品做出重点的倾斜、扶持、投入。对市场精耕细作，注重实际工作成效，将"4P"销售理论运用于

---

① 毕馨月：《探访"榆树钱"不老的"加减法"》，2021年8月16日，https：//baijiahao.baidu.com/s？id=1708217805246202185&wfr=spider&for=pc，2021年10月5日。

现实环境，并进行有机结合。

2021年，"金东集团贵州酱酒产业园东北基酒分储中心""金东集团酒海酱香研发中心""中国北方酒业基地酒海浓香研发中心"在榆树钱酒文化庄园正式成立，让榆树钱站在巨人的肩膀上，有机会重新洗牌东北白酒市场，让东北人们喝到来自贵州赤水河畔的佳酿。

三 以辽宁为代表区域（产区）的发展战略

（一）代表企业与代表产品

辽宁省代表白酒品牌有道光廿五、老龙口酒、凤城老窖。白酒道光廿五，酒色微黄、陈香突出、典雅，绵柔醇厚，香味谐调，后味悠长，具有独特的满族酒陈香风格；老龙口酿酒的窖池经过几百年的驯化富集了霉菌、酵母菌等种类繁多的微生物，为酿酒提供了呈香呈味的前驱体，形成了"浓头酱尾，绵甜醇厚"的独特风格。老龙口品牌被授予"中华老字号"的称号；凤城老窖是中华十大文化名酒之一，辽东第一名酒，以麸曲酱香，口感纯正著称。

（二）发展历程及现状

1. 总体发展历程

辽宁省是传统的白酒产量大省，2016年之前其白酒产量排进全国前十，2005年和2007—2011年排在全国第四位。虽然辽宁是我国产粮重要区域，但优质的酿酒原料大多被茅台、五粮液等知名厂家以高价收购[①]，又因为本省酒厂规模小，无法支付高价的原料，所以酒厂只能用二、三等粮食。这解释了东北作为优秀粮食产地，产出的白酒品质却十分一般。辽宁省对于白酒产业也没有做出明确可执行的规划，导致白酒发展前景模糊，整个行业发展缓慢。

2. 代表产区发展历程

辽宁道光廿五集团满族酿酒公司（道光廿五）起源于清朝嘉庆六年（公元1801年），距今已有221年的历史，道光廿五经历了同盛金、凌川、道光廿五三个重要的历史时期，是全国唯一满族传统工艺酿酒企业，产品被认定为"中华人民共和国原产地域保护产品"和"中国十大文化名酒"，被誉为东北白酒的领军品牌[②]。2006年"道光廿五白酒传统酿制

---

① 吕建铖：《打破香型束缚，东北酒逆势前行》，《酿酒》2015年第6期。
② 吴珊红：《品牌万里行胜利回师北京》，《公共商务信息导报》2006年10月13日第9版。

技艺"通过了专家的论证,名列首批辽宁省非物质文化遗产保护名录。在 2010 年中国酒类流通协会、中华品牌战略研究院共同主办的"华樽杯"中国酒类品牌价值评议中,其在辽宁酒类品牌排行名列第一。

3. 发展现状

辽宁省白酒产业面临与黑龙江和吉林相同的困境。辽宁省的酒厂大多为中小企业,其知名品牌主要有道光廿五、老龙口、三沟等。但这些知名品牌很难与全国性品牌抗衡。

(三)政策支持性产业发展政策与战略

1. 省支持性发展政策与战略

目前辽宁省还没有系统的白酒产业长期发展规划,导致白酒发展前景模糊,整个行业发展缓慢。

2. 代表产区支持性发展政策与战略

道光廿五集团秉承"以人为本,科学管理,开拓创新"的理念,来提升企业产品品牌与品质。传播大国工匠精神力量,为产学研提供平台,以此助推科技兴国、科技强国。

2021 年 5 月,道光廿五集团与锦州小东农工商有限责任公司签署战略合作协议,为进一步提高道光廿五白酒酿酒原粮品质,新建酿酒专用高粱基地,并研发种植精品大蛇眼高粱,同时也大大提高了高粱产量。在未来,道光廿五集团会进一步加强与科研院所的互动交流,不断加大对科技研发的投入,为科学技术成果的落地转化提供强有力的支撑。

第五节　白酒区域发展战略比较分析

表 3-3 为中国白酒区域(产区)发展战略的比较分析,主要通过对各区域(产区)战略、战略主要特征、产业支持政策以及战略的成效进行分析。

表 3-3　　　　　中国白酒区域（产区）发展战略的比较分析

区域	战略	战略主要特征	支持政策	战略成效
四川	（1）打造世界级产业集群；（2）保存传统酿造工艺；（3）进行技术改造升级；（4）走出国门；（5）打造独特酒文化	主要是创建具有独特文化的品牌，进而能进一步地向外发展	（1）加大对连续使用的老窖池的传承保护和奖励；（2）对成功申报省级创新中心的按相关规定给予支持；（3）加大财政金融支持力度（运用"园保贷"模式）	川酒产业在总体产量、销售额等重要指标方面要实现"跨越式"发展。从市场占有率来看，川酒多年来稳居全国第一，更令业界瞩目的是，川酒的集群优势遥遥领先
贵州	（1）联合发展白酒包装产业；（2）提高生产效率，建设白酒基地；（3）走出国门；（4）茅台集团打造世界500强巩固世界酱香型白酒产业基地核心区地位，成为引领白酒行业发展的风向标	继续保持雁群式发展战略，发挥贵州白酒龙头优势，充分带动相关产业的发展，走向更远的国际市场	全省各级各有关部门在不断创新工作方法，强化政策服务，优化资源配置，加大扶持力度	作为贵州省十大千亿级工业产业之一的白酒产业，成功突破千亿元大关。2020年茅台集团营收、利润总额增长13.7%和18.2%，超额实现营收同比增长10%的目标；要发挥贵州茅台领航优势，打造酱香型白酒品牌梯队，带动酒用高粱、包装、物流等上下游产业发展
江苏	（1）推进中国酒都建设规划（特色小镇、物流、专业委员会）；（2）监管白酒市场；（3）走出国门	建设特色苏酒，进一步开发国际市场	（1）对新上白酒项目的减少限制；（2）对白酒小作坊建设的程序、标准进行了规范	江苏的白酒销量一直稳居国内前三
安徽	（1）形成产业基地集群、梯队培养计划；（2）重新打响徽酒品牌；（3）人才队伍的培养；（4）监管措施、监督流程（数字化）	本地龙头继续带领中低端白酒产业，形成集群发展，构建徽酒的特色文化	（1）建立统一的白酒生产经营企业信用档案，实行信用等级分类管理；（2）强化人才激励政策（在股权、期权、技术分红、税收优惠、住房教育等方面）	省内白酒市场结构在不断优化，品牌规模知名度方面，安徽有4家上市企业，是国内上市企业数量较多的省份

续表

区域	战略	战略主要特征	支持政策	战略成效
湖南	（1）开拓湖南白酒市场；（2）为品牌宣传造势；（3）规范白酒市场	加深品牌影响，主要优化省内市场	（1）对从事销售湘酒的经销商进行奖励制度；（2）各级媒体为湘酒定制宣传方案；（3）加大对冒牌白酒产品和侵权行为的惩罚力度，出现问题的酒不得进入市场	湖南省白酒市场规模较大，包容性强，渠道调研湖南省白酒零售总额约270亿元左右，按出厂口径估计在200亿元左右，由于市场宽容度很高，很多白酒品牌在湖南市场屡创奇迹。本地龙头公司的市场占有率不大，因此湖南大本营市场仍具有极大的潜力可供挖掘
湖北	（1）提升创新能力；（2）提高品牌影响力（龙头）；（3）扩大鄂酒的市场	提升龙头影响力，优化省内市场	（1）政府企业共建白酒产业研究院；（2）对批准组建或认定的国家级、省级、市级技术创新平台，分别给予250万元、20万元、10万元的奖励；（3）支持酒企参加大赛、研讨会等，对全国、全省大赛上获奖的酒品给予相应的奖励；（4）在资金方面给予帮助，设立白酒产业发展基金	2018年湖北省白酒产量5.6亿升，位居全国第三；消费水平上，湖北白酒吨价提升明显，消费升级速度快于全国平均水平
鲁豫地区	苏鲁豫皖四地协同发展	（1）找到适合四省白酒的香型，共同打造淡雅浓香型白酒；（2）四省兄弟酒厂开展技术交流，深度合作	（1）打造黄淮名酒文化，突出产品特色；（2）充分保护黄淮河流域生态，保证水源质量；（3）打造高性价比名酒	（1）芝麻型香白酒不懈的发展，让鲁酒拥有了知名的香型，在市场上赢得了部分竞争力；（2）豫酒"五朵金花，五朵银花"企业收入、缴纳税金明显增加，高于全国平均水平

续表

区域	战略	战略主要特征	支持政策	战略成效
华北地区	(1) 河北省衡水老白干实施"不上头的高端酒"战略；(2) 汾酒集团实行国企改革战略；(3) 内蒙古河套酒业实行"多品牌、多品类"战略	(1) 河北省衡水老白干对各类会议、商务宴请提供赞助，提高产品在消费者心中的好感；(2) 2017年至2020年山西省完成了引入战略投资者、股权激励、整体上市等一系列历史性的体制改革，重点发展长江以南市场、提升中高端产品比重；(3) 陕西西凤酒将进一步加强营销队伍建设，细分市场；(4) 内蒙古河套酒业以河套王系列、河套老窖系列为主，也生产奶酒和保健酒	(1) 深入挖掘清香型白酒文化，促进酒旅融合发展；(2) 守住本地市场，努力拓展周边市场；(3) 积极推进酒企改制走民营化道路	(1) 山西汾酒已成为华北地区乃至全国清香型白酒的代表；(2) 山西省成为全国国企改革的"汾酒样本"，行业排名从2016年的第七名到2020年初的第五；汾酒品牌价值较2017年增加214.44亿元；(3) 北京市因经济水平较高，加之人口流动大，白酒销售市场广阔
东北地区	主张发展"浓酱兼香型高端白酒"战略	(1) 对三省的资源技术进行整合；(2) 制定了浓酱兼香型标准	(1) 哈尔滨解除了白酒产业的政策限制，允许新增白酒生产线；(2) 支持办好糖酒会	(1) 培育了酿酒新品种；(2) 完成省级酒类生产流通消费与发展对策研究报告

资料来源：根据川酒研究发展中心相关资料整理。

第四章　中国白酒上市公司发展战略

第一节　白酒上市公司发展战略

一　贵州茅台集团有限公司

(一) 公司简介

贵州茅台集团有限公司位于贵州仁怀市茅台镇,于1999年成立,在2001年正式上市,公司实际控股人为贵州省国有资产监督管理委员会(控股比例：54.00%)。公司主营茅台酒系列产品的生产与销售,同时进行饮料、食品、包装材料的生产、销售,防伪技术开发、信息产业相关产品的研制、开发,以及酒店经营管理、住宿、餐饮、娱乐、洗浴及停车场管理服务。公司发展势头良好,在2020年末国内经销商数量达到2046家,国外经销商数量高达104家。贵州茅台酒股份有限公司为核心企业,涉足产业包括白酒、保健酒、葡萄酒、金融、文化旅游、教育、酒店、房地产及白酒上下游等。主导产品贵州茅台酒历史悠久、源远流长,具有深厚的文化内涵,还于2012年,荣获第九届世界烈酒大赛金奖等奖项,是一张香飘世界的"国家名片"。

贵州茅台集团有限公司基本情况如表4-1所示。

表4-1　　　　　　贵州茅台集团有限公司基本情况

注册地址	贵州仁怀市茅台镇
上市日期	2001年8月27日
经营范围	茅台酒系列产品的生产与销售；饮料、食品、包装材料的生产、销售；防伪技术开发、信息产业相关产品的研制、开发；酒店经营管理、住宿、餐饮、娱乐、洗浴及停车场管理服务

续表

注册地址	贵州仁怀市茅台镇
主营业务	茅台酒及系列酒的生产与销售
公司规模	2020年末总资产2134亿元，2020年营业收入949亿元
实际控制人	贵州省国有资产监督管理委员会（控股比例：54.00%）
公司荣誉	2012年，荣获第九届世界烈酒大赛金奖等
营销网络	2020年末国内经销商数量为2046家，国外经销商数量为104家

资料来源：贵州茅台酒股份有限公司年报（2020年）、贵州茅台酒股份有限公司官网。

(二) 发展战略

贵州茅台集团有限公司发展战略分三个阶段。第一阶段为2005—2012年，此时白酒市场随着居民收入水平的不断提高，高端白酒市场的份额呈增长趋势，公司加强生产设备投入以及科技研发，预计通过五到十年完成茅台酒产量第二个万吨的目标。此阶段公司营业收入由2005年的37亿增长到2011年的123亿，同比增长了232.43%；净利润由原来的11亿增长到87亿。

第二阶段为2012—2017年，该时期由于限制三公消费的相关政策的提出，使得高端白酒的消费者变为企业。因此公司预计在未来5—10年，坚持把控质量，深化环境保护，聚焦发展酱香型白酒，将其作为主导产品，继续提升茅台酒中高端系列产品的发展，以此来保证茅台酒高品质、高品位、高品牌的路线，保持白酒中的优势地位。此外，茅台开始转向发展中端产品，同时进行整合下属子品牌，打造中高端品牌。此阶段公司营业收入由2012年的264亿增长到388亿，同比增长46.96%。

第三阶段为2017年至今，此阶段白酒市场逐渐恢复发展。而公司坚持打造世界蒸馏酒第一品牌的目标，保持现有高端白酒的优势地位，确保产品生产质量以及坚持以聚主业、调结构、强配套、够生态为发展思路。此阶段营业收入由2017年的523亿增加到2020年的948亿，同比增长81.26%。

贵州茅台集团有限公司发展战略如表4-2所示。

表 4-2　　　　　　　　贵州茅台集团有限公司发展战略

发展阶段	战略背景	战略内容	战略成效
2005—2012 年	（1）白酒市场随着居民收入水平的不断提高；（2）高端白酒市场的份额呈增长趋势	加强生产设备投入以及科技研发，通过五到十年完成茅台酒产量第二个万吨目标	（1）营业收入由 2005 年的 37 亿增长到 2011 年的 123 亿，同比增长了 232.43%；（2）净利润由原来的 11 亿增长到 87 亿
2012—2017 年	限制三公消费政策，使得高端白酒的消费者由原来主要是政府公务变为企业	（1）在未来 5-10 年，聚焦发展酱香型白酒，将其作为主导产品；（2）发展中端产品，同时整合下属子品牌，打造中高端品牌	营业收入由 2012 年的 264 亿增长到 388 亿，同比增长 46.96%
2017—2020 年	白酒市场恢复发展	坚持打造世界蒸馏酒第一品牌的目标，保持现有高端白酒的优势地位	营业收入由 2017 年的 523 亿增加到 2020 年的 948 亿，同比增长 81.26%

资料来源：根据贵州茅台酒股份有限公司年报（2015—2020 年）、川酒发展研究中心相关资料整理。

二　五粮液集团有限公司

（一）公司简介

五粮液集团有限公司，位于"万里长江第一城"中国西南腹地的四川省宜宾市北面的岷江之滨，其前期是由 50 年代初几家古传酿酒作坊联合组建而成的"中国专卖公司四川省宜宾酒厂"，1959 年正式命名为"宜宾五粮液酒厂"，1998 年改制为"四川省宜宾五粮液集团有限公司"，并于同年 4 月份上市，其实际控股人为宜宾市国有资产经营有限公司（控股比例：56.07%），发展至 2020 年末，该集团总资产达 1063.9 亿元，营业收入高达 573 亿元。

五粮液集团是一家以酒业为核心，涉及智能制造、食品包装、现代物流、金融投资、健康产业等领域的特大型国有企业集团。其主导产品五粮液酒历史悠久，文化底蕴深厚，是中国浓香型白酒的典型代表与著名民族品牌，多次荣获"国家名酒"称号，并首批入选中欧地理标志协定保护名录，还与 2017 年入选了世界 500 强。在 2020 年末五粮液集团的国内经销商数量已高达 1961 家。

五粮液集团有限公司基本情况参见表 4-3。

表 4-3　　　　　　　　五粮液集团有限公司基本情况

注册地址	四川省宜宾市翠屏区岷江西路 150 号
上市日期	1998 年 4 月 27 日
经营范围	酒类产品及相关辅助产品（瓶盖、商标、标识及包装制品）的生产经营；兼营：饮料、药品、水果种植、农业种植、进出口业务、物业管理、投资管理
主营业务	五粮液及系列酒的生产与销售
公司规模	2020 年末总资产 1063.9 亿元，2020 年营业收入 573 亿元
实际控制人	宜宾市国有资产经营有限公司（控股比例：56.07%）
公司荣誉	2017 年，入选世界 500 强等
营销网络	2020 年末国内经销商数量为 1961 家

资料来源：五粮液股份有限公司年报（2020 年）、五粮液股份有限公司官网。

（二）公司战略

五粮液集团有限公司发展战略大致分两阶段。第一阶段是 2010 年—2015 年，白酒作为我国传统酒类饮品，有着坚实的群众基础，随着城乡一体化以及消费升级，将加快白酒中高端市场的发展。对此五粮液集团积极拓展全价位全产品线系列品牌市场，做强龙头产品、做大腰部产品、做实低价位产品。此阶段集团营业收入由 2010 年的 155 亿元增长到 2015 年的 216 亿元，同比增长了 39.36%。净利润由原来的 45 亿元增长到 64 亿元，同比增长 40.51%。

第二阶段为 2016 年至今，在宏观大环境下，消费仍占据推动经济发展的大头，而白酒的消费群体较为稳定，因此白酒需求仍具有增长潜力。再者，随着中国人均 GDP 的提高，人们对高质量的产品产生诉求。对此五粮液集团积极建设核心品牌"五粮液"的高端定位和产品美誉度，扩大高端白酒市场份额。提升品牌价值，提高品牌向销售收入和市值的转化率。在此阶段公司营业收入由 2016 年的 245.43 亿元增长到 2020 年的 573.2 亿元，同比增长 133.55%；净利润由 2016 年的 70.56 亿元增长到 2020 年的 138.57 亿元，同比增长 196.36%。

五粮液集团有限公司发展战略如表 4-4 所示。

表 4-4　　五粮液集团有限公司发展战略

发展阶段	战略背景	战略内容	战略成效
2010—2015 年	白酒作为我国传统酒类饮品，有着坚实的群众基础，随着城乡一体化以及消费升级，将加快白酒中高端市场的发展	积极拓展全价位全产品线系列品牌市场，做强龙头产品、做大腰部产品、做实低价位产品	（1）营业收入由 10 年的 155 亿元增长到 15 年的 216 亿元，同比增长了 39.36%；（2）净利润由原来的 45 亿元增长到 64 亿元，同比增长 40.51%
2016—2020 年	（1）在宏观大环境下，消费仍占据推动经济发展的大头，而白酒的消费群体中较为稳定，因此白酒需求仍具有增长潜力；（2）随着人均 GDP 的提高，人们对高质量的产品产生诉求	（1）积极建设核心品牌"五粮液"的高端定位和产品美誉度，扩大高端白酒市场份额；（2）提升品牌价值，提高品牌向销售收入和市值的转化率	（1）营业收入由 2016 年的 245.43 亿元增长到 573.2 亿元，同比增长 133.55%；（2）净利润由 2016 年的 70.56 亿元增长到 2020 年的 138.57 亿元，同比增长 196.36

资料来源：根据五粮液股份有限公司年报（2010—2020 年）、川酒发展研究中心相关资料整理。

三　洋河酒厂股份有限公司

（一）公司简介

洋河酒厂股份有限公司，位于中国白酒之都——江苏省宿迁市。贵公司于 1949 年成立，2009 年 7 月 29 日上市，公司实际控制人为江苏洋河集团有限公司。公司主营酒类的生产和销售，同时经营预包装食品的批发与零售、粮食收购、自营和代理各类商品和技术的进出口，以及电子商务平台建设等。

江苏洋河酒厂股份有限公司是行业内拥有两大"中国名酒"、两个"中华老字号"、六枚中国驰名商标、两个国家 4A 级景区、两处国家工业遗产和一个全国重点文物保护单位的企业。作为中国名酒的杰出代表，洋河、双沟多次在全国评酒会上荣获国家名酒称号，还于 2018 年在双沟酒业主导产品柔和双沟（铂金版）荣获"中国白酒感官质量奖"等。洋河酒厂股份有限公司从成立至 2020 年末，国内经销商数量已经达到 9051 家，其 2020 年末总资产达 538.66 亿元，营业收入高达 211 亿元。

洋河酒厂股份有限公司基本情况如表 4-5 所示。

表 4-5　　　　　　　　洋河酒厂股份有限公司基本情况

注册地址	江苏省宿迁市洋河中大街 118 号
上市日期	2002 年 12 月 27 日
经营范围	酒类的生产、销售； 预包装食品的批发与零售； 粮食收购； 自营和代理各类商品和技术的进出口； 电子商务平台建设等
主营业务	梦之蓝、天之蓝、海之蓝、苏酒、珍宝坊、洋河大曲、双沟大曲等系列白酒的生产与销售
公司规模	2020 年末总资产 538.66 亿元，2020 年营业收入 211 亿元
实际控制人	江苏洋河集团有限公司（控股比例：51.10%）
公司荣誉	2018 年，双沟酒业主导产品柔和双沟（铂金版）荣获"中国白酒感官质量奖"等
营销网络	2020 年末国内经销商数量为 9051 家

资料来源：江苏洋河酒厂股份有限公司年报（2020 年）、江苏洋河酒厂股份有限公司官网。

（二）公司战略

洋河酒厂股份有限公司发展战略分两阶段。第一阶段为 2009 年—2012 年，白酒作为我国传统酒类饮品，有着坚实的群众基础，随着城乡一体化以及消费升级，将加快白酒中高端市场的发展，对此公司首先强化推进营销模式转型，实施精细化管理、精准化营销。再者通过整合业务模式使得洋河股份有限公司完成从上到下的业务模式，降低了成本开支；另一方面，积极推进品类平台化。该阶段公司营业收入由 2009 年的 40 亿元增长到 2012 年的 172 亿元，同比增长了 315.6%；净利润由原来的 45 亿元增长到 64 亿元，同比增长 40.51%。

第二阶段为 2013 年至今，在该阶段，国内虽然有限制三公消费的相关政策的提出，使得高端白酒的消费者由原来政府公务变为企业，但是，在宏观大环境下，消费仍占据推动经济发展的大头，而白酒的消费群体较为稳定。对此，公司提出以消费者为中心、双名酒为主体、多品牌为支柱，以品质为本、品牌为魂、文化为基、营销为王、创新为要，构建"12345"战略体系。此阶段公司营业收入由 2013 年的 150.23 亿元增长到 2020 年的 211.01 亿元，同比增长了 40.45%；净利润由原来的 50 亿元增长到 74 亿元，同比增长 49.63%。

洋河酒厂股份有限公司发展战略如表 4-6 所示。

表 4-6　　　　　　　　洋河酒厂股份有限公司发展战略

发展阶段	战略背景	战略内容	战略成效
2009—2012 年	白酒作为我国传统酒类饮品，有着坚实的群众基础，随着城乡一体化以及消费升级，将加快白酒中高端市场的发展	（1）首先强化推进营销模式转型，实施精细化管理、精准化营销；（2）通过整合业务模式使得洋河股份有限公司完成从上到下的业务模式，降低了成本开支；（3）积极推进品类平台化	（1）营业收入由 2009 年的 40 亿元增长到 2012 年的 172 亿元，同比增长了 315.6%；（2）净利润由原来的 45 亿元增长到 64 亿元，同比增长 40.51%
2013—2020 年	（1）限制三公消费政策，使得高端白酒的消费者由原来主要是政府公务变为企业；（2）在宏观大环境下，消费仍占据推动经济发展的大头，而白酒的消费群体中较为稳定	以消费者为中心、双名酒为主体、多品牌为支柱，以品质为本、品牌为魂、文化为基、营销为王、创新为要，构建"12345"战略体系	（1）营业收入由 2013 年的 150.23 亿元增长到 2020 年的 211.01 亿元，同比增长了 40.45%；（2）净利润由原来的 50 亿元增长到 74 亿元，同比增长 49.63%；净利润由原来的 50 亿元增长到 74 亿元，同比增长 49.63%

资料来源：根据江苏洋河酒厂股份有限公司年报（2009—2020 年）、川酒发展研究中心相关资料整理。

四　安徽古井贡酒股份有限公司

（一）公司介绍

安徽古井贡酒股份有限公司是中国老八大名酒企业，坐落在历史名人曹操与华佗故里—安徽省亳州市。公司前身为起源于明代正德十年（公元 1515 年）的公兴槽坊，1959 年转制为省营亳县古井酒厂，1996 年改制为"安徽古井贡酒股份有限公司"，并于该年成功上市，该公司实际控制人为亳州市人民政府国有资产监督（控股比例 53.98%）。

安徽古井贡酒股份有限公司主要经营古井贡酒、年份原浆、黄鹤楼等白酒的生产与销售，同时进行粮食收购（凭许可证经营），酿酒设备、包装材料、玻璃瓶、酒精、油脂（限于酒精生产的副产品）的生产，以及高新技术开发、生物技术开发、农副产品深加工等。安徽古井贡酒股份有限公司拥有"古井贡""古井"两大品牌，是国家品牌形象的典型代表，公司曾四次蝉联全国白酒评比金奖，在巴黎第十三届国际食品博览会上荣获金奖,先后获得中国地理标志产品、国家重点文物保护单位、国家非物质文化遗产保护项目等荣誉。公司规模从成立到 2020 年末不断壮大,其总资产达 151.89 亿元,营业收入高达 102.92 亿元。

安徽古井贡酒股份有限公司基本情况如表 4-7 所示。

表 4-7　　　　　　安徽古井贡酒股份有限公司基本情况

注册地址	安徽省亳州市谯城区古井镇
上市日期	1996 年 9 月 27 日
经营范围	粮食收购(凭许可证经营),生产白酒、酿酒设备、包装材料、玻璃瓶、酒精、油脂(限于酒精生产的副产品),高新技术开发、生物技术开发、农副产品深加工,销售自产产品
主营业务	公司负责古井贡酒、年份原浆、黄鹤楼等白酒的生产与销售
公司规模	2020 年末总资产 151.83 亿元,2020 年营业收入 102.92 亿元
实际控制人	亳州市人民政府国有资产监督(控股比例:53.98%)
公司荣誉	公司四次蝉联全国白酒评比金奖,在巴黎第十三届国际食品博览会上荣获金奖,先后获得中国地理标志产品、国家重点文物保护单位、国家非物质文化遗产保护项目等荣誉
营销网络	2020 年来国内经销商数量为 3391 家

资料来源:安徽古井贡酒股份有限公司年报(2020 年)、安徽古井贡酒股份有限公司官网。

(二) 公司战略

安徽古井贡酒股份有限公司发展战略大致分两个阶段。第一阶段是 2011—2016 年,此时白酒行业区域整合已现端倪、白酒企业的个体竞争已逐步进入系统性竞合阶段,渠道、品牌和资本运作三个维度的组合竞争将继续改写行业竞争格局。对此,公司坚决实施"控价"模式,确保价格体系稳定;加大品牌建设的力度,创新与媒体的合作形式;坚持"一刻不放松,一刻不懈怠",深耕核心市场,撬动两翼,加速全国化进程,寻求海外市场突破。在此阶段公司营业收入由 2011 年的 33 亿元增长到 2016 年的 60 亿元,同比增长了 81.89%;净利润由原来的 5.66 亿元增长到 8.50 亿元,同比增长 50.13%。

第二阶段为 2017 年至今,此阶段酒行业复苏与回暖成为大势,名酒复兴进程加快,各大名酒企业和区域龙头企业经营业绩呈现大幅增长。对此公司坚定不移推进党管一体化战略、深入推进营销创新、技术创新和机制创新,催生企业内生动力。在该阶段公司的营业收入由2017年的69.68亿元增长到2020年的102.9亿元,同比增长了47.69%;净利润由原来的11亿元增长到18亿元,同比增长63.64%。

安徽古井贡酒股份有限公司发展战略如表4-8所示。

表4-8　　　　　　安徽古井贡酒股份有限公司发展战略

发展阶段	战略背景	战略内容	战略成效
2011—2016年	(1) 白酒行业区域整合已现端倪、白酒企业的个体竞争已逐步进入系统性竞合阶段; (2) 渠道、品牌和资本运作三个维度的组合竞争将继续改写行业竞争格局	(1) 坚决实施"控价"模式,确保价格体系稳定; (2) 加大品牌建设的力度,创新与媒体的合作形式; (3) 深耕核心市场,撬动两翼,加速全国化进程,寻求海外市场突破	(1) 营业收入由2011年的33亿元增长到2016年的60亿元,同比增长了81.89%; (2) 净利润由原来的5.66亿元增长到8.50亿元,同比增长50.13%
2017—2020年	酒行业复苏与回暖成为大势,名酒复兴进程加快,各大名酒企业和区域龙头企业经营业绩呈现大幅增长	坚定不移推进党管一体化战略、深入推进营销创新、技术创新和机制创新,催生企业内生动力	(1) 营业收入由2017年的69.68亿元增长到2020年的102.9亿元,同比增长了47.69%; (2) 净利润由原来的11亿元增长到18亿元,同比增长55.91%

资料来源:根据安徽古井贡酒股份有限公司年报(2011—2020年)、川酒发展研究中心相关资料整理。

五　泸州老窖股份有限公司

(一) 公司介绍

泸州老窖股份有限公司位于四川泸州,是具有400多年酿酒历史的国有控股上市公司。该公司于1996年上市,其公司实际控制人为泸州市国有资产监督管理委员(控股比例:53.98%)。公司主要负责国窖1573、特曲、窖龄酒、头曲、二曲等白酒的生产与销售,同时还经营进出口经营业务、技术推广服务、发酵制品生产及销售以及汽车配件、建材及化工原料的销售。

泸州老窖源远流长,是中国浓香型白酒的发源地,以独特优势在中国酒业独树一帜。公司还先后荣获"全国质量信用先进企业""全国质量诚信标杆企业""国家级技能大师工作室""四川工匠"等荣誉。其公司规模不断扩大，至 2020 年末国内经销商数量高达 2047 家，总资产至 350.09 亿元，营业收入达到 166.52 亿元

泸州老窖股份有限公司基本情况如表 4-9 所示。

表 4-9　　泸州老窖股份有限公司基本情况

注册地址	四川省泸州市国窖广场
上市日期	1996 年 9 月 27 日
经营范围	酒类产品的生产、销售；进出口经营业务；技术推广服务；发酵制品生产及销售；销售：汽车配件、建材及化工原料
主营业务	公司负责国窖 1573、特曲、窖龄酒、头曲、二曲等白酒的生产与销售
公司规模	2020 年末总资产 350.09 亿元，2020 年营业收入 166.52 亿元
实际控制人	泸州市国有资产监督管理委员（控股比例：53.98%）
公司荣誉	公司先后荣获"全国质量信用先进企业""全国质量诚信标杆企业""国家级技能大师工作室""四川工匠"等荣誉
营销网络	2020 年末国内经销商数量为 2047 家，国外经销商数量为 147 家

资料来源：泸州老窖股份有限公司年报（2020 年）、泸州老窖股份有限公司官网。

（二）公司战略

泸州老窖股份有限公司发展战略大致分两个阶段。第一阶段为 2010—2014 年，此时白酒行业因生产的高度离散、低门槛导致业内企业数量庞大，伴随着行业分化的进一步加剧，品牌差距的持续扩大。对此公司坚持"双品牌塑造，多品牌运作"，保障国窖 1573 实现品质高度、文化高度、品牌高度、价格高度的稳步提升。在此期间公司营业收入由 2011 年的 84 亿元增长到 2016 年的 53 亿元，同比降低了 57.43%。

第二阶段为 2015 年至今，随着"国内大循环""国内国际双循环"大势的开启，中国经济将进一步释放市场潜力，城市圈加速形成，新兴消费群体的消费需求不断升级，将为中国白酒行业带来发展空间和发展机遇。在此背景下，公司深入贯彻双品牌战略和大单品战略，加强品牌管理，规范条码的使用，继续巩固和塑造清晰聚焦的"双品牌、三品系、

五大单品"品牌体系,坚持培育和扩大海外消费圈层,以高质量产品和服务,"让世界品味中国"。此阶段内,公司的营业收入由2015年的69亿元增长到2020年的166.53亿元,同比增长了141.34%;净利润由原来的15.5亿元增长到59.58亿元,同比增长284.24%。

泸州老窖股份有限公司发展战略如表4-10所示。

表4-10　　　　　泸州老窖股份有限公司发展战略

发展阶段	战略背景	战略内容	战略成效
2010—2014年	白酒行业生产高度离散、低门槛导致业内企业数量庞大,伴随着行业分化的进一步加剧,品牌差距的持续扩大	坚持"双品牌塑造,多品牌运作",保障国窖1573实现品质高度、文化高度、品牌高度、价格高度的稳步提升	营业收入由2011年的84亿元增长到2016年的53亿元,同比降低了57.43%
2015—2020年	随着"国内大循环""国内国际双循环"大势的开启,中国经济将进一步释放市场潜力,城市圈加速形成,新兴消费群体的消费需求不断升级,将为中国白酒行业带来发展空间和发展机遇	(1)深入贯彻双品牌战略和大单品战略,加强品牌管理,规范条码的使用;(2)继续巩固和塑造清晰聚焦的"双品牌、三品系、五大单品"品牌体系,坚持培育和扩大海外消费圈层,以高质量产品和服务,"让世界品味中国"	(1)营业收入由2015年的69亿元增长到2020年的166.53亿元,同比增长了141.34%;(2)净利润由原来的15.5亿元增长到59.58亿元,净利润同比增长284.24%

资料来源:根据泸州老窖股份有限公司年报(2010—2020年)、川酒发展研究中心相关资料整理。

六　山西杏花村汾酒厂股份有限公司

(一)公司介绍

山西杏花村汾酒厂股份有限公司位于山西省吕梁市汾阳市杏花村镇西堡,属于国有企业,以生产经营中国名酒——汾酒、竹叶青酒为主营业务,同时进行副产品酒糟、生产用原辅材料和包装材料的销售;酒类高新技术及产品研究、开发、生产、应用;投资办企业及相关咨询服务以及道路普通货物运输。公司在1994年1月6日上市,实际控制人为山西省国有资产监督管理委员(控股比例:56.56%),上市后,公司规模不断扩大,在2020年,公司国内经销商数量达至2896家,总资产高达197.79亿元,2020年的营业收入高达139.9亿元。汾酒文化源远流长,是晋商文化的重要一支，与黄河文化一脉相承，近年来，公司倾力打造知名白酒基地、保健酒基地和酒文化旅游基地，曾获"中国八大最具投资价值白酒品牌"称号、全球百佳中华儒商企业荣誉，还被评为省环境保护先进单位，是国家职业卫生示范企业。

山西杏花村汾酒厂股份有限公司基本情况如表 4-11 所示。

表 4-11　　山西杏花村汾酒厂股份有限公司基本情况

注册地址	山西省吕梁市汾阳市杏花村
上市日期	1994 年 1 月 6 日
经营范围	汾酒、竹叶青酒及其系列酒的生产、销售；副产品酒糟、生产用原辅材料和包装材料的销售；酒类高新技术及产品研究、开发、生产、应用；投资办企业及相关咨询服务；道路普通货物运输
主营业务	公司负责汾酒、竹叶青酒及其系列酒的生产、销售
公司规模	2020 年末总资产 197.79 亿元，2020 年营业收入 139.9 亿元
实际控制人	山西省国有资产监督管理委员（控股比例：56.56%）
公司荣誉	曾获"中国八大最具投资价值白酒品牌"称号；全球百佳中华儒商企业；省环境保护先进单位；国家职业卫生示范企业
营销网络	2020 年末国内经销商数量为 2896 家

资料来源：山西杏花村汾酒厂股份有限公司年报（2020 年）、山西杏花村汾酒厂股份有限公司官网。

（二）公司战略

山西杏花村汾酒厂股份有限公司发展战略大致分两个阶段。第一阶段为 2010—2015 年，此时国际形势复杂化、政务消费阳光化、酒驾入刑等因素对白酒企业提出新的挑战，随着白酒行业竞争日趋激烈，白酒企业营销模式逐渐多元化、差异化。公司在这个阶段发挥优势稳定，完善保障促增长，创新变革求发展，强化财务预算管理，加大监管力度，加强财务分析，拓宽融资筹资渠道，确保为企业发展提供资金支持，力争到 2020 年实现营业收入翻番，其他经济指标大幅增长。在此阶段公司营业收入由 2010 年的 30.16 亿元增长到 2015 年的 41.28 亿元，同比增长了 36.86%。

第二阶段为 2016 年至今，近年来，随着我国居民可支配收入的提升，消费升级提质扩容,商务和大众消费已经成为中高端名酒消费主体,"健康饮酒"的理念进一步加深,消费升级趋势使得市场份额进一步向高端名优酒企集中。在此阶段公司营业收入由2016年的44.04亿元增长到2020年的139.89亿元,同比增长了。净利润由原来的6.4亿元增长到31.1亿元,同比增长386%。

山西杏花村汾酒厂股份有限公司发展战略如表4-12所示。

表4-12　　　　山西杏花村汾酒厂有限公司发展战略

发展阶段	战略背景	战略内容	战略成效
2010—2015年	(1)国际形势复杂化、政务消费阳光化、酒驾入刑等因素对白酒企业提出新的挑战; (2)随着白酒行业竞争日趋激烈,白酒企业营销模式逐渐多元化、差异化	(1)发挥优势保稳定,完善保障促增长,创新变革求发展,强化财务预算管理,加大监管力度,加强财务分析,拓宽融资筹资渠道,确保为企业发展提供资金支持; (2)力争到2020年实现营业收入翻番,其他经济指标大幅增长	营业收入由2010年的30.16亿元增长到2015年的41.28亿元,同比增长了36.86%
2016—2020年	(1)行业集中度提升,近年来,随着我国居民可支配收入的提升,消费升级提质扩容; (2)商务和大众消费成为中高端名酒消费主体,"健康饮酒"的理念进一步加深,市场份额进一步向高端名优酒企集中	以"发挥优势保稳定,完善保障促增长,创新变革求发展"为主基调,发挥自身优势为前提,完善组织保障机制为手段,利用创新与变革为具体的行为举措,指导公司资源重新配置,明确各部门的重点方向,提升组织内部的效率和效能,发挥公司的人本和文化优势,加快公司产业升级和销售转型	(1)营业收入由2015年的44.04亿元增长到2020年的139.89亿元; (2)净利润由原来的6.4亿元增长到31.1亿元,同比增长386%

资料来源:根据山西杏花村汾酒厂股份有限公司年报(2010—2020年)、川酒发展研究中心相关资料整理。

七　今世缘酒业股份有限公司

(一)公司简介

今世缘酒业股份有限公司坐落在开国总理周恩来的故乡淮安,地处名酒之乡千年古镇高沟,于2014年7月3日上市,实际控股人为江苏省涟水县人民政府。公司主营白酒生产和销售,同时也经营预包装食品批发与零售、品牌策划、服装鞋帽制造和销售、广告设计和制作、企业管理咨询等业务。

公司自成立以来,一直不断发展,在 2020 年末,公司总资产为 118.51 亿元,营业收入达到 51.19 亿元。江苏今世缘酒业有限公司是中国名优酒酿造骨干企业,全国"五一劳动奖章"获得者、全国"守合同,重信用"企业、全国企业文化建设先进单位、全国模范劳动关系和谐企业、全国工业旅游示范点、江苏省文明单位标兵、淮安市食品工业排头兵企业。

今世缘酒业股份有限公司基本情况如表 4-13 所示。

表 4-13　　　　　　　今世缘酒业股份有限公司基本情况

注册地址	江苏省淮安市涟水县高沟镇今世缘大道 1 号
上市日期	2014 年 7 月 3 日
经营范围	白酒生产、本公司产品销售、预包装食品批发与零售、品牌策划、服装鞋帽制造和销售、广告设计和制作、企业管理咨询
主营业务	白酒生产和销售
公司规模	2020 年末总资产为 118.51 亿元,2020 年营业收入 51.19 亿元
实际控制人	江苏省涟水县人民政府
公司荣誉	2020 年"今世有缘,共襄慈善"荣誉奖牌、2019 年度江苏省工业互联网示范工程、2018 年度中国酒业协会科学技术进步奖、中华老字号、2009 年白酒制造业行业效益十佳企业

资料来源:今世缘酒业股份有限公司年报(2020 年)、今世缘酒业股份有限公司官网。

(二) 发展战略

今世缘酒业股份有限公司发展战略大致分三个阶段。第一阶段为 2014—2016 年,在"十三五"时期,白酒行业在品牌、品质等方面存在同质化的趋势,对销售渠道和宣传等资源争夺激烈,白酒企业引发价格之战的可能性增大。根据市场的发展趋势,白酒行业优化结构、转型发展成为当务之急。对此公司创建以"缘文化"为主的多元化公司,突出转型发展,开展财务投资和产业投资,提高资产收益率。同时推行供给侧结构性改革,坚持创新、协调、绿色、开放、共享五大发展理念,弘扬追求卓越、缘结天下的企业精神。省内全面实施对标工程,省外加快推动重点突破。在该阶段公司的营业收入由 2014 年的 24.00 亿元增加到 2016 年的 25.54 亿元,同比增长 6.42%;净利润由 2014 年的 6.46 亿元增加到 2016 年的 7.54 亿元，同比增长 16.72%。

第二阶段为 2017—2020 年，白酒行业的转型处于热潮当中，白酒传承着中国优秀传统文化，白酒国际化成为趋势。消费者购买力不断增强，商务宴请不断增多，各白酒行业纷纷提高产品质量，提升品牌名声，扩大销售渠道，以更好地服务迎合消费者需求，马太效应越发明显。高端名酒稀缺，让供需矛盾加大，白酒景气周期由高端向次高端发展。公司以追求高质量发展为方向，强化供给侧结构性改革，全面发展"品牌+渠道"双驱动。坚持营销创新不动摇，加强品牌打造的营销体系。将环保纳入企业的发展战略中，对污染处理措施进行升级改造，提高公司的环保水平。吸纳人才，用人才强企为新动力，切实促进从优秀到卓越跨越。围绕着"酒+缘"两条线索，打造更具竞争力的白酒品牌。在此期间，公司的营业收入由 2017 年的 29.52 亿元增加到 2020 年的 51.19 亿元，同比增长 73.41%；净利润由 2017 年的 8.96 亿元增加到 2020 年的 15.67 亿元，同比增长 74.89%。

第三阶段为 2021 年至今，公司将高举新时代中国特色社会主义思想伟大旗帜，自觉遵守发展新理念。公司根据"十四五"的规划方针，围绕促进经济的发展，防范风险，化解风险，增强市场活动力。公司更近一步确定使命、找到正确途径，创新改革，提高产品质量，以实现公司电商业务高质量发展。随着经济的发展，人们生活水平提高，消费者需求升级，中等偏上收入的人群增多，对生活质量有更高的追求，人们对白酒的需求将持续升高。白酒品牌集中的特点越发明显，规模以上酒企数量逐年减少，市场份额逐步转向优势品牌和优势产区。对此，今世缘酒业股份有限公司以"发展高质量，酒缘新跨越"为主题，以改革创新为根本动力，完善产品质量，加强公司的管理，大力弘扬"追求卓越，缘结天下"的企业精神，践行"酿美酒，结善缘"的企业使命，把公益事业纳入发展战略。按照"市场引领工厂，工厂保障市场"的思路，统筹推进市场开拓和工厂改革工作。为保证战略目标的实现，公司确立了由"白酒"+"缘文化"两大业务战略。根据公司的营销策略，实行分区域，分品牌，分产品管理，目前的销售是以经销制为主，向"经销+直销+线上销售"渠道转变。在该阶段内，公司 2021 年上半年的营业收入为 38.51 亿元，2021 年上半年的净利润为 13.35 亿元。

今世缘酒业股份有限公司发展战略如表 4-14 所示。

表 4-14　　　　　　　今世缘酒业股份有限公司发展战略

发展阶段	战略背景	战略内容	战略成效
2014—2016 年	(1)"十三五"期间，白酒行业在品牌、品质等方面存在同质化的趋势，对销售渠道和宣传等资源争夺激烈，白酒企业引发价格之战的可能性增大； (2) 根据市场的发展趋势，白酒行业优化结构、转型发展成为当务之急	(1) 创建以缘文化为主的多元化公司，突出转型发展，开展财务投资和产业投资，提高资产收益率； (2) 推行供给侧结构性改革，坚持创新、协调、绿色、开放、共享五大发展理念，弘扬追求卓越、缘结天下的企业精神； (3) 省内全面实施对标工程，省外加快推动重点突破	(1) 营业收入由 2014 年的 24.00 亿元增加到 2016 年的 25.54 亿元，同比增长 6.42%； (2) 净利润由 2014 年的 6.46 亿元增加到 2016 年的 7.54 亿元，同比增长 16.72%
2017—2020 年	(1) 白酒行业的转型处于热潮当中，白酒传承着中国优秀传统文化，白酒国际化成为趋势； (2) 消费者购买力不断增强，商务宴请不断增多，各白酒行业纷纷提高产品质量，提升品牌名声，扩大销售渠道，以更好地服务迎合消费者需求，马太效应越发明显； (3) 高端名酒稀缺，让供需矛盾加大，白酒景气周期由高端向次高端发展	(1) 追求高质量发展为方向，强化供给侧结构性改革，全面发展"品牌+渠道"双驱动。坚持营销创新不动摇，加强品牌打造的营销体系； (2) 将环保纳入企业的发展战略中，对污染处理措施进行升级改造，提高公司的环保水平； (3) 吸纳人才，用人才强企为新动力，切实促进从优秀到卓越跨越； (4) 围绕着"酒+缘"两条线索，打造更具竞争力的白酒品牌	(1) 营业收入由 2017 年的 29.52 亿元增加到 2020 年的 51.19 亿元，同比增长 73.41%； (2) 净利润由 2017 年的 8.96 亿元增加到 2020 年的 15.67 亿元，同比增长 74.89%
2021 年上半年	(1) 公司将高举习近平新时代中国特色社会主义思想伟大旗帜，自觉遵守发展新理念； (2) 公司根据"十四五"的规划方针，围绕促进经济的发展，防范风险、化解风险，增强市场活动力； (3) 公司更近一步确定使命、找到正确途径，创新改革，提高产品质量，以实现公司电商业务高质量发展；随着经济的发展，人们生活水平的提高，消费者需求升级，中等偏上收入的人群增多，对生活质量有更高的追求，人们对白酒的需求将持续升高；白酒品牌集中的特点越发明显，规模以上酒企数量逐年减少，市场份额逐步转向优势品牌和优势产区。	(1) 以"发展高质量，酒缘新跨越"为主题，以改革创新为根本动力，完善产品质量，加强公司的管理，大力弘扬"追求卓越，缘结天下"的企业精神，践行"酿美酒，结善缘"的企业使命，把公益事业纳入发展战略； (2) 按照"市场引领工厂，工厂保障市场"的思路，统筹推进市场开拓和工厂改革工作； (3) 为保证战略目标的实现，确立"白酒"+"缘文化"两大业务战略； (4) 根据公司营销策略，实行分区域、分品牌、分产品管理，从"经销商"向"经销+直销+线上销售"渠道转变	2021 年上半年的营业收入为 38.51 亿元，净利润为 13.35 亿元

资料来源：根据今世缘酒业股份有限公司年报（2014—2021 年）、川酒发展研究中心相关资料整理。

八 金徽酒股份有限公司

(一) 公司简介

金徽酒股份有限公司，地处甘肃省陇南市徽县伏家镇，于2016年3月10日在上海证券交易所挂牌上市，公司实际控制人为郭广昌。主营业务为白酒生产和销售，副业是水、饮料及其副产品生产、销售以及包装装潢材料设计、开发、生产、销售。公司自成立至今，坚持"以人为本、追求卓越、合作共赢、服务社会"的发展理念，弘扬"老老实实做人，认认真真做事"的企业精神，使企业不断发展壮大，还多次获得各种大奖，例如2011年纯粮固态发酵白酒标志认证、2015年全国五一巾帼标兵岗以及2017年酒业十大文化影响力品牌等。

金徽酒股份有限公司基本情况如表4-15所示。

表4-15 金徽酒股份有限公司基本情况

注册地址	甘肃省陇南市徽县伏家镇
上市日期	2016年3月10日
经营范围	白酒、水、饮料及其副产品生产、销售；包装装潢材料设计、开发、生产、销售
主营业务	白酒生产和销售
公司规模	2020年末总资产为35.32亿元，2020年营业收入17.31亿元
实际控制人	郭广昌
公司荣誉	中华老字号、国家AAAA旅游景区、2017年酒业十大文化影响力品牌、2015年全国五一巾帼标兵岗、2011年纯粮固态发酵白酒标志认证

资料来源：金徽酒股份有限公司年报（2020年）、金徽酒股份有限公司官网。

(二) 发展战略

金徽酒股份有限公司发展战略大致分为三个阶段。第一阶段为2016年，在此年公司大力弘扬"金徽酒正能量"品牌精神，使公司形象更具识别性和独特性。通过讲品牌故事，多形式、多渠道将品牌理念传递给消费者。并以"建成西北大型生态酿酒基地，打造中国知名白酒品牌，跻身中国白酒十强企业"为总体战略发展目标，制定合理市场营销策略，拓展省外消费市场。该阶段公司的营业收入达到12.77亿元，净利润达2.22亿元。

第二阶段为 2017—2018 年，由于公司是甘肃白酒行业的龙头企业，目前公司白酒产品主要销售市场是在甘肃省，销售市场相对单一。企业要在宁夏、新疆、西藏、陕西等地设立更多销售机构，努力开拓西北市场。但新市场的建立、消费者认可、品牌知名度都需要一定的时间。自 2017 年开始，企业生产白酒所需的高粱、大米、小麦等原材料的价格呈明显上升趋势。对此公司以优化白酒品质为基础，提高品牌知名度，扩大网络营销渠道。依靠合理营销战略，巩固甘肃市场的同时，稳步开拓西北地区的其他市场。以节能为重点，坚持研发创新，巩固公司稳步发展的良好势态。公司设立专职电子商务管理部门，建成了金徽酒积分商城，在多个网络销售平台开通了"金徽酒旗舰店"，主要为线上消费者提供服务和品牌宣传。未来，公司要抓住电子商务发展机会，持续在线上销售和推广产品，线上和线下销售渠道相结合，形成优势互补，为消费者提供更高效更优质的服务。在该阶段公司的营业收入由 2017 年的 13.33 亿元增加到 2018 年的 14.62 亿元，同比增长 9.68%；净利润由 2017 年的 2.53 亿元增加到 2018 年的 2.59 亿元，同比增长 2.37%。

第三阶段为 2019 至今，面对的宏观经济发展局势，白酒行业的竞争进入新的阶段，公司积极应对市场经济的变化，制定了长期发展的战略规划，提出并积极实行"二次创业"内部改革，推进"量质两手抓，加快公司高质量发展"的总体经营思路。2020 年，面对复杂严峻国际形势，公司精心研究行业状况，用发展的眼光规划布局，保持生产经营稳步提升。公司加强了生态酿造的基础设施建设，提高团队的自主研发能力和开发技术，提倡健康消费的核心品牌价值。进一步完善股权结构，奋力开启二次创业高质量起点。建立与营业收入和净利润目标直接挂钩、奖罚分明的核心管理团队薪酬结构，使管理团队与公司业绩更近一步相关联。公司不断改进生产模式，放宽酿酒车间对生产的自主权，激发原酒生产内生动力。以客户为核心，以品质为基础，打造金徽酒正能量品牌形象。依靠优良酿酒历史、地理位置优势、独特的技术不断开拓市场，销售网络已辐射到甘肃及环甘肃的西北市场，正逐步向江浙沪等华东市场发展。面对当前行业发展形势和市场竞争环境，结合公司长远发展规划，2019 年公司将围绕"量质并举，挖潜降耗，以服务促管理，加快公司高质量发展"的总体工作思路做好各项工作。在此阶段公司的营业收入由 2019 年的 16.34 亿元增加到 2020 年的 17.31 亿元，同比增长

5.94%，净利润由 2019 年的 2.71 亿元增加到 2020 年的 3.31 亿元，同比增长 22.14%。

金徽酒股份有限公司发展战略如表 4-16 所示。

表 4-16　　　　　　　　金徽酒股份有限公司发展战略

发展阶段	战略背景	战略内容	战略成效
2016 年	（1）公司大力弘扬"金徽酒正能量"品牌精神，使公司形象更具识别性和独特性； （2）通过讲品牌故事，多形式、多渠道将品牌理念传递给消费者	公司以"建成西北大型生态酿酒基地，打造中国知名白酒品牌，跻身中国白酒十强企业"为总体战略发展目标，制定合理市场营销策略，拓展省外消费市场	2016 年营业收入 12.77 亿元，净利润 2.22 亿元
2017—2018 年	（1）主要销售市场是在甘肃省，销售市场相对单一； （2）开拓西北市场，新市场的建立、消费者认可、品牌知名度都需要一定的时间； （3）2017 年开始，企业生产白酒所需的高粱、大米、小麦等原材料的价格呈明显上升趋势	（1）优化白酒品质，提高品牌知名度，扩大网络营销渠道； （2）巩固甘肃市场的同时，稳步开拓西北地区的其他市场； （3）以节能为重点，坚持研发创新，巩固公司稳步发展的良好势态； （4）设立专职电子商务管理部门，为线上消费者提供服务和品牌宣传； （5）抓住电子商务发展机会，线上和线下销售渠道结合推广，为消费者提供更高效更优质的服务	（1）营业收入由 2017 年的 13.33 亿元增加到 2018 年的 14.62 亿元，同比增长 9.68%； （2）净利润由 2017 年的 2.53 亿元增加到 2018 年的 2.59 亿元，同比增长 2.37%
2019—2020 年	（1）白酒行业竞争进入新阶段，公司积极应对市场经济的变化，制定了"量质两手抓，加快公司高质量发展"长期发展的战略规划； （2）2020 年，面对新冠疫情和复杂严峻国际形势的双重打击	（1）加强生态酿造的基础设施建设，提高团队自主研发能力和开发技术，提倡健康消费的核心品牌价值； （2）建立与营业收入和净利润目标直接挂钩、奖罚分明的核心管理团队薪酬结构，使管理团队与公司业绩更近一步相关联； （3）不断改进生产模式，放宽酿酒车间对生产的自主权，激发原酒生产内生动力； （4）依靠优良酿酒历史、地理位置优势、独特的技术不断开拓市场，销售网络辐射到甘肃及环甘肃的西北市场，逐步向江浙沪等华东市场发展	（1）营业收入由 2019 年的 16.34 亿元增加到 2020 年的 17.31 亿元，同比增长 5.94%； （2）净利润由 2019 年的 2.71 亿元增加到 2020 年的 3.31 亿元，同比增长 22.14%

资料来源：根据金徽酒股份有限公司年报（2016—2020 年）、川酒发展研究中心相关资料整理。

九 安徽口子酒业股份有限公司

(一) 公司简介

安徽口子酒业股份有限公司,是中华人民共和国成立后第一批建厂的白酒企业,以生产国优名酒口子系列白酒而著称,为国家酿酒重点骨干企业。地处安徽省淮北市相山南路,于 2015 年 6 月 29 日上市,实际控制人为徐进和刘安省。公司主打业务为白酒生产和销售,同时也经营玻璃制品的生产、制造和销售。

安徽口子酒业股份有限公司是以生产国优名酒而著称的国家酿酒重点骨干企业,曾多次荣获各种荣誉,例如 2015 年度 1985—2015 中国白酒历史标志性产品、2017 年度口子窖入选新华网评选的中国品牌百强榜以及 2018 年度改革开放 40 年中国酒业功勋企业等奖项。公司从发展到今,规模一直不断扩大,在 2020 年末时,公司的总资产达到 98.06 亿元,营业收入至 40.11 亿元。

安徽口子酒业股份有限公司基本情况如表 4-17 所示。

表 4-17　安徽口子酒业股份有限公司基本情况

注册地址	安徽省淮北市相山南路 9 号
上市日期	2015 年 6 月 29 日
经营范围	生产、制造和销售白酒及玻璃制品
主营业务	白酒生产和销售
公司规模	2020 年末总资产为 98.06 亿元,2020 年营业收入 40.11 亿元
实际控制人	徐进、刘安省
公司荣誉	2018 年度改革开放 40 年中国酒业功勋企业、2017 年度口子窖入选新华网评选的中国品牌百强榜、2015 年度 1985—2015 中国白酒历史标志性产品

资料来源:安徽口子酒业股份有限公司年报 (2020 年)、安徽口子酒业股份有限公司官网。

(二) 发展战略

安徽口子酒业股份有限公司发展战略大致分为三个阶段。第一阶段为 2015—2016 年,公司面对错综复杂的经济形势和白酒行业激烈的竞争态势,勇于求变、发现机遇、把握机会。在 2015 年,白酒行业在周期性底部调整后出现回暖趋势，部分一二线白酒品牌销售呈现量价齐升态势，三四线以下白酒品牌竞争力加大，市场向优势品牌集中[①]。对此公司专注于白酒生产经营领域，采取差异化竞争策略，以兼香型口子窖系列白酒为核心，建设高端白酒品牌，提高公司核心竞争力，引领兼香型白酒行业，成为国内白酒行业第一集团成员。紧紧围绕企业发展战略，对现有管理机构进行进一步的调整、整合，以"专业化""精细化"为目标，对部门和岗位设置持续进行优化，进一步压缩管理层级，精简机构人员，有效配置人力资源，逐步打造精干、高效的员工队伍。在该阶段公司的营业收入由 2015 年的 25.84 亿元增加到 2016 年的 28.30 亿元，同比增长 9.52%；净利润由 2015 年的 6.05 亿元增加到 2016 年的 7.83 亿元，同比增长 29.42%。

第二阶段为 2017—2018 年，此时白酒行业属于完全竞争性行业，行业的市场化程度高，市场竞争激烈。白酒消费呈现出向主流品牌主力产品集中的趋势，白酒产业也向品牌、原产地和文化集中，产业竞争加剧对弱小白酒企业的挤出效应，整体上看，一线白酒企业延续增长态势，二三线白酒企业分化较为明显。2018 年，口子产业园制曲车间投产使用，部分酿酒车间也进入生产阶段。同时，信源坊包装项目在改造原有厂房的基础上，筹建注塑车间，引进自动化注塑机等设备设施，为完善新产品包装材料生产提供了条件。对此，公司继续坚持一地一策的市场运作思路，深耕省内，全面实施渠道下沉，强化重点市场渠道管控能力，在稳固年份口子窖系列稳步提升的同时，大力运作高档年份口子窖系列酒，同时追求产品的均衡化发展，全面巩固提升了安徽整体市场的运作能力。省外进一步规范市场行为，遵循"三个宁缺毋滥"原则，对不规范、不作为的经销商进行清理，对优质经销商加大扶持力度。公司目前在京东、天猫等平台运营官方旗舰店，未来将进一步丰富电商渠道，增加个性定制类产品，拓展线上业务，更好地直接服务消费者。薪酬制度同时结合员工职业前景，为公司的长期战略发展规划服务。在该阶段内公司的营业收入由 2017 年的 36.03 亿元增加到 2018 年的 42.69 亿元，同比增长 18.48%；净利润由 2017 年的 11.14 亿元增加到 2018 年的 15.33 亿元，同比增长 37.61%。

---

① 《口子窖 2015 年年度报告》

第三阶段为 2019 至今，2020 年是公司"管理提升年"，更是口子酒业发展意义重大的一年。受新冠疫情影响，行业发展格局发生了较大的变化。2021 年，是"十四五"开局之年，"高质量"是主基调，"双循环"是主旋律，将更有利于扩大内需和消费升级。公司将抢抓新一轮发展机遇，拿出"二次创业"的精气神，坚持稳健发展的总基调，苦练内功，深化改革，重点实施"六大提升"计划，加快实现"百亿口子"战略目标。而对此公司实行分区域、产品销售，将国内划分成若干个区域，若干个区域下面按市场发展程度和行政区域进一步划分，选择优秀的代理商，代理该产品销售业务。推进"一企三园"的战略，加快口子产业园一期、二期项目建设，提高产能规模。加速市场公司化管理，全面巩固省内整体市场份额，省外市场寻求战略伙伴，扩大省外市场，坚持优胜劣汰的方式，保障市场良性发展。在此阶段内 2021 年上半年的营业收入为 22.43 亿元，2021 年上半年的净利润为 6.87 亿元。

安徽口子酒业股份有限公司发展战略如表 4-18 所示。

表 4-18　　　　安徽口子酒业股份有限公司发展战略

发展阶段	战略背景	战略内容	战略成效
2015—2016 年	2015 年，白酒行业在周期性底部调整但出现回暖趋势，部分一二线白酒品牌销售呈现量价齐升态势，三四线以下白酒品牌竞争力加大，市场向优势品牌集中	（1）公司专注于白酒生产经营领域，采取差异化竞争策略，以兼香型口子窖系列白酒为核心，建设高端白酒品牌，提高公司核心竞争力，引领兼香型白酒行业，成为国内白酒行业第一集团成员； （2）对现有管理机构进行进一步的调整、整合，对部门和岗位设置持续进行优化，进一步压缩管理层级，精简机构人员，有效配置人力资源，逐步打造精干、高效的员工队伍	（1）营业收入由 2015 年的 25.84 亿元增加到 2016 年的 28.30 亿元，同比增长 9.52%； （2）净利润由 2015 年的 6.05 亿元增加到 2016 年的 7.83 亿元，同比增长 29.42%

续表

发展阶段	战略背景	战略内容	战略成效
2017—2018年	（1）白酒消费呈现出向主流品牌主力产品集中的趋势，白酒产业也向品牌、原产地和文化集中，产业竞争加剧对弱小白酒企业的挤出效应。整体上看，一线白酒企业延续增长态势，二三线白酒企业分化较为明显；（2）2018年，口子产业园制曲车间投产使用，部分酿酒车间也进入生产阶段；（3）信源坊包装项目在改造原有厂房的基础上，筹建注塑车间，引进自动化注塑机等设备设施，为完善新产品包装材料生产提供了条件	（1）坚持一地一策的市场运作思路，深耕省内，全面实施渠道下沉，强化重点市场渠道管控能力，在稳固年份口子窖系列稳步提升的同时，大力运作高档年份口子窖系列酒，同时追求产品的均衡化发展，全面巩固提升了安徽整体市场的运作能力；（2）省外进一步规范市场行为，遵循"三个宁缺毋滥"原则，对不规范、不作为的经销商进行清理，对优质经销商加大扶持力度；（3）公司目前在京东、天猫等平台运营官方旗舰店，未来将进一步丰富电商渠道，增加个性定制类产品，拓展线上业务，更好地直接服务消费者	（1）营业收入由2017年的36.03亿元增加到2018年的42.69亿元，同比增长18.48%；（2）净利润由2017年的11.14亿元增加到2018年的15.33亿元，同比增长37.61%
2019—2021年	（1）2020年是公司"管理提升年"，更是口子酒业发展意义重大的一年。受新冠疫情影响，行业发展格局发生了较大的变化；（2）2021年，是"十四五"开局之年。"高质量"是主基调，"双循环"是主旋律，将更有利于扩大内需和消费升级。公司将抢抓新一轮发展机遇，拿出"二次创业"的精气神，坚持稳健发展的总基调，苦练内功，深化改革，重点实施"六大提升"计划，加快实现"百亿口子"战略目标	（1）实行分区域、产品销售，将国内划分成若干个区域，若干个区域下面按市场发展程度和行政区域进一步划分，选择优秀的代理商，代理该产品销售业务；（2）推进"一企三园"战略，加快口子产业园一期、二期项目建设，提高产能规模；（3）加速市场公司化管理，全面巩固省内整体市场份额，省外市场寻求战略伙伴，扩大省外市场，坚持优胜劣汰的方式，保障市场良性发展	2021年上半年的营业收入为22.43亿元，净利润为6.87亿元

资料来源：根据安徽口子酒业股份有限公司年报（2017—2021年）、川酒发展研究中心相关资料整理。

十 四川水井坊股份有限公司

(一) 公司简介

四川水井坊股份有限公司位于"天府之国"成都市，是中国大型高品质白酒生产企业之一，企业规模及效益居行业前列，于 1996 年 12 月 6 日上市，公司实际控制人为 Diageo Plc（帝亚吉欧），主营白酒生产和销售，同时进行食品生产及经营、食品添加剂生产、生物基材料制造及销售、包装材料及制品销售、工程管理服务、工程和技术研究和试验发展。

水井坊，作为"中国白酒第一坊"，历史上最古老的白酒作坊，其史学价值堪与"秦始皇兵马俑"相媲美，而四川水井坊股份有限公司则被评为全国重点文物保护单位、国家级非物质文化遗产。从成立到今，公司规模不断扩大，在 2020 年末，公司总资产达 43.67 亿元，营业收入高达 30.06 亿元。

四川水井坊股份有限公司基本情况如表 4-19 所示。

表 4-19　　　　　　　四川水井坊股份有限公司基本情况

注册地址	四川省成都市金牛区全兴路 9 号
上市日期	1996 年 12 月 6 日
经营范围	食品生产及经营、食品添加剂生产、生物基材料制造及销售、包装材料及制品销售、工程管理服务、工程和技术研究和试验发展
主营业务	白酒生产和销售
公司规模	2020 年末总资产为 43.67 亿元，2020 年营业收入 30.06 亿元
实际控制人	Diageo Plc（帝亚吉欧）
公司荣誉	全国重点文物保护单位、国家级非物质文化遗产

资料来源：四川水井坊股份有限公司年报（2020 年）、四川水井坊股份有限公司官网。

(二) 发展战略

四川水井坊股份有限公司发展战略大致分三个阶段。第一阶段为 2015—2017 年，此时国家出台了"禁酒令"，高端白酒销售遭到严重打击，白酒行业多年来非理性的发展态势得到遏制。白酒企业投放市场费用增多，以提高品牌的独特形象。对此，公司以目标消费者为中心，在稳定发展的基础上，实施重点突出全面战略优化，人力资源优先发展，打造一支精干、高效、富有战斗力、中外文化高度融合的管理团队和员工队伍。公司整体盈利能力、资源控制力和抗风险能力明显提高，成为具有一定品牌影响力的中国白酒企业。"聚焦"将成为酒企的核心战略思想。聚焦品牌和价格带、聚焦核心战略单品、聚焦核心市场、聚焦有限资源实现最大收益。在该阶段，公司的营业收入由2015年的8.55亿元增加到2017年的20.48亿元，同比增长139.53%；净利润由2015年的0.88亿元增加到2017年的3.35亿元，同比增长280.68%。

第二阶段为2018—2019年。2019年，国内经济下行压力加大，国内外风险和挑战明显增多。受外部宏观经济环境的影响，白酒行业增速放缓。"强者恒强，弱者恒弱"的态势仍在加剧。行业整体增速下降，但局部增长加快。受国内宏观经济环境的影响，白酒行业整体增速放缓，但在消费升级驱动下，次高端及以上板块仍旧保持两位数增长，是值得精耕细作的潜力地带，该板块也成为各大酒企短兵相接的必争之地。对此公司的愿景是成为中国最可信赖、成长最快的高端白酒品牌。以目标消费者为中心，在稳定发展的基础上，实施重点突出全面战略优化，辅以提升生产力、人才配置和数字化管理。公司整体盈利能力、资源控制力和抗风险能力明显提高，成为具有一定品牌影响力的中国白酒企业。公司紧紧围绕年初既定经营方针和经营目标，以"简单化、精细化、数字化、区域化"为战略抓手，以"第一时间做正确的事"为合规指引，精准定位细分市场，有序做好产品升级。持续贯彻"蘑菇战术"，着力区域拓展。坚持高端化布局，深度挖掘高端消费场景。升级渠道管理模式，加大渠道管控力度。在此阶段公司营业收入由2018年的28.19亿元增加到2019年的35.39亿元，同比增长25.54%；净利润由2018年的5.79亿元增加到2019年的8.26亿元，同比增长42.66%。

第三阶段为2020年至今。2020年上半年，聚会和宴席的管控，给高度依赖聚集型社交消费的白酒行业带来较大影响，使白酒消费需求减少。但2021年以来，聚集型社交消费逐渐复苏，白酒行业回暖趋势明显。由此公司推进高端化战略，加大了对高端化等项目的费用投入，短期利润受到一定影响。公司以坚持"成为高端浓香头部品牌之一，持续健康成长，成为备受尊敬与信赖的白酒公司"的愿景为指引，进一步明确清晰未来目标实施路径。持续深耕核心市场，实施整体营销策略；强化会员系统运营，寻求电商业务突破；持续贯彻数字化战略，推动企业数字化转型。打造更强品牌价值，创造更好性价比更高的消费体验；优化经销系统，积极与优质合作伙伴多维度拓展市场，分享更多成长红利。在该阶段公司2021年上半年的营业收入为18.37亿元，2021年上半年的净利润为3.77亿元。

四川水井坊股份有限公司发展战略如表4-20所示。

表4-20　　　　四川水井坊股份有限公司发展战略

发展阶段	战略背景	战略内容	战略成效
2015—2017年	(1) 国家出台"禁酒令"政策,高端白酒销售遭到严重打击,白酒行业多年来非理性的发展态势得到遏制; (2) 白酒企业投放市场费用将增多,以提高品牌的独特形象	(1) 以目标消费者为中心,实施重点突出全面战略优化,人力资源优先发展,打造一支精干、高效、富有战斗力、中外文化高度融合的管理团队和员工队伍; (2) 公司整体盈利能力、资源控制力和抗风险能力明显提高,成为具有一定品牌影响力的中国白酒企业; (3) 聚焦品牌和价格带、聚焦核心战略单品、聚焦核心市场,聚焦有限资源实现最大收益	(1) 营业收入由2015年的8.55亿元增加到2017年的20.48亿元,同比增长139.53%; (2) 净利润由2015年的0.88亿元增加到2017年的3.35亿元,同比增长280.68%
2018—2019年	(1) 2019年,国内经济下行压力加大,国内外风险和挑战明显增多。受外部宏观经济环境的影响,白酒行业增速放缓,"强者恒强、弱者恒弱"的态势仍在加剧; (2) 行业整体增速下降,但局部增长加快。受国内宏观经济环境的影响,白酒行业整体增速放缓,但在消费升级驱动下,次高端以及以上板块仍旧保持两位数增长,是值得精耕细作的潜力地带,该板块也成为各大酒企短兵相接的必争之地	(1) 以目标消费者为中心,实施重点突出全面战略优化,辅以提升生产力、人才配置和数字化管理; (2) 紧紧围绕年初既定经营方针和经营目标,以"简单化、精细化、数字化、区域化"为战略抓手,以"第一时间做正确的事"为合规指引,精准定位细分市场,有序做好产品升级,持续贯彻"蘑菇战术",着力区域拓展; (3) 坚持高端化布局,深度挖掘高端消费场景,升级渠道管理模式,加大渠道管控力度	(1) 营业收入由2018年的28.19亿元增加到2019年的35.39亿元,同比增长25.54%; (2) 净利润由2018年的5.79亿元增加到2019年的8.26亿元,同比增长42.66%
2020—2021年	(1) 2020年上半年,新冠疫情导致的保持社交距离、聚会和宴席的管控,给高度依赖聚集型社交消费的白酒行业带来较大影响,使白酒消费需求减少; (2) 2021年以来,国内新冠疫情得到有效控制,聚集型社交消费逐渐复苏,白酒行业回暖趋势明显	(1) 坚持"成为高端浓香头部品牌之一,持续健康成长,成为备受尊敬与信赖的白酒公司"的愿景为指引,进一步明确清晰未来目标实施路径; (2) 持续深耕核心市场,实施整体营销策略;强化会员系统运营,寻求电商业务突破;持续贯彻数字化战略,推动企业数字化转型; (3) 打造更强品牌价值,创造更好、性价比更高的消费体验;优化经销系统,积极与优质合作伙伴多维度拓展市场,分享更多成长红利	2021年上半年的营业收入为18.37亿元,净利润为3.77亿元

资料来源:根据四川水井坊股份有限公司年报(2015—2021年)、川酒发展研究中心相关资料整理。

十一 酒鬼酒股份有限公司

(一) 公司简介

酒鬼酒股份有限公司于1997年07月14日成立,实际控制人为中粮集团有限公司,经营范围包括生产、销售曲酒系列产品、陶瓷包装物、纸箱,经营本企业中华人民共和国进出口企业资格证书核定范围内的进出口业务等。

酒鬼酒股份有限公司是湖南省农业产业化龙头企业、湘西州最大的工业企业,曾荣获湖南省省长质量奖、全国酒文化优秀企业、全国五一劳动奖状、全国轻工业系统先进集体、全国先进集体等各种荣誉。从成立到2020年末,公司总资产高达43.37亿元,营业收入达到18.26亿元。

酒鬼酒股份有限公司基本情况如表4-21所示。

表4-21　　　　　　　　酒鬼酒股份有限公司基本情况

注册地址	湖南省吉首市
上市日期	1997年7月14日
经营范围	生产、销售曲酒系列产品、陶瓷包装物、纸箱,经营本企业中华人民共和国进出口企业资格证书核定范围内的进出口业务;矿产品开发投资(不含采掘);旅游基础设施及景点的开发投资
主营业务	白酒生产和销售
公司规模	2020年末总资产为43.37亿元,2020年营业收入18.26亿元
实际控制人	中粮集团有限公司
公司荣誉	湖南省农业产业化龙头企业、湘西州最大的工业企业、湖南省省长质量奖、全国酒文化优秀企业、全国五一劳动奖章、全国轻工业系统先进集体、全国先进集体

资料来源:酒鬼酒股份有限公司年报(2020年)、酒鬼酒股份有限公司官网。

(二) 发展战略

酒鬼酒股份有限公司发展战略大致分三个阶段。第一阶段为2016—2017年,此时我国白酒产量约占世界烈性酒产量的38%左右,但国际市场份额不到1%,随着国家经济国际化战略全面推进,将为白酒出口创造较大发展机会。随着城镇化和农村消费群体崛起,消费不断升级,消费者对中、高档品牌白酒产品需求增大。对此公司大量减少买断产品,停止新开发贴牌产品，加强自营主导产品，培育核心战略大单品；升级车间基础设施，调整员工薪酬结构；加强与各大媒体的合作，利用媒体资源，加大产品的宣传，依托中粮集团资源优势，提高品牌形象，让酒鬼酒成为中国文化的引领者、湖湘文化名片。在该阶段公司的营业收入由2016年的6.55亿元增加到2017年的8.78亿元，同比增长34.05%；净利润由2016年的1.09亿元增加到2017年的1.76亿元，同比增长61.47%。

第二阶段为2018—2019年，中国经济仍处于结构调整及转型升级的关键时期，政务消费、行业标准、行业准入、食品安全、环境保护等政策对白酒行业的要求越来越高，公司及品牌的综合竞争力需进一步提升。对此公司确定以"中国馥郁香型白酒"为战略定位，以"文化酒鬼"为核心、以"生态酒鬼"和"馥郁酒鬼"为支撑的品牌价值链，强化酒鬼酒"文化品位、生态品质、馥郁品类"三大核心品牌资本；确立推进了内参酒"稳价增量"、酒鬼酒"量价齐升"、湘泉酒"增品增量"三大品系核心战略；推进"品牌形象、产地形象、团队形象"三大形象提升工程。本公司未来将借助中粮集团有限公司的整体优势和平台资源，获得更多渠道、网络及人才支持，实现全产业链协同共享，进一步做大做强酒鬼酒。在该阶段内公司的营业收入由2018年的11.87亿元增加到2019年的15.12亿元，同比增长27.38%；净利润由2018年的2.23亿元增加到2019年的2.99亿元，同比增长34.08%。

第三阶段为2020年至今，2020年，是酒鬼酒"十三五"规划的决胜之年，也是谋划"十四五"规划顺利起航的奠基之年。在传承优良传统、不断创新、继往开来的新历史时点，酒鬼酒坚持以习近平新时代中国特色社会主义思想为指导，坚持以"中国文化酒的引领者"为战略使命，以"中国文化白酒第一品牌"为战略愿景紧紧抓住白酒高端、次高端发展的机遇稳步推进公司高质量全面发展。由此，公司完善产品结构，扩大营销渠道，实行产品升级，研发上市文创产品。主流产品要全部赋码，产品得到更好的监督，营销活动更有针对性；在中国地理标志保护产品标准的基础上，打造中国馥郁香型白酒核心产区；同时公司推进生产三区项目建设，增加曲酒产能，保障产品的供应，生产三区建成投产后将新增曲酒产能1.08万吨。在该阶段，公司的2021年上半年的营业收入为17.14亿元，2021年上半年的净利润为5.10亿元。

酒鬼酒股份有限公司发展战略如表4-22所示。

表 4-22　　　　　　　　　酒鬼酒股份有限公司发展战略

时间（年）	战略背景	战略内容	战略成效
2016—2017年	（1）我国白酒产量约占世界烈性酒产量的38%左右，但国际市场份额不到1%，随着国家经济国际化战略全面推进，将为白酒出口创造较大发展机会； （2）随着城镇化和农村消费群体崛起，消费者对中、高档品牌化白酒产品需求增大	（1）大量减少买断产品，停止新开发贴牌产品，加强自营主导产品，培育核心战略大单品； （2）升级车间基础设施，调整员工薪酬结构； （3）加强与各大媒体的合作，利用媒体资源，加大产品的宣传，依托中粮集团资源优势，提高品牌形象，让酒鬼酒成为中国文化的引领者、湖湘文化名片	（1）营业收入由2016年的6.55亿元增加到2017年的8.78亿元，同比增长34.05%； （2）净利润由2016年的1.09亿元增加到2017年的1.76亿元，同比增长61.47%
2018—2019年	（1）中国经济仍处于结构调整及转型升级的关键时期，政务消费、行业标准、行业准入、食品安全、环境保护等政策对白酒行业的要求越来越高，公司及品牌的综合竞争力需进一步提升； （2）中国白酒行业总体产能过剩，市场竞争依然激烈，公司要进一步拓展市场，抢占全国市场份额存在较大挑战	（1）确定以"中国馥郁香型白酒"为战略定位，确定了以"文化酒鬼"为核心、以"生态酒鬼"和"馥郁酒鬼"为支撑的品牌价值链，强化酒鬼酒"文化品位、生态品质、馥郁品类"三大核心品牌资本； （2）确立推进了内参酒"稳价增量"、酒鬼酒"量价齐升"、湘泉酒"增品增量"三大品系核心战略；推进"品牌形象、产地形象、团队形象"三大形象提升工程； （3）未来将借助中粮集团有限公司的整体优势和平台资源，获得更多渠道、网络及人才支持，实现全产业链协同共享，进一步做大做强酒鬼酒	（1）营业收入由2018年的11.87亿元增加到2019年的15.12亿元，同比增长27.38%； （2）净利润由2018年的2.23亿元增加到2019年的2.99亿元，同比增长34.08%
2020—2021年	（1）2020年，是酒鬼酒"十三五"发展规划的决胜之年，也是谋划"十四五"规划顺利起航的奠基之年； （2）在传承优良传统、不断创新、继往开来的新历史时点，酒鬼酒坚持以习近平新时代中国特色社会主义思想为指导，坚持以"中国文化酒的引领者"为战略使命，以"中国文化白酒第一品牌"为战略愿景紧紧抓住白酒高端、次高端发展的机遇稳步推进公司高质量全面发展	（1）完善产品结构，扩大营销渠道，实行产品升级，研发上市文创产品。主流产品全部赋码，产品得到更好的监督，营销活动更有针对性； （2）推进生产三区项目建设，增加曲酒产能，保障产品的供应，生产三区建成投产后将新增曲酒产能1.08万吨。公司以"创新驱动"为核心，促进人才体系发展，组织员工参加专业培训，促进队伍专业化	2021年上半年的营业收入为17.14亿元，净利润为5.10亿元

资料来源：根据酒鬼酒股份有限公司年报（2016—2021年）、川酒发展研究中心相关资料整理。

十二 河北衡水老白干酒业股份有限公司

(一) 公司简介

河北衡水老白干酒业股份有限公司成立于汉代大儒董仲舒故里，所辖冀州为九州之首的衡水，公司办公地址位于中国河北衡水市红旗大街，公司于2002年10月29日上市，实际控制人为衡水市财政局。公司主营白酒的生产和销售，同时进行生猪养殖和销售、饲料生产和销售以及普通货物道路运输。

公司坚持以品牌建设为核心，大力实施品牌发展战略，深度挖掘衡水老白干酒文化，丰富衡水老白干的历史内涵，精心打造企业形象和品牌形象，强化品牌运作，使衡水老白干酒焕发出前所未有的光彩与活力。公司不断发展，曾多次荣获各种大奖。例如在2008年，衡水老白干传统酿造技艺被评选为"国家级非物质文化遗产"；2010年，上海世博会期间衡水老白干荣获联合国相关机构颁布的"千年金奖"称号[①]；2020年，衡水老白干荣获世界品质评鉴大会最高奖，衡水老白干1915荣获最高奖项——特级金奖。公司从成立到今，规模不断扩大，到2020年末总资产达64.65亿元，营业收入高至35.98亿元。

河北衡水老白干酒业股份有限公司基本情况如表4-23所示。

表4-23　河北衡水老白干酒业股份有限公司基本情况

注册地址	河北省衡水市人民东路809号
上市时间	2002年10月29日
经营范围	白酒的生产、销售；配制酒的生产、销售；生猪养殖、销售；饲料生产、销售；普通货物道路运输
主营业务	衡水老白干酒的生产与销售，商品猪及种猪的饲养与销售
公司规模	2020年末总资产64.65亿元，2020年营业收入35.98亿元
实际控制人	衡水市财政局
公司荣誉	2008年衡水老白干传统酿造技艺被评选为"国家级非物质文化遗产"；2010年，上海世博会期间衡水老白干荣获联合国相关机构颁布的"千年金奖"称号；2020年，衡水老白干荣获世界品质评鉴大会最高奖，衡水老白干1915荣获最高奖项——特级金奖

资料来源：河北衡水老白干酒业股份有限公司年报（2020年）、河北衡水老白干酒业股份有限公司官网。

---

① 王建蓉：《品位与气质的百年轮回》，《经理日报》，2010年11月8日。

(二) 发展战略

河北衡水老白干酒业股份有限公司发展战略大致分三个阶段。第一阶段是 2010—2015 年，此时中国白酒行业热度依然高涨，内部存在明显的供给过剩和库存较高的现象；同时，行业外部资本不断进入白酒行业，整个白酒产业在不断地进行整合与并购，企业间的竞争十分激烈。对此公司实施品牌发展战略，树立口碑和美誉。公司坚持以品牌建设为核心，立足营销与研发两个重要基点，强化品牌运作，加大企业宣传力度，极大提高了企业的知名度和美誉度；同时公司还进行产品结构优化，重点发展优势业务，加强对白酒研究的科研投入，以市场需求为导向，不断调整产品结构，稳步提升公司中高档白酒的市场占有率。这一时期随着公司白酒技术水平、生产规模、知名度的全面提高，公司在白酒行业的地位更加稳固。营业收入由 2010 年的 11.66 亿元增长到 2015 年的 23.36 亿元，增长率为 50.09%；净利润由 2010 年的 4146.63 万元增长至 2015 年的 7504.19 万元，增长率为 80.97%。

第二阶段为 2016 年，在经历了近三年的深度调整后，这一时期白酒行业出现了回暖迹象。而公司以市场为导向，开拓创新。在酿酒工艺方面，公司采用产学研相结合的方式，积极与科研院校进行合作并且参加了国家重点研发计划项目——传统酿造食品制造关键技术研究与装备开发，通过对该项目的研究及研究成果的应用，公司的酿造技术取得重大进步。与此同时，公司充分发挥企业自身的比较优势，如品牌优势、产品优势、管理团队优势、技术人员与研发优势，继续壮大企业、优化产品、做特品类、做精市场、做久产业，最终把"衡水老白干酒"打造成为具有全国影响力和竞争力的白酒品牌，不断提升公司的经营效益。在该阶段企业按照既定的发展战略稳步发展，营业收入持续增长达到 24.38 亿元，净利润达到 1.11 亿元。

第三阶段为 2017 至今，我国经济已由高速增长转向高质量发展，受人们生活水平提高的影响，白酒消费呈现出回归品质、回归理性的趋势。"马太效应"凸显，市场消费集中于名优酒、核心产品。对此，公司创新营销策略，将白酒与国漫结合，与现代媒体技术相结合。当老白干遇见济公，既是老白干助力白酒打破"次元壁"的重磅之举。也是其借助国漫走入家庭场景的情感品牌领先战略，二者优势互补是战略合作的双赢之举；紧接着公司进行资源整合，扩大市场份额。2018 年 1 月 31 日，经中国证监会核准，公司成功并购丰联酒业。通过战略整合，公司拥有了更强大的技术力量，实现了老白干"一树三香"和"五花齐放"的局面，开创了中国白酒上市公司中多香型、多品牌、多渠道的先河。这一时期受疫情的影响，企业的营业收入有所起伏。2017 年至 2019 年营业收入由 25.35 亿元增长至 40.30 亿元，增长了 58.97%，2020 年下降至 35.98 亿元；净利润由 2017 的 1.64 亿元增长至 2020 年的 3.31 亿元，增长了 101.83%。

河北衡水老白干酒业股份有限公司发展战略如表 4-24 所示。

表 4-24　　河北衡水老白干酒业股份有限公司发展战略

发展阶段	战略背景	战略内容	战略成效
2010—2015 年	(1) 中国白酒行业热度依然高涨，内部存在明显的供给过剩和库存较高的现象； (2) 行业外部资本不断进入白酒行业，整个白酒产业在不断地进行整合与并购，企业间的竞争十分激烈	(1) 实施品牌发展战略，树立口碑和美誉。公司坚持以品牌建设为核心，立足营销与研发两个重要基点，强化品牌运作，加大企业宣传力度，极大提高了企业的知名度和美誉度； (2) 优化产品结构，重点发展优势业务。加强对白酒研究的科研投入，以市场需求为导向，不断调整产品结构，稳步提升公司中高档白酒的市场占有率	(1) 营业收入由 2010 年的 11.66 亿元增长到 2015 年的 23.36 亿元，增长率为 50.09%； (2) 净利润由 2010 年的 4146.63 万元增长至 2015 年的 7504.19 万元，增长率为 80.97%
2016 年	在经历了近三年的深度调整后，这一时期白酒行业出现了回暖迹象	(1) 以市场为导向，开拓创新。在酿酒工艺方面，公司采用产学研相结合的方式，积极与科研院校进行合作并且参加了国家重点研发计划项目——"传统酿造食品制造关键技术研究与装备开发"，通过对该项目的研究及研究成果的应用，公司的酿造技术实现了重大进步； (2) 充分发挥企业自身的比较优势，如品牌优势、产品优势、管理团队优势、技术人员与研发优势。继续壮大企业、优化产品、做特品类、做精市场、做久产业，最终把"衡水老白干酒"打造成为具有全国影响力和竞争力的白酒品牌，不断提升公司的经营效益	2016 年企业按照既定的发展战略稳步发展，营业收入持续增长达到 24.38 亿元，净利润达到 1.11 亿元

续表

发展阶段	战略背景	战略内容	战略成效
2017—2020年	(1) 我国经济已由高速增长转向高质量发展，受人们生活水平提高的影响，白酒消费呈现出回归品质、回归理性的趋势； (2) "马太效应"凸显，市场消费集中于名优酒、核心产品	(1) 创新营销策略。白酒与国漫结合，与现代媒体技术相结合。当老白干遇见济公，既是老白干助力白酒打破"次元壁"的重磅之举，也是其借助国漫走入家庭场景的情感品牌领先战略，二者优势互补是战略合作的双赢之举； (2) 资源整合，扩大市场份额。2018年1月31日，经中国证监会核准，公司成功并购丰联酒业，通过战略整合，公司拥有了更强大的技术力量，实现了老白干"一树三香"和"五花齐放"的局面，开创了中国白酒上市公司中多香型、多品牌、多渠道的先河	(1) 这一时期受疫情的影响，企业的营业收入有所起伏。2017年至2019年营业收入由25.35亿元增长至40.30亿元，增长了58.97%。2020年下降至35.98亿元； (2) 净利润由2017的1.64亿元增长至2020年的3.31亿元，增长了101.83%

资料来源：根据河北衡水老白干酒业股份有限公司年报（2010—2020年）、川酒发展研究中心相关资料整理。

十三 安徽迎驾贡酒股份有限公司

（一）公司简介

安徽迎驾贡酒股份有限公司于2003年在安徽省六安市霍山县佛子岭镇成立，在2015年5月28日上市，公司实际控制人为倪永培。公司主营业务为白酒生产、销售、产品包装等，同时也进行饮料、散装食品批发兼零售、保健食品等预包装食品、日用百货批发及零售、散装食品批发兼零售、农副土特产品批发及零售、自营或代理各类商品和技术的进出口业务、再生资源回收经营。

公司自成立以来，不断扩大规模生产，公司先后被评为博士后科研工作站和省认定企业技术中心，还荣获中华老字号、2015年度中国白酒酒体设计奖等荣誉。到2020年末时，公司总资产为73.81亿元，营业收入为34.52亿元。

安徽迎驾贡酒股份有限公司基本情况如表4-25所示。

表4-25 安徽迎驾贡酒股份有限公司基本情况

注册地址	安徽省六安市霍山县佛子岭镇
上市日期	2015年5月28日

续表

注册地址	安徽省六安市霍山县佛子岭镇
经营范围	白酒、色酒（含葡萄酒）、啤酒、保健酒、矿泉水、饮料、散装食品批发兼零售、保健食品等预包装食品、日用百货批发及零售、散装食品批发兼零售、农副土特产品批发及零售、自营或代理各类商品和技术的进出口业务、再生资源回收经营
主营业务	酒、饮料、精制茶制造
公司规模	2020年末总资产为73.81亿元，2020年营业收入34.52亿元
实际控制人	倪永培
公司荣誉	博士后科研工作站、省认定企业技术中心、中华老字号、2015年度中国白酒酒体设计奖

资料来源：安徽迎驾贡酒股份有限公司年报（2020年）、安徽迎驾贡酒股份有限公司官网。

（二）发展战略

安徽迎驾贡酒股份有限公司发展战略大致分为三个阶段。第一阶段为2015—2016年，此时国内经济增速放缓、整体消费疲软，但消费水平、消费倾向以及消费行为发生深刻的变化，呈现出消费结构不断升级的趋势。对此，公司以"做大白酒核心主业，进一步拓展全国市场，以技术改造、产品升级、资本运营、信息技术为手段，打造中国最美酒厂，力争进入行业第一方阵"为主导思想。坚持"品牌引领、全国布局、小区域高占有"的营销战略。公司通过技术改造项目以及募集资金投资项目的实施，提高白酒产品的品质，持续研发出符合消费者需求的白酒产品，不断完善白酒质量风格；实施新型人才战略，培养壮大了企业管理团队和专业技术队伍，推动员工职业通道建设，建立和谐劳动关系；稳步加强营销网络建设，增强市场的覆盖范围，扩大公司在全国市场的影响力和占有率；建设财务共享服务中心，实现企业资金共享和银企互联，促进财务由核算型向战略决策支持、运营过程管理转型升级。在这时期内公司的营业收入由2015年的29.27亿元增加到2016年的30.38亿元，同比增长3.79%；净利润由2015年的5.30亿元增加到2016年的6.83亿元，同比增长28.87%。

第二阶段为2017—2018年，此时中国经济发展进入新时代，基本特征就是我国经济已由高速增长阶段转向高质量发展阶段；从量的扩张转向质的提升，从"有没有"转向"好不好"。白酒作为中国传统文化的重要组成部分，是社会交往活动和居民日常生活不可或缺的重要饮品之一。随着人民生活水平的提高、消费升级、品质升级趋势的不断凸显。一线品牌、区域强势品牌以及符合生态健康消费趋势的差异化产品持续增长。由此公司坚持新发展理念，落实高质量发展，坚持"三大战略"，全面提升品牌力和渠道力，全面提升管理标准化水平；公司以白酒为主业，全力打造百亿迎驾、百年品牌，努力建成智能迎驾、效率迎驾、美丽迎驾、快乐迎驾，以"进入白酒行业第一方阵，成为生态白酒第一品牌、全国知名品牌"为目标；公司实施相关多元化战略（一体化战略），即重点发展白酒主业，积极发展印刷、制罐、玻璃制品等白酒相关产业，相关产业以为白酒主业服务为主，适度拓展外销，提升配套产品竞争力，以提高技术水平和效益为主要目标；公司实行产品升级战略，主推生态洞藏系列白酒，实现产品换挡升级，以满足消费者对健康白酒消费的需求。在该阶段，公司营业收入由 2017 年的 31.38 亿元增加到 2018 年的 34.89 亿元，同比增长 11.19%；净利润由 2017 年的 6.67 亿元增加到 2018 年的 7.77 亿元，同比增长 16.49%。

第三阶段为 2019 至今，当前白酒酿造正在向生态化、智能化发展。2020 年，面对突如其来的疫情和严峻复杂的经济形势，公司坚持一手抓疫情防控，一手抓复工复产。到了 2021 年，国内疫情得到有效控制，宏观环境持续向好，行业回暖趋势明显。对此公司围绕"223"营销战略，持续稳步推进团队打造、产品管理、渠道建设等方面工作；国家环保政策将日益严格，公司未来环保投入会有所增加，进而实行区域聚焦战略，聚焦安徽、江苏、上海等核心市场，重点突出城市公司建设，精准锁定洞藏样板市场，推进精耕细作，做到运营精细化、标准化，提高市场占有率，实现重点市场的突破。根据公司发展战略，2021 年，公司通过持续打造中国生态白酒领军品牌，加强生态洞藏系列产品销售，快速推进市场布局，优化经销商结构和队伍，稳步推进人才梯队建设，全面提升信息化、智能化水平，谱写高质量发展的新篇章。使得公司 2021 年上半年的营业收入为 20.86 亿元，2021 年上半年的净利润为 5.91 亿元。

安徽迎驾贡酒股份有限公司发展战略如表 4-26 所示。

表 4-26　　　　　　安徽迎驾贡酒股份有限公司发展战略

发展阶段	战略背景	战略内容	战略成效
2015—2016 年	国内经济增速放缓、整体消费疲软，但消费水平、消费倾向以及消费行为发生着深刻的变化，呈现出消费结构不断升级的趋势	（1）公司以"做大白酒核心主业，进一步拓展全国市场，以技术改造、产品升级、资本运营、信息技术为手段，打造中国最美酒厂，力争进入行业第一方阵"为主导思想； （2）坚持"品牌引领、全国布局、小区域高占有"的营销战略。公司通过技术改造项目以及募集资金投资项目的实施，提高白酒产品的品质，持续研发出符合消费者需求的白酒产品，不断完善白酒质量风格； （3）实施新型人才战略，培养壮大了企业管理团队和专业技术队伍，推动员工职业通道建设，建立了和谐劳动关系。稳步加强营销网络建设，增强市场的覆盖范围，扩大公司在全国市场的影响力和占有率； （4）建设财务共享服务中心，实现了企业资金共享和银企互联，促进财务由核算型向战略决策支持、运营过程管理转型升级	（1）营业收入由 2015 年的 29.27 亿元增加到 2016 年的 30.38 亿元，同比增长 3.79%； （2）净利润由 2015 年的 5.30 亿元增加到 2016 年的 6.83 亿元，同比增长 28.87%
2017—2018 年	（1）我国经济已由高速增长阶段转向高质量发展阶段，从量的扩张转向质的提升，从"有没有"转向"好不好"； （2）随着人民生活水平的提高、消费升级、品质升级趋势的不断凸显。一线品牌、区域强势品牌以及符合生态健康消费趋势的差异化产品持续增长。挤压式增长，产业集中度进一步提升	（1）坚持新发展理念，落实高质量发展，坚持"三大战略"，在全面提升品牌力和渠道力，全面提升管理标准化水平； （2）以白酒为主业，全力打造百亿迎驾、百年品牌，努力建成智能迎驾、效率迎驾、美丽迎驾、快乐迎驾，以"进入白酒行业第一方阵，成为生态白酒第一品牌、全国知名品牌"为目标； （3）实施相关多元化战略（一体化战略），即重点发展白酒主业，积极发展印刷、制罐、玻璃制品等白酒相关产业，相关产业以为白酒主业服务为主，适度拓展外销，提升配套产品竞争力，以提高技术水平和效益为主要目标； （4）公司实行产品升级战略，主推生态洞藏系列白酒，实现产品换挡升级，以满足消费者对健康白酒消费的需求	（1）营业收入由 2017 年的 31.38 亿元增加到 2018 年的 34.89 亿元，同比增长 11.19%； （2）净利润由 2017 年的 6.67 亿元增加到 2018 年的 7.77 亿元，同比增长 16.49%

续表

发展阶段	战略背景	战略内容	战略成效
2019—2020年	(1) 白酒酿造在向生态化、智能化发展； (2) 随着综合国力的提升，白酒国际化步伐提速； (3) 2020年，面对突如其来的疫情和严峻复杂的经济形势，公司坚持一手抓疫情防控，一手抓复工复产； (4) 2021年以来，国内疫情得到有效控制，宏观环境持续向好，行业回暖趋势明显	(1) 围绕"223"营销战略，持续稳步推进团队打造、产品管理、渠道建设等方面工作； (2) 国家环保政策将日益严格，公司未来环保投入会有所增加； (3) 实行区域聚焦战略，聚焦安徽、江苏、上海等核心市场，重点突出城市公司建设，精准锁定洞藏样板市场，推进精耕细作，做到运营精细化、标准化，提高市场占有率，实现重点市场的突破； (4) 2021年，公司通过持续打造中国生态白酒领军品牌，加强生态洞藏系列产品销售，快速推进市场布局，优化经销商结构和队伍，稳步推进人才梯队建设，全面提升信息化、智能化水平，谱写高质量发展的新华章	2021年上半年的营业收入为20.86亿元，净利润为5.91亿元

资料来源：根据安徽迎驾贡酒股份有限公司年报（2015—2020年）、川酒发展研究中心相关资料整理。

十四 舍得酒业股份有限公司

(一) 公司简介

舍得酒业股份有限公司位于千年酿酒古城——四川射洪。射洪为巴蜀腹心，是中国高端白酒的核心产区之一。公司于1996年5月24日上市，实际控制人为郭广昌。公司主营白酒的生产和销售，同时还经营粮食收购、纯净水生产和销售、危险货物运输、普通货运、进出口业务、商品批发与零售以及专业技术服务业。公司自成立到2020年末，总资产达64.54亿元，2020年营业收入高达27.04亿元。

舍得历时20余年，耗资逾20亿创建了中国首座酿酒工业生态园，造就酿制顶级白酒不可复制的微生态环境。公司曾多次荣获各种大奖，例如全国第三家荣获"全国质量奖"的白酒企业、"胡润百富"2020至尚优品，还曾斩获中国国际广告节2020广告主案例奖。

舍得酒业股份有限公司基本情况如表4-27所示。

表4-27　　　　　舍得酒业股份有限公司基本情况

注册地址	四川省射洪市沱牌镇沱牌大道999号
上市时间	1996年5月24日

续表

注册地址	四川省射洪市沱牌镇沱牌大道999号
经营范围	粮食收购；白酒、其他酒（配制酒）及纯净水生产、销售；危险货物运输（3类）；普通货运；进出口业务；商品批发与零售；专业技术服务业
主营业务	白酒的生产和销售
公司规模	2020年末总资产64.54亿元，2020年营业收入27.04亿元
实际控制人	郭广昌
公司荣誉	全国第三家荣获"全国质量奖"的白酒企业； "胡润百富"2020至尚优品； 斩获中国国际广告节2020广告主案例奖

资料来源：舍得酒业股份有限公司年报（2020年）、舍得酒业股份有限公司官网。

（二）发展战略

舍得酒业股份有限公司发展战略大致分为三个阶段。第一阶段为2013—2015年，这一阶段的前期，整个白酒行业的竞争进入白热化。后期经过几年的深度调整，白酒市场基本止跌，出现了弱复苏迹象，不过整个行业还处于调整阶段，复苏之路或将漫长。对此，公司将质量经营和生态经营相结合，以国家级食品安全的标准严格要求自己，深入践行"卓越绩效"的管理体系，坚持品质、生态和效率并行的方针，积极承担起生态环保和食品安全的社会责任。这一时期整个白酒行业发展低迷，企业受到大环境的影响，营业收入整体呈现下滑趋势，由2013年的14.19亿元，下降至2015年的11.56亿元，下降了18.53%；净利润由2013年1177.42万元，下降至2015年的712.81万元，下降了39.46%。

第二阶段为2016—2018年，这一时期白酒行业整体回暖，部分品牌经过一系列的整合、价格调整和市场运作，实现了白酒黄金期内量价齐升的良好局面，白酒行业逐渐迎来了正向发展。而公司则实行优化生产战略，在基酒生产方面，企业采用以销定产的方式，降低了生产成本、减少了资金占用，以"科学、合理、规范、先进"的生产工艺实现公司"安全、优质、高产、低耗"的生产目标；实施信息化系统升级，追求卓越经营绩效。公司立足"互联网+"的核心思想打造集团化、多组织、一体化的信息系统管理平台，完善与升级金蝶K/3，实现全渠道营销管控，有效实现精细化营销，实现信息与资源共享，提升管理和服务水平，创新营销策略。企业通过产品结构的精简优化和核心城市分渠道精细化运作的方式，实现了产品和市场的高效匹配。同时，企业聚焦目标消费人群，实施广告精准投入，建立清晰的品牌识别。这一时期企业积极调整发展战略，加之白酒行业整体回暖，营业收入由 2016 年的 14.62 亿元增长至 2018 年的 22.12 亿元，增长了 51.30%；净利润由 2016 年的 8019.90 万元增长至 2018 年的 3.42 亿元，增长了 326.44%。

第三阶段为 2019 至今。这一时期，白酒行业一方面面临着中高端白酒阶段性去库存的问题；另一方面近两年宴席、商务应酬等消费场景减少，导致白酒销售下降。对此企业在拓宽销售渠道、加强线上销售、加速布局新区域的同时，持续加强品牌建设，聚焦战略产品和重点城市，大力发展优质经销商，加强消费者培育，努力打造老酒品类第一品牌。该阶段公司的营业收入由 2019 年的 26.5 亿元增长至 2020 年的 27.04 亿元，增长了 2.04%。净利润由 2019 年的 5.08 亿元增长至 2020 年的 5.81 亿元，增长了 14.37%。

舍得酒业股份有限公司发展战略如表 4-28 所示。

表 4-28　　　　　舍得酒业股份有限公司发展战略

发展阶段	战略背景	战略内容	战略成效
2013—2015 年	(1) 这一阶段的前期，整个白酒行业的竞争进入白热化；(2) 后期经过几年的深度调整，白酒市场基本止跌，出现了弱复苏迹象，不过整个行业还处于调整阶段，复苏之路或将漫长	质量经营和生态经营相结合。企业以国家级食品安全的标准严格要求自己，深入践行"卓越绩效"的管理体系，坚持品质、生态和效率并行的方针，积极承担起生态环保和食品安全的社会责任	(1) 这一时期整个白酒行业发展低迷，企业受到大环境的影响，营业收入整体呈现下滑趋势，由 2013 年的 14.19 亿元下降至 2015 年的 11.56 亿元下降了 18.53%；(2) 净利润由 2013 年 1177.42 万元下降至 2015 年的 240.68 万元下降了 389.21%

续表

发展阶段	战略背景	战略内容	战略成效
2016—2018 年	这一时期白酒行业整体回暖，部分品牌经过一系列的整合、价格调整和市场运作，实现了白酒黄金期内量价齐升的良好局面，白酒行业逐渐迎来了正向发展	（1）优化生产。在基酒生产方面，企业采用以销定产的方式，降低了生产成本、减少了资金占用，以"科学、合理、规范、先进"的生产工艺实现公司"安全、优质、高产、低耗"的生产目标； （2）实施信息化系统升级，追求卓越经营绩效。立足"互联网+"的核心思想打造集团化、多组织、一体化的信息系统管理平台，完善与升级金蝶 K/3，实现全渠道营销管控，有效实现精细化营销，实现信息与资源共享，提升管理和服务水平； （3）创新营销策略。通过产品结构的精简优化和核心城市分渠道精细化运作的方式，实现了产品和市场的高效匹配。同时，企业聚焦目标消费人群，实施广告精准投入，建立清晰的品牌识别	（1）这一时期企业积极调整发展战略，加之白酒行业整体回暖，营业收入由 2016 年的 14.62 亿元增长至 2018 年的 22.12 亿元，增长了 51.30%； （2）净利润由 2016 年的 8019.90 万元增长至 2018 年的 3.42 亿元，增长了 326.44%
2019—2020 年	（1）一方面面临着中高端白酒阶段性去库存的问题； （2）另一方面，受新冠疫情的影响，宴席、商务应酬等消费场景减少，导致白酒销售下降	企业在拓宽销售渠道、加强线上销售、加速布局新区域的同时，持续加强品牌建设，聚焦战略产品和重点城市，大力发展优质经销商，加强消费者培育，努力打造老酒品类第一品牌	（1）营业收入由 2019 年的 26.5 亿元增长至 2020 年的 27.04 亿元，增长了 2.04%； （2）净利润由 2019 年的 5.08 亿元增长至 2020 年的 5.81 亿元，增长了 14.37%

资料来源：根据舍得酒业股份有限公司年报（2013—2020 年）、川酒发展研究中心相关资料整理。

十五 新疆伊力特实业股份有限公司

(一) 公司简介

新疆伊力特实业股份有限公司的前身为新疆伊犁酿酒总厂,始建于1956年公司是由新疆伊犁酿酒总厂作为主发起人,联合五家法人单位以发起方式设立的上市公司。于1999年5月正式注册成立,是一个以"伊力"牌系列白酒生产为主业,涵盖科研、食品加工、野生果综合加工、生物工程、金融证券、印务、房地产、天然气供应、宾馆、旅游服务等产品和产业相配套的多元化现代公司制企业。公司于1999年9月16日上市,实际控制人为新疆维吾尔自治区生产建设兵团第四师人民政府国有资产监督管理委员会。公司自成立以来,不断扩大生产,至2020年末总资产达44.88亿元亿元,当年营业收入高达18.02亿元。

公司以"重质量、创名牌、拓市场、求效益"为宗旨,凭借高效的运行机制,稳健务实的经营作风,创造了令人瞩目的"伊力特效应"。公司还曾多次荣获各种大奖,2007年2月28日,公司生产的"伊力特曲"品牌入围"2006年度中国酒业十大创新品牌";2020年1月11日,新疆伊力特实业股份有限公司位列"2019中国企业社会责任500优榜单"第418位;2020年11月,被评为第六届全国文明单位。

新疆伊力特实业股份有限公司基本情况如表4-29所示。

表4-29　　　　舍得酒业股份有限公司基本情况

注册地址	新疆可克达拉市天山北路619号
上市时间	1999年9月16号
经营范围	白酒生产研发及销售;火力发电及供应;热力生产和供应;水的生产;农业综合开发;农副产品加工和销售;包装材料生产和销售;机电产品、化工产品、五金交电产品、日用百货的销售;一般货物与技术的进出口业务
主营业务	白酒生产和销售等业务
公司规模	2020年末总资产44.88亿元亿元,2020年营业收入18.02亿元
实际控制人	新疆维吾尔自治区生产建设兵团第四师人民政府国有资产监督管理委员会
公司荣誉	2007年2月28日,公司生产的"伊力特曲"品牌入围"2006年度中国酒业十大创新品牌"; 2020年1月11日,新疆伊力特实业股份有限公司位列"2019中国企业社会责任500优榜单"第418位; 2020年11月,被评为第六届全国文明单位

资料来源:新疆伊力特实业股份有限公司年报(2020年)、新疆伊力特实业股份有限公司官网。

(二) 发展战略

新疆伊力特实业股份有限公司发展战略大致分三个阶段。第一阶段为 2013—2015 年。随着"三公限高"到"反腐限酒",白酒业进入行业调整周期,发展方向充满不确定,增速放缓,高端品牌重新洗牌。对此公司一方面精细化管理,实施"质量振兴"发展战略。企业要严循工艺流程、恪守食品标准。强化生产、贮存、运输、销售环节全过程监管力度,以高标准、严要求稳定产品质量;另一方面进行生产技术创新。企业新研制的柔雅型中高档白酒,上市后受到消费者的欢迎并荣获"兵团科技进步"三等奖,在此基础上,企业又根据市场消费需求设计出具有独特风格"浓中带酱"兼香型酒三个档次新产品,再次受到消费者青睐。在该时期受国家政策及白酒行业调整的影响,企业的营业收入出现小幅度下降,由 2013 年的 17.53 亿元下降至 2015 年的 16.38 亿元,下降了6.56%;由于技术创新生产成本下降,净利润由 2013 年的 2.73 亿元上升至 2015 年的 2.82 亿元,上升了 3.30%。

第二阶段为 2016—2017 年。当前,经济恢复和名酒茅台、五粮液涨价,给予区域性品牌新的动能。从白酒上市公司的数据及市场表现看,百分之九十的企业都呈现高增长态势,前景十分光明,挑战也十分严峻。由此公司一边拓宽销售渠道,升级产业链。公司将成立营销运营中心,弥补营销短板,形成以经销商、直销加线上销售为三足鼎立的销售模式,继续延伸并巩固公司的产业链,夯实公司发展基础。另一边利用现有的品牌优势、资金优势以及技术、管理优势迅速对接兵团第四师(可克达拉市)的现有产业,有效盘活资产,扩大公司规模,完成产业、产品升级,提升抗风险能力。此阶段随着经济的恢复、白酒行业的回暖、企业发展战略的调整,营业收入由 2016 年的 16.93 亿元,增长至 2017 年的 19.19 亿元,增长了 13.35%;净利润由 2016 年的 2.77 亿元增长至 2017 年的 3.53 亿元,增长了 27.44%。

第三阶段为 2018 至今。当前,白酒行业进入新的发展周期,白酒在生产方面品质有了大幅提升和改进,虽然白酒是传统产业,但企业对技术创新提出了新的要求。对此公司进行整合资源优势,不断探索创新。公司加快整合优势资源,优化技术团队建设,鼓励研发人员利用现代生物技术不断探索,不断创新推动酿酒生物产业健康发展;同时公司聚焦重点市场,坚定区域拓展。加大内地招商力度,壮大经销商队伍,面向重点市场坚定不移推进产品和品牌出疆，提高内地市场收入占比。以品牌运营公司为主导，实施"握拳"战略，深入疆外市场，推动公司稳步实现战略规划。这一时期的前一阶段，企业稳步发展营业收入由 2018 年的 21.24 亿元增长至 2019 年的 23.02 亿元，增长了 8.38%。后期受疫情大环境的影响，企业的营业收入出现下滑，到 2020 年降至 18.02 亿元。净利润由 2018 年的 4.28 亿元下降至 2020 年的 3.42 亿元，下降了 20.09%。

新疆伊力特实业股份有限公司发展战略如表 4-30 所示。

表 4-30　　　　　　新疆伊力特实业股份有限公司发展战略

发展阶段	战略背景	战略内容	战略成效
2013—2015 年	随着"三公限高"到"反腐限酒"，白酒业进入行业调整周期，发展方向充满不确定，增速放缓，高端品牌重新洗牌	（1）精细化管理，实施"质量振兴"发展战略。企业要严循工艺流程、恪守食品标准。强化生产、贮存、运输、销售环节全过程监管力度，以高标准、严要求稳定产品质量；（2）生产技术创新。新研制的柔雅型中高档白酒，受到消费者的欢迎并荣获"兵团科技进步"三等奖。设计的独特风格"浓中带酱"兼香型酒三个档次新产品，再次受到消费者青睐	（1）由 2013 年的 17.53 亿元下降至 16.38 亿元，下降了 6.56%；（2）由于技术创新生产成本下降，净利润小额上升由 2013 年的 2.73 亿元上升至 2015 年的 2.82 亿元，上升了 3.30%
2016—2017 年	（1）经济恢复和名酒茅台、五粮液涨价，给予区域性品牌新的动能；（2）从白酒上市公司的数据及市场表现看，百分之九十的企业都呈现高增长态势，前景十分光明，挑战也十分严峻	（1）拓宽销售渠道，升级产业链。成立营销运营中心，弥补营销短板，形成以经销商、直销加线上销售为三足鼎立的销售模式，延伸并巩固公司的产业链，夯实公司发展基础；（2）利用现有的品牌、资金以及技术、管理优势迅速对接兵团第四师（可克达拉市）现有产业，有效盘活资产，扩大公司规模，完成产业、产品升级，提升抗风险能力	（1）随着经济的恢复、白酒行业的回暖、企业发展战略的调整，营业收入由 2016 年的 16.93 亿元，增长至 2017 年的 19.19 亿元，增长了 13.35%；（2）净利润由 2016 年的 2.77 亿元增长至 2017 年的 3.53 亿元，增长了 27.44%

续表

发展阶段	战略背景	战略内容	战略成效
2018—2020年	当前，白酒行业进入新的发展周期，白酒在生产方面品质有了大幅提升和改进，虽然白酒是传统产业，但企业对技术创新提出了新的要求	（1）整合资源优势，不断探索创新。公司加快整合优势资源，优化技术团队建设，鼓励研发人员利用现代生物技术不断探索，不断创新推动酿酒生物产业健康发展； （2）聚焦重点市场，坚定区域拓展。加大内地招商力度，壮大经销商队伍，面向重点市场坚定不移推进产品和品牌出疆，提高内地市场收入占比。以品牌运营公司为主导，实施"握拳"战略，深入疆外市场，推动公司稳步实现战略规划	（1）收入由2018年的21.24亿元增长至2019年的23.02亿元，增长了8.38%，到2020年降至18.02亿元； （2）净利润由2018年的4.28亿元下降至2020年的3.42亿元，下降了20.09%

资料来源：根据新疆伊力特实业股份有限公司年报（2013—2020年）、川酒发展研究中心相关资料整理。

十六　甘肃皇台酒业股份有限公司

（一）公司简介

甘肃皇台酒业股份有限公司位处甘肃省威武市西关街，于2000年8月7日上市，公司实际控制人是赵满堂。公司主营白酒、葡萄酒生产、批发零售；自产副产品的批发零售；矿产品（煤炭及煤炭加工产品、有色金属、黑色金属矿产品）的销售，商品的进出口业务。

甘肃皇台酒业股份有限公司自成立以来，便不断扩大规模生产，于2002年，获得第十届中国兰州投资贸易洽谈会"优秀协作单位"荣誉，在2019年获得比利时布鲁塞尔国际烈性酒金奖，这是中国酒行业酒类新品的最高奖项。公司自成立到2020年末，总资产上涨至4.57亿元，2020年末营业收入高达1.02亿元。

甘肃皇台酒业股份有限公司基本情况如表4-31所示。

表4-31　　　　　甘肃皇台酒业股份有限公司基本情况

注册地址	甘肃皇台酒业股份有限公司
上市时间	2000年8月7日

续表

注册地址	甘肃皇台酒业股份有限公司
经营范围	白酒、葡萄酒生产、批发零售，自产副产品的批发零售；矿产品（煤炭及煤炭加工产品、有色金属、黑色金属矿产品）的销售，商品的进出口业务
主营业务	白酒、葡萄酒的生产、批发零售
公司规模	2020 年末总资产 4.57 亿元，2020 年营业收入 1.02 亿元
实际控制人	赵满堂
公司荣誉	2002 年，第十届中国兰州投资贸易洽谈会"优秀协作单位"；2019 年比利时布鲁塞尔国际烈性酒金奖，是中国酒行业酒类新品的最高奖项

资料来源：甘肃皇台酒业股份有限公司年报（2020 年）、甘肃皇台酒业股份有限公司官网。

（二）发展战略

甘肃皇台酒业股份有限公司发展战略大致分三个阶段。第一阶段为 2011—2012 年，该时期白酒行业产能过剩已是不争的事实，白酒业又都面临着去产能、去库存的艰巨任务。限制公款消费、地方禁酒令的出台以及在食品安全方面发生的恶性勾兑门和塑化剂超标事件，更加使整个白酒行业陷入低迷状态，销售业绩集体下滑严重。市场挤压过度、经销商成堰塞湖等行业深层弊端也将逐步显现，使得中国白酒产业的发展更加谨慎。对此公司以白酒产品为主，坚定不移地实施"回归与振兴"主业的经营战略。始终围绕以市场决定我们一切行动的企业发展理念，以白酒产品为主要盈利增长点，不断调整产品结构，保障产品质量，在深耕根据地市场的同时稳步开拓新市场，充分挖掘增长潜力；强化营销工作的转型与变革，全面提升管理水平，提高工作效率，降低生产和管理成本；加强精细化管理，培育专业性人才；不断提升品牌形象，使中国白酒新境界的品牌定位深入人心。这一阶段，公司结束了主业持续多年亏损的局面。公司主营业务实现了由亏损到盈利的历史性转变。营业收入由 2011 年的 1.05 亿元增长至 2012 年的 1.34 亿元，增长了 19.33%；净利润由 2011 年的 483.33 万元增长至 2012 年的 1013.49 万元，增长了 109.69%。

第二阶段为 2013—2018 年，此时中国白酒市场正经历着从商务需求向自我享受及休闲社交的需求转换，其未来的增长愈发依赖大众消费。这一时期，皇台公司盈利能力和可持续经营能力未发生客观改变，处于资金短缺、官司缠身、资不抵债、连续亏损状况，仍在困境中砥砺前行。因连续两年亏损，净资产为负，将被实施退市风险警示。对此，公司一方面坚持以白酒与红酒并重的科学发展战略。坚持渠道拓展和经销商发展工作并重，省内和省外市场同步开拓的营销策略，同时积极借助资本市场平台寻求多元化发展的战略举措，充分挖掘增长潜力。另一方面加强战略合作，促进产销两旺。全面落实与高诚企业集团的战略合作，做强做大酒业。以双方的产业融合度、相关性为切入点，依托公司在白酒生产方面具备的相对优势进行战略合作，公司的生产经营将得到全面恢复和提升，步入产销两旺的良性发展轨道。这一时期受公司内部环境的影响，营业收入出现较大幅度的变化。由2013年的1.08亿元下降至2018年的2548.34万元，下降了76.40%；净利润由2013年的-2930.53下降至2018年的-9548.15万元，下降了225.82%。

第三阶段为2019至今，这一时期从整体上看，一线白酒企业延续增长态势，二三线白酒企业分化较为明显。而且突如其来的新冠肺炎疫情导致餐饮行业、婚宴消费、节日消费等终端消费几乎停滞，企业终端零售网点停业近两个月。在这种市场环境下，公司注重品牌方面，围绕"南有茅台，北有皇台"做战略性唤醒，抢占省内中高档白酒市场，打造经典皇台系列、窖底原浆系列两条战略核心产品线，为皇台酒业实现名酒复兴奠定基础。同时还实施品类创新，公司严格按照OIV国际标准并结合中国酿酒技术法规组织生产使用的是多粮酿造，以优质高粱、小麦、大米、糯米、豌豆为原料，以优质稻壳为填充辅料、自制中、高温大曲为糖化发酵剂，采用祁连冰川雪水，纯粮酿造而成，口感醇正。这一时期公司营业收入由2019年的9904.63万元增长至2020年的1.02亿元，增长了2.98%；净利润由2019年的6821.37万元下降至2020年的3348.38万元，下降了50.91%。

甘肃皇台酒业股份有限公司发展战略如表4-32所示。

表 4-32　　甘肃皇台酒业股份有限公司发展战略

时间（年）	战略背景	战略内容	战略成效
2011—2012 年	（1）白酒行业面临去产能、去库存的艰巨任务； （2）限制公款消费、地方禁酒令的出台以及在食品安全方面发生的恶性勾兑门和塑化剂超标事件，更加使整个白酒行业陷入低迷状态，销售业绩集体下滑严重； （3）市场挤压过度、经销商成堰塞湖等行业深层弊端也将逐步显现，使得中国白酒产业的发展更加谨慎	（1）以白酒产品为主，坚定不移地实施"回归与振兴"主业的经营战略； （2）以白酒产品为主要盈利增长点，不断调整产品结构，保障产品质量，在深耕根据地市场的同时稳步开拓新市场，充分挖掘增长潜力； （3）强化营销工作的转型与变革，全面提升管理水平，提高工作效率，降低生产和管理成本；加强精细化管理，培育专业性人才；不断提升品牌形象，使中国白酒新境界的品牌定位深入人心	（1）营业收入由 2011 年的 1.05 亿元增长至 2012 年的 1.34 亿元，增长了 19.33%； （2）净利润由 2011 年的 483.33 万元增长至 2012 年的 1013.49 万元，增长了 109.69%
2013—2018 年	（1）中国白酒市场正经历着从商务需求向自我享受及休闲社交的需求转换，其未来的增长愈发依赖大众消费； （2）公司盈利和可持续经营能力未发生客观改变，处于资金短缺、官司缠身、资不抵债、连续亏损状况，仍在困境中砥砺前行，因连续两年亏损，净资产为负，将被实施退市风险警示	（1）坚持渠道拓展和经销商发展工作并重，省内和省外市场同步开拓的营销策略，同时积极借助资本市场平台寻求多元化发展的战略举措，充分挖掘增长潜力； （2）加强战略合作，促进产销两旺，全面落实与高诚企业集团的战略合作，做强做大酒业	（1）由 2013 年的 1.08 亿元下降至 2018 年的 2548.34 万元，下降了 76.40%； （2）净利润由 2013 年的 -2930.53 下降至 2018 年的 -9548.15 万元，下降了 225.82%
2019—2020 年	（1）这一时期从整体上看，一线白酒企业延续增长态势，二三线白酒企业分化较为明显； （2）新冠肺炎疫情导致餐饮行业、婚宴消费、节日消费等终端消费几乎停滞，企业终端零售网点停业近两个月	（1）品牌方面，围绕"南有茅台，北有皇台"做战略性唤醒，抢占省内中高档白酒市场，为皇台酒业实现名酒复兴奠定基础； （2）实施品类创新，严格按照 OIV 国际标准并结合中国酿酒技术法规组织生产	（1）这一时期营业收入由 2019 年的 9904.63 万元增长至 2020 年的 1.02 亿元，增长了 2.98%； （2）净利润由 2019 年的 6821.37 万元下降至 2020 年的 3348.38 万元，下降了 50.91%

资料来源：根据甘肃皇台酒业股份有限公司年报（2011—2020 年）、川酒发展研究中心相关资料整理。

十七 安徽金种子酒业股份有限公司

（一）公司简介

安徽金种子酒业股份有限公司是金种子集团的控股子公司，前身为阜阳县酒厂，始建于1949年7月，金种子股票于1998年在上交所上市，实际控制人为阜阳市人民政府国有资产监督管理委员会。公司主营经营白酒、葡萄酒生产、批发零售，自产副产品的批发零售，以及矿产品（煤炭及煤炭加工产品、有色金属、黑色金属矿产品）的销售和商品的进出口业务。

安徽金种子酒业股份有限公司先后荣获"全国绿色食品示范企业""全国十佳新锐上市公司""全国实施卓越绩效模式先进企业""全国轻工业信息化与工业化深度融合示范企业"等100多项荣誉称号。于2020年末公司总资产达38.58亿元，2020年营业收入也高达10.38亿元。

安徽金种子酒业股份有限公司基本情况如表4-33所示。

表4-33　安徽金种子酒业股份有限公司基本情况

注册地址	安徽省阜阳市河滨路302号
上市时间	1998年8月12日
经营范围	白酒、葡萄酒生产、批发零售，自产副产品的批发零售；矿产品（煤炭及煤炭加工产品、有色金属、黑色金属矿产品）的销售；商品的进出口业务
主营业务	酒类产品的生产与销售
公司规模	2020年末总资产38.58亿元，2020年营业收入10.38亿元
实际控制人	阜阳市人民政府国有资产监督管理委员会
公司荣誉	安徽金种子酒业股份有限公司在"中国排行榜·2012中国上市公司最具投资价值100强"榜上排名第78

资料来源：安徽金种子酒业股份有限公司年报（2020年）、安徽金种子酒业股份有限公司官网。

（二）发展战略

安徽金种子酒业股份有限公司发展战略大致分三个阶段。第一阶段，2010—2013年随着居民消费逐渐升级，在白酒行业产量逐步增长的同时，白酒行业内部的结构调整也在加快进行，呈现出行业持续健康发展的局面。而企业着重发展自身的主业——白酒，坚持资本运营和产品经营相结合，坚持质量和效益相结合，全力做强品牌，实现跨越发展。该时期公司营业收入由 2010 年的 13.80 亿元增长至 2013 年的 20.80 亿元，增长了 50.72%。净利润由 2010 年的 1.69 亿元下降至 2013 年的 1.33 亿元，下降了 21.30%。

第二阶段为 2014—2017 年，此时白酒业也进入了新的发展阶段，三公消费限制的政策力度和持续程度仍将保持，行业面临深度调整。整个白酒行业的竞争进入白热化，呈现出中低速发展的态势。在这个时期，公司一方面坚持科技引领、创新驱动。以改革创新为引领，以提质增效为抓手，坚持稳中求进总基调。另一面由于白酒营销依托稳定的省内经销商团队，对此公司通过产品结构以及营销模式的变革，转型升级。同时从长期发展角度，为应对省内激烈竞争的风险，公司积极实施走出去的战略。这一时期企业受国家政策、白酒行业深度调整的影响较大，营业收入呈现下滑趋势。营业收入由 2014 年的 20.75 亿元下降至 2017 年的 12.90 亿元，下降了 37.83%；净利润由 2014 年的 8856.17 万元下降至 2017 年的 818.98 万元，下降了 90.75%。

第三阶段为 2018 至今，白酒行业自本轮深度调整以来，部分名优公司出现复苏迹象，长期看白酒行业分化趋势非常明显。由于公司生产的酒类主要为中低端产品，无法满足主流消费需求，产品竞争力下降，新产品尚在培育期，市场基础较为薄弱。因此公司坚持党和政府的政策指导，促进高质量发展。在市委市政府的正确领导下，围绕"提质增效"，坚持"稳增长、促改革、保存量、拓增量、补短板"的发展思路，进一步解放思想，深化体制机制改革，聚力白酒主业发展，做优做强，奋力谱写新时代金种子高质量发展的崭新篇章。这一时期企业的现有的酒类主要为中低端产品，新产品尚在培育期，使得酒类产品在市场的竞争力薄弱。营业收入由 2018 年的 13.15 亿元下降至 2020 年的 10.38 亿元，下降了 21.06%。净利润由 2018 年的 1.02 亿元下降至 2020 年的 6940.61 万元，下降了 31.96%。

安徽金种子酒业股份有限公司发展战略如表 4-34 所示。

表 4-34 　　　　　安徽金种子酒业股份有限公司发展战略

时间（年）	战略背景	战略内容	战略成效
2010—2013	（1）随着居民消费逐渐升级，在白酒行业产量逐步增长；（2）白酒行业内部的结构调整也在加快进行，呈现出行业持续健康发展的局面	企业着重发展自身的主业——白酒，坚持资本运营和产品经营相结合，坚持质量和效益相结合，全力做强品牌，实现跨越发展	（1）营业收入由2010年的13.80亿元增长至2013年的20.80亿元，增长了50.72%；（2）净利润由2010年的1.69亿元下降至2013年的1.33亿元，下降了21.30%
2014—2017	（1）白酒业也进入了新的发展阶段，三公消费限制的政策力度和持续程度仍将保持，行业面临深度调整；（2）整个白酒行业的竞争进入白热化，呈现出中低速发展的态势	（1）坚持科技引领、创新驱动。以改革创新为引领，以提质增效为抓手，坚持稳中求进总基调；（2）白酒营销依托稳定的省内经销商团队，通过产品结构以及营销模式的变革，转型升级；（3）从长期发展看，为应对省内激烈竞争的风险，公司积极实施走出去的战略	（1）这一时期企业受国家政策、白酒行业深度调整的影响较大，营业收入呈现下滑趋势。营业收入由2014年的20.75亿元下降至2017年的12.90亿元，下降了37.83%；（2）净利润由2014年的8856.17万元下降至2017年的818.98万元，下降了90.75%
2018—2020	（1）白酒行业自本轮深度调整以来，部分名优公司出现复苏迹象，长期看白酒行业分化趋势非常明显；（2）由于公司生产的酒类主要为中低端产品，无法满足主流消费需求，产品竞争力下降，新产品尚在培育期，市场基础较为薄弱	围绕"提质增效"，坚持"稳增长、促改革、保存量、拓增量、补短板"的发展思路，进一步解放思想，深化体制机制改革，聚力白酒主业发展，做优做强，奋力谱写新时代金种子高质量发展的崭新篇章	（1）营业收入由2018年的13.15亿元下降至2020年的10.38亿元，下降了21.06%；（2）净利润由2018年的1.02亿元下降至2020年的6940.61万元，下降了31.96%

资料来源：根据安徽金种子酒业股份有限公司年报（2010—2020年）、川酒发展研究中心相关资料整理。

十八　北京顺鑫农业股份有限公司

（一）公司简介

北京顺鑫农业股份有限公司位于具有"绿色国际港"之称的京郊顺

义区，成立于1998年9月21日，于1998年11月4日在深圳证券交易所挂牌上市，是北京市第一家农业类上市公司，公司实际控制人为北京市顺义区人民政府国有资产监督管理委员会。公司主营经营白酒酿造与销售，同时还进行粮食作物、经济作物、水果加工；肉类、肉制品加工与销售；种畜产品、农作物种子、繁育与销售；销售定型包装食品、食用油、酒、饮料；货物专项运输（冷藏保鲜）；普通货物运输；货物进出口、技术进出口、代理进出口、国际货运代理；出租办公用房以及仓储服务。

公司于2000年，公司被农业部等八部委联合审定为农业产业化国家重点龙头企业并先后荣获"农业产业化重点龙头企业""中国制造业企业500强""中国信息化建设500强""中国农业产业化经营20大龙头食品企业""中国肉类食品行业50强企业""中国食品工业企业100强""北京质量管理优秀企业""北京影响力十大最有影响力品牌"等荣誉。顺鑫农业将凭借智慧、团结、诚心和勤奋，通过科技创新、产品创新和制度创新，构筑首都大农业经济，强化中国农业产业龙头企业地位，做世界级农业科技产业化企业。

北京顺鑫农业股份有限公司基本情况如表4-35所示。

表4-35　　　　　　北京顺鑫农业股份有限公司基本情况

注册地址	北京市顺义区站前街1号院1号楼顺鑫国际商务中心12层
上市时间	1998年11月4日
经营范围	粮食作物、经济作物、水果加工；肉类、肉制品加工与销售；种畜产品、农作物种子、繁育与销售；白酒、配制酒、蒸馏酒、发酵酒制造与销售；销售定型包装食品、食用油、酒、饮料；货物专项运输（冷藏保鲜）；普通货物运输；货物进出口、技术进出口、代理进出口、国际货运代理；出租办公用房；仓储服务
主营业务	白酒酿造与销售；种猪繁育、生猪养殖、屠宰及肉制品加工；市场管理与服务；房地产开发
公司规模	2020年末总资产亿元，2020年营业收入亿元
实际控制人	北京市顺义区人民政府国有资产监督管理委员会

续表

注册地址	北京市顺义区站前街 1 号院 1 号楼顺鑫国际商务中心 12 层
公司荣誉	2000 年，公司被农业部等八部委联合审定为农业产业化国家重点龙头企业并先后荣获"农业产业化重点龙头企业""中国制造业企业 500 强""中国信息化建设 500 强""中国农业产业化经营 20 大龙头食品企业""中国肉类食品行业 50 强企业""中国食品工业企业 100 强""北京质量管理优秀企业""北京影响力十大最有影响力品牌"等荣誉

资料来源：北京顺鑫农业股份有限公司年报（2020 年）、北京顺鑫农业股份有限公司官网。

（二）发展战略

北京顺鑫农业股份有限公司发展战略大致分三个阶段。第一阶段为 2011—2014 年，这一阶段是公司"三·五"发展战略与规划实施的时期，也是公司精细化管理年。面对国内外复杂经济形势的机遇和挑战，公司上下深入贯彻落实科学发展观，紧紧围绕公司"三·五"战略目标进行发展经营。该时期公司围绕构建"大北京市场"和"外埠根据地市场"的战略目标，加速实施"1+4+5"亿元板块联动战略。借助与中国科学院合作开发"牛栏山一号大曲"科研项目，筛选出有益于酿酒的微生物菌群①，引领行业技术创新，酿造出更高品质的二锅头酒，全面提升企业核心竞争力。企业在此期间，抓住了机遇，实现了新品研发与市场开发，并且积极对接市场，实现了企业的稳健快速发展。报告期内，公司规范经营，经营业绩稳步增长。营业收入由 2011 年的 75.8 亿元增长至 2014 年的 94.81 亿元，增长了 25.08%；净利润由 2011 年的 3.07 亿元增长至 2014 年的 3.59 亿元增长了 16.94%。

第二阶段是 2015 年，此时国内经济受结构性、周期性因素影响仍面临较大下行压力。面对困境，中央提出"供给侧改革""去产能、去库存、去杠杆""互联网+"等一系列应对措施。该年是公司实施"三·五"战略规划的收官之年，"四·五"规划的开局之年，公司继续实施精细化管理，同时立足北京、布局京津冀、辐射全国，延伸产业链条，开创全国市场。同时公司未来将把信息化、科技化、产业化建设作为重点进行推进，迎接公司未来发展大繁荣。与此同时公司加速市场扩张，提高市场份额。白酒产

---

① 景欣：《牛栏山与中国科学院签约：共创二锅头的"科技芯"》，《中国质量报》2018 年 6 月 12 日，https://www.cqn.com.cn/zgzlb/content/2018-06/12/content_5905742.htm，2021 年 10 月 14 日。

业，以加速外埠市场扩张为重点，着力提高竞争优势，通过资本运营方式，整合资产优良、具有发展前景的酒业企业，扩大酒业市场覆盖面，壮大公司酒业规模。这一时期，企业调整发展战略，突出精细化管理，实现营业收入96.37亿元，净利润3.76亿元。

第三阶段为2016年至今，这一时期行业进入复苏回暖阶段，总体来讲是政务消费消失背景下大众消费升级，驱动行业复苏，但部分中低端、区域性酒企仍然不容乐观。白酒行业内的兼并重组或成为常态，市场集中度有望得到提升，白酒行业或将迎来新一轮的上升周期。对此公司结合行业发展态势和公司内部产业布局规划，顺鑫农业将以产业经营为基础，资本运营为手段，围绕"主业突出，业务清晰，同业整合，价值实现"的发展目标，实施归核化发展战略，聚焦酒业、肉食两大主业，逐步剥离其他业务。同时企业通过整合内外部资源，推动产业优势互补、规模扩大、资产价值提升，进而实现企业价值与股东利益的最大化。这一时期企业跟随行业复苏的节奏，资源整合突出主业，营业收入由2016年的111.97亿元增长至2020年的155.11亿元，增长了38.53%；净利润由2016年的4.13亿元增长至2020年的4.20亿元，增长了1.69%。

北京顺鑫农业股份有限公司发展战略如表4-36所示。

表4-36　　　　　　北京顺鑫农业股份有限公司发展战略

发展阶段	战略背景	战略内容	战略成效
2011—2014年	（1）公司"三·五"发展战略与规划实施的时期，也是公司精细化管理年； （2）面对国内外复杂经济形势的机遇和挑战，公司上下深入贯彻落实科学发展观，紧紧围绕公司"三·五"战略目标进行发展经营	（1）围绕构建"大北京市场"和"外埠根据地市场"的战略目标，加速实施"1+4+5"亿元板块联动战略； （2）借助与中国科学院合作开发"牛栏山一号大曲"科研项目，筛选出有益于酿酒的微生物菌群①，引领行业技术创新，酿造出更高品质的二锅头酒，全面提升企业核心竞争力	（1）企业在此期间内，抓住了机遇，实现了新品研发与市场开发，并且积极对接市场，实现了企业的稳健快速发展。使得报告期内，公司规范经营，经营业绩稳步增长； （2）营业收入由2011年的75.8亿元增长至2014年的94.81亿元，增长了25.08%； （3）净利润由2011年的3.07亿元增长至2014年的3.59亿元增长了16.94%

---

① 景欣：《牛栏山与中国科学院签约：共创二锅头的"科技芯"》，《中国质量报》2018年6月12日，https://www.cqn.com.cn/zgzlb/content/2018-06/12/content_5905742.htm，2021年10月14日。

续表

发展阶段	战略背景	战略内容	战略成效
2015 年	(1) 国内经济受结构性、周期性因素影响仍面临较大下行压力； (2) 面对困境，中央提出"供给侧改革""去产能、去库存、去杠杆""互联网+"等一系列应对措施	(1) 实施精细化管理。是公司实施"三·五"战略规划的收官之年，"四·五"规划的开局之年，公司继续实施精细化管理； (2) 立足北京、布局京津冀、辐射全国，延伸产业链条，开创全国市场； (3) 未来将把信息化、科技化、产业化建设作为重点进行推进，迎接公司未来发展大繁荣； (4) 加速市场扩张，提高市场份额，以加速外埠市场扩张为重点，着力提高竞争优势，通过资本运营方式，整合资产优良、具有发展前景的酒业企业，扩大酒业市场覆盖面，壮大公司酒业规模	这一时期，企业调整发展战略，突出精细化管理，实现营业收入96.37亿元，净利润为3.76亿元
2016—2020 年	(1) 这一时期行业进入复苏回暖阶段，总体来讲是政务消费消失背景下大众消费升级，驱动行业复苏，但部分中低端、区域性酒企仍然不容乐观； (2) 白酒行业内的兼并重组或成为常态，市场集中度有望得到提升，白酒行业或将迎来新一轮的上升周期	(1) 公司结合行业发展态势和公司内部产业布局规划，顺鑫农业将以产业经营为基础，资本运营为手段，围绕"主业突出，业务清晰，同业整合，价值实现"的发展目标，实施归核化发展战略，聚焦酒业、肉食两大主业，逐步剥离其他业务； (2) 企业通过整合内外部资源，推动产业优势互补、规模扩大、资产价值提升，进而实现企业价值与股东利益的最大化	(1) 这一时期企业跟随行业复苏的节奏，资源整合突出主业，营业收入由2006年的111.97亿元增长至2020年的155.11亿元，增长了38.53%； (2) 净利润由2016年的4.13亿元增长至2020年的4.20亿元，增长了1.69%

资料来源：根据北京顺鑫农业股份有限公司年报（2011—2020年）、川酒发展研究中心相关资料整理。

第二节 白酒上市公司发展战略比较分析

将 18 家白酒上市公司进行分类比较分析。以 2020 年的营业收入、净利润、净资产收益率为依据，在将原始数据标准化之后，采用中位数聚类、距离计算等聚类方法进行系统聚类分析，结果见下图 4-1。如果将 18 家白酒上市公司分为 5 类，再将五粮液与贵州茅台合并，则得到表 4-37 所列 4 个类的分类结果。然后按此分类结果对各类公司进行发展战略对比研究。

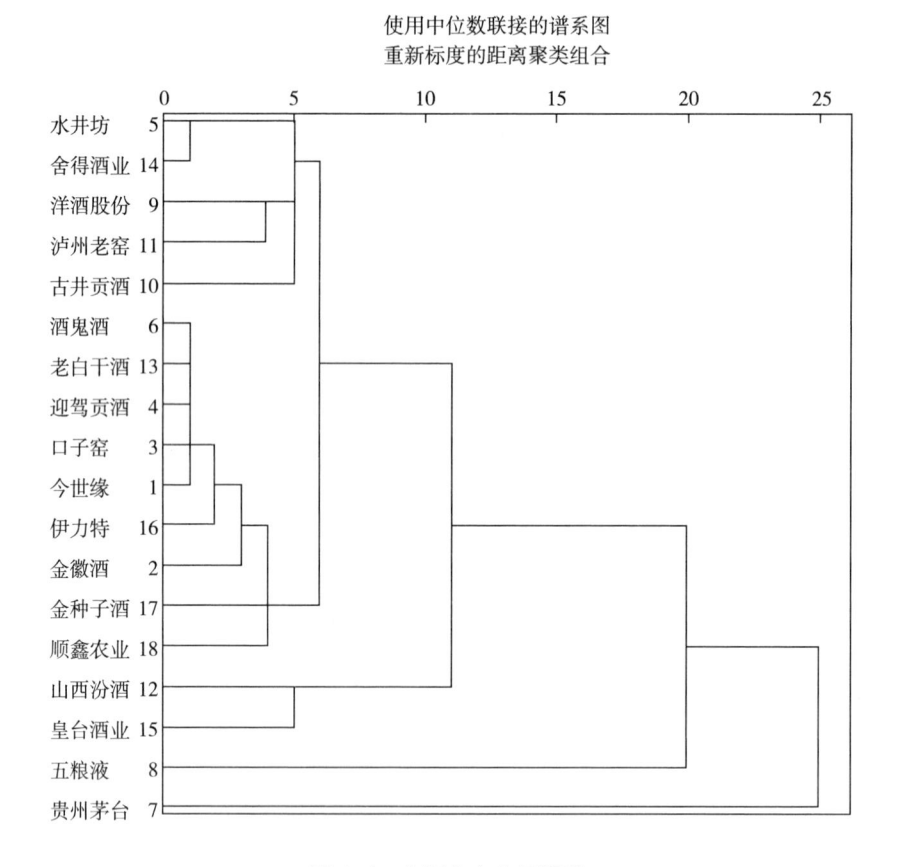

使用中位数联接的谱系图
重新标度的距离聚类组合

图 4-1　白酒上市公司聚类

表 4-37　　　　　　　　　　白酒上市公司分类情况

类别	公司
第一类：龙头公司	贵州茅台、五粮液
第二类：高绩效公司	山西汾酒、皇台酒业
第三类：二线公司	水井坊、舍得酒业、洋河股份、泸州老窖、古井贡酒
第四类：一般公司	酒鬼酒、老白干酒、迎驾贡酒、口子窖、今世缘、伊力特、金徽酒、金种子酒、顺鑫农业

一　龙头公司：贵州茅台与五粮液

（一）营销策略

1. 相同点

构建完善科学规范、运转高效营销新体系。

统筹品牌规划，优化各品牌酒类产品及渠道管理，实施有效的品牌分类管理和渠道分级管理，加快渠道扁平化、多元化建设，推进电商渠道建设和完善。

积极拓展全价位全产品线系列品牌市场，做强龙头产品、做大腰部产品、做实低价位产品[①]。

加强对市场促销、广告宣传等活动的统筹，加强市场活动监察，有力打击假冒伪劣产品和损害公司品牌的行为，保障消费者利益。

2. 不同点

贵州茅台旗下的主打产品为茅台系列酒，主打酱香型白酒，在发展过程中，茅台坚持做好自己的核心业务定义为从白酒的销售，战略型业务为中低端系列酒，战略协同型业务为酒业相关多元化，包括多种酒种生产和并购、酒业连锁、互联网酒业平台等协同发展，协同型业务一体化发展，包括生态农业、绿色种植、包装物流等业务，围绕酒业产业链进行有限的垂直整合[②]。

为了快速发展，五粮液集团一直以来的总战略是"质量规模效益多

[①] 许涛：《五粮液股份有限公司品牌组合优化研究》，硕士学位论文，兰州理工大学，2018年。

[②] 王华美：《AA白酒公司发展战略研究》，硕士学位论文，天津工业大学，2017年。

元化",即集团在白酒主业的基础上,实现多元质量规模效益的扩张,通过多元化占据大量市场份额,旗下子品牌种类众多有几十种不同档次、不同口味的白酒。

(二)人才策略

1. 相同点

对公司各个层次员工进行系统化、多样化的培训,从公司战略层次进行人才培养。

2. 不同点

五粮液公司紧紧围绕"改革、创新、转型、发展"战略布局培训工作,着力加强人才队伍建设,夯实创新发展根基,根据公司改革与发展的需要和员工多样化培训需求,分层次、分类别地开展内容丰富、形式灵活的培训,增强教育培训的计划性、针对性和实效性。而反观茅台公司则是以提高公司的核心竞争力为主。

(三)地方支持

本书主要针对上市公司所在地的地方政府支持力度进行比较。

茅台:贵州省出台《贵州省国民经济和社会发展第十四个五年规划和二〇三五年远景目标纲要》,贵州将做大做强茅台集团,力争把茅台集团打造成为省内首家"世界500强"企业、万亿级世界一流企业[1]。

五粮液:四川省印发《推动四川白酒产业高质量发展的若干措施》(以下简称《措施》)提出要加快推动白酒产业高质量发展,并围绕白酒产业进行供给侧结构性改革。《措施》从生产要素供给、政策供给、金融供给等多方面加快推动白酒产业高质量发展,共提出推动产业聚焦发展、巩固扩大优质产能等12个大方向战略举措,坚定不移支持五粮液加强要素资源整合,支持企业做大规模、做强主业、做优品牌[2]。

从上述政策措施来看,各个地方政府对其白酒产业都持支持态度,通过出台优惠政策、支持开展相关产销会、建立白酒产业园区等措施支持企业发展。

---

[1] 贵州省发展和改革委员会:《贵州省国民经济和社会发展第十四个五年规划和二〇三五年远景目标纲要》,《贵州日报》2021年2月27日第五版。

[2] 四川省人民政府办公厅:《推动四川白酒产业高质量发展的若干措施》,《四川省人民政府网》2021年6月11日,https://www.sc.gov.cn/10462/11555/11563/2021/7/30/8a602f80112d4c8dad45ab796b9dd0b8.shtml,2022年3月5日。

二 高绩效公司：山西汾酒与皇台酒业

（一）营销策略

1. 相同点

（1）坚持以市场导向，加强品牌整合，优化产品结构，对重点品牌进行重点运作，提高市场占有份额。

（2）在销售产品环节，重视厂商关系，与厂商共建营销渠道。并对营销模式进行整合，将地区、县级经销商模式，与专卖店加盟、直销、电商、新零售模式相结合，避免销售渠道单一。

2. 不同点

就市场营销而言，山西杏花村汾酒公司始终坚持市场为王总策略，发挥品牌优势，创新资源配置效能。坚持多品牌共同经营的策略，生产销售汾酒、竹叶青酒和杏花村酒。在大环境下，白酒产业进入了充分市场化的竞争阶段，汾酒公司采用研产供销一体化的模式继续强化自身品牌的影响力，汾酒统筹全国化市场布局，持续推进31个省区+10个直辖管理区营销组织构架构；竹叶青通过建设631市场布局，基本覆盖了长江以南的市场；杏花村酒则是推进双百万工程，建立了以山西为核心，河北、山东为重点的面状聚合"1+2+N"的布局。皇台酒业，建设深耕甘肃市场，黑格推动皇台建设根据地市场，黑格咨询将辅助皇台酒业在自己的大本营构建市场壁垒，实现小区域、全价位、高占有策略。同时，以甘肃为中心市场辐射西北市场，推动宁夏、青海、新疆等地区市场占有率。

（二）人才策略

1. 相同点

（1）紧紧围绕公司年度经营方针，积极创新员工教育培训方式，努力拓宽员工学习提升渠道，着力加快知识型、技能型、创新型的企业高素质人才队伍建设。

（2）强化绩效考核目标导向，夯实人才梯队化建设，全方位、多层面、针对性地开展人才培训和培养。

2. 不同点

汾酒是将重心放在高度重视董事、监事和高级管理人员履职能力建设，积极组织董监高参加证券监管机构及证券服务机构的业务培训，及时分享最新的资本市场政策动态及监管案例，切实提高公司治理水平，积极开展"全员理想信念教育",深入实施"全员知识更新工程",着力推进"全员技能提升计划",为公司储备管理、营销、技术人才,壮大高水平和高技能人才队伍。而对于皇台酒业则是将重心放在加强销售组织市场操作能力,打造具有"西北狼"精神的销售队伍,以实现开拓全国市场和高速度可持续发展。这两者的区别源于两家公司的经历不同,早在2017年,皇台酒业曾遭遇过退市的警告,经过这一遭遇后,已经错失了发展白酒的好时机,因此对于这一情况下,皇台公司管理层通过重新组建,希望能从这一方法下挽回部分市场。然而从其近几年来的业绩来看,其效果并不显著。

(三)地方支持

本书主要针对上市公司所在地的地方政府支持力度进行比较。

山西汾酒酒厂:由山西省人民政府牵头举办了中国·杏花村白酒产业博览会,促进了当地酒厂的发展;召开中国白酒品格论坛,进行全国范围内的推广。

皇台酒业:武威市人民政府通过规划引导和政策扶持,建设了一批以消费品为主导的区域性特色产业基地和酒类制品园区,并着力发展液体经济产业链,加快皇台等重点企业发展步伐和品牌开发力度。

三 二线公司:水井坊、舍得酒业、洋河股份、泸州老窖、古井贡酒

(一)营销策略

1. 相同点

(1)推动差异化营销。

(2)实施聚焦战略,打造核心、重点市场。

2. 不同点

洋河酒就针对消费需求的多元化和个性化特征,率先突破白酒香型分类传统,以味定型,并创新推出了绵柔型白酒质量新风格,达到满足消费者核心需求。

泸州老窖通过树立一体化战略思想,上下整合产业链,从白酒的生产、销售再到消费者手里形成了一整套设备完善的产业链。并且在品牌的运营上采用多品牌运作模式,发挥泸州老窖这一品牌的优势,将其转换为市场优势、品牌优势,并通过其自身的品牌影响力,与当地中小酒类企业进行深度合作,从而进一步地提升自身企业品牌的影响力。除了通过做大自身的品牌,还通过深度合作,整合区域性资源,获得更大市

场份额，扩大泸州老窖的市场空间与容量。

古井贡酒聚焦于自己的主业——白酒的生产、销售与运输。白酒行业与其他的轻工业行业类似，都存在许多生产、加工、采购等环节，古井贡酒为此开展一系列的并购活动，比如亳州古井销售、安徽龙瑞玻璃有限公司等。从生产链上，自上而下地进行一系列的并购业务，从而形成属于自己企业的生产线。

舍得酒业通过调整产品结构的精简优化和核心城市分渠道精细化运作的固化，实现产品和市场的聚焦。改革品牌建设模式，增强产品营销针对性，实现广告精准投入，聚焦目标消费人群，建立清晰的品牌识别，全面提升品牌价值和形象。

水井坊以其拥有的核心市场为圆心，并带动周边市场发展，制定差异化销售策略，根据实地情况，建设专职团购队伍，积极优化升级传统渠道，扩宽渠道业务，并提升经销商经营管理能力。

（二）人才策略

1. 相同点

加强培训与激励，提高团队竞争力。

2. 不同点

水井坊：构建学习型的企业文化模式，通过区分员工培训类型进行精准的课程体系以快速更有效提高员工的专业、管理、领导的能力，制定短期、中期、长期的培训计划，以推动公司的健康可持续发展。

舍得酒业：公司围绕年度生产经营目标，制定培训管理的培训计划，通过线上、线下渠道积极开展培训工作，有力提升员工岗位胜任力，助力组织能力提升、经营业绩增长。

洋河股份：开展高管、中层干部、战略预备人才、个十百人才、洋河大学讲师培训，提升中高层管理人员、战略预备人才的领导力、绩效提升与改进能力，增加技术人才专业知识学习。

古井贡酒：优化公司组织结构和人才配置，推进各层次人才轮岗互动；围绕"大师智企、专家智企"，加强与高校、科研院所、专业培训机构的合作，构建多层次、多渠道、多体系、多方式的员工学习培训平台。

泸州老窖：坚持不懈促进人才提升，健全人才体系、释放人才效能。继续开展大学生招聘和成熟型人才招聘，向泸州老窖各品牌合理引进人才；深入实施"双通道"机制，构建"航"计划人才培养体系，提高专项培训覆盖人数。

（三）地方支持

本书主要针对上市公司所在地的地方政府支持力度进行比较。

水井坊：成都市政府将制定实施"六朵金花""上台阶"奖励计划，支持"六朵金花"不断做大、做强、做优，打造世界知名品牌，大力提升"十朵小金花"企业实力、产业规模和品牌影响，引领二线品牌白酒企业规模和实力稳步提升，加大原酒品牌培育力度，打造原酒龙头企业和优质品牌[①]。

舍得酒业：打造中国白酒金三角的战略部署，做大做强沱牌舍得酒业，将沱牌镇打造成为中国白酒第一镇，射洪县政府决定，成立中国白酒第一镇规划建设指挥部。

洋河股份：宿迁市人民政府印发了关于宿迁市白酒质量安全提升十条措施等相关政策，从质量上把控白酒产量等措施。

四 一般公司：酒鬼酒、老白干酒、迎驾贡酒、口子窖、今世缘、伊力特、金徽酒、金种子酒、顺鑫农业

（一）营销策略

1. 相同点

（1）在以酒业为主的基础上，积极发展与主业技术、主业市场相关联的产业，不仅可以找到新的经济增长点，还可以通过新产品或新市场为企业分散风险，提供保护。

（2）聚焦核心市场，聚焦核心产品，聚焦品牌和价格，巩固原本主要市场，向外开拓新市场，促进分区域分品牌分产品协调发展。

（3）发挥传统线下销售的优势，加强电商主流平台和线上微商城合作，促进线下线上一体融合发展，实现销售渠道覆盖率提升。

2. 不同点

酒鬼酒开展会议营销，推动名酒进名企。研发上市文创产品。赋码主流产品，发展优商体系，培育样板市场。

老白干酒基本采用"会销、婚宴、团购、地推"四位一体的营销策

---

① 闵玲等：《"十四五"四川将实施川酒振兴"五大行动"》，《四川日报》2021年1月21日第12版。

略，同时在保持原有的营销优势，利用现代媒体技术，挖掘新的营销策略，白酒与国漫结合。

迎驾贡酒实行区域聚焦战略，聚焦安徽、江苏、上海等核心市场，精准锁定洞藏样板市场。

口子窖采用经销模式，增加个性定制类产品，拓展线上业务。选择优秀的代理商，代理该产品销售业务。

今世缘现有销售模式是以经销制为主，向"经销+直销+线上销售"多渠道发展。

伊力特重点弥补营销短板，成立营销运营中心，逐步形成以"经销商+直销+线上销售"三足鼎立的销售模式。

金徽酒聚焦资源，重组营销机构，推进信息化营销，配套升级营销考核体系。拓展省外消费市场。

金种子酒依托省内稳妥成熟的经销团队，实施"走出去"的营销战略。

顺鑫农业继续实施"精细化"管理，立足北京、布局京津冀、辐射全国，开创全国市场。

（二）人才策略

1. 相同点

都积极与知名院校合作开展酒类科研项目，不仅取得丰硕的科研成果，也培养和储备了许多优秀技术型人才。同时，在学习研究中也使企业具备了独立、持续和有效的研发、创新能力。

2. 不同点

酒鬼酒：公司以"创新驱动"为核心，促进人才体系发展，大力引进专业人才。优化队伍结构，促进队伍年轻化、专业化。

老白干酒：积极开展校企合作，开展"中国白酒169计划、3C计划"；举办岗位培训、岗位练兵、技术比赛等活动，提高员工的技能素质。

迎驾贡酒：实施新型人才战略，推进人才梯队建设，健全关键人才库，全面提升信息化、智能化水平。

口子窖：完善员工奖励激励机制和人才培养制度，优化部门和岗位设置，精简机构人员，有效配置人力资源，打造精干、高效的员工队伍。

今世缘：突出关键招人才，推进"十百千"引进精英人才计划，主动创新招引人才，完善人才引进激励考核机制。

伊力特：招聘符合公司发展要求的战略型、市场型、管理型、专业型等紧缺人才。依托大师工作室，发挥酿酒大师、品酒师、勾兑师的引领作用，培养伊力特工匠。

金徽酒：大力培养技术人才，聘任技师队伍。结合"53211"人才计划，加大人才培养的投入，引进各方面人才。

金种子酒：创新薪酬制度，优化人力资源配置，完成医药经营公司薪酬改革试点。引进中高端技术人才，搭建研发和工艺技术人才团队优势，加快成果转化，提升产品竞争力。

顺鑫农业：公司连续8年派送职工参加清华大学酒业高级管理研修班学习；60余名年轻技术骨干参加了一级、二级酿酒技师培训。2019年，牛栏山继博士后工作站之后又成立了院士工作站，迎来双院士入驻。

（三）地方支持

酒鬼酒：湖南省委省政府和湘西委州政府表示全力支持酒鬼酒的发展。

老白干酒：衡水与常德两地工商联（总商会）签订《缔结友好商会战略合作协议书》，整合优质资源，搭建平台载体，增强拓展合作领域。

迎驾贡酒、口子窖、金种子酒：安徽政府印发《促进安徽白酒产业高质量发展的若干意见》，围绕"扶优+扶强"、"产区+基地"、"精品+名品"、"质量+安全"提升品牌影响力。

金徽酒：陇南市落实减税降费政策为金徽酒创新发展注入新动能。

（四）研发战略

表4-38为一般公司各自的研发战略。

表4-38　　　　　　　　　一般公司研发战略

企业	研发战略
酒鬼酒股份有限公司	根据消费者消费特点、口感偏好，精进产品的口感和品质。掌握市场需求，研发新产品。重点研发了红坛酒鬼酒（18）、红坛酒鬼酒（20）、酒鬼酒（1956）、内品酒
河北衡水老白干酒业股份有限公司	依托"河北省固态发酵酿酒产业技术研究院"等多个科研平台；引进了多台先进大型科研仪器，建立了发酵酒中试、配制酒中试、机械化中试生产线等

续表

企业	研发战略
迎驾贡酒	加大自动化、智能化改造的研发投入。深入生态酿酒工艺研究和总结，开展徽派多粮浓香型白酒酿造工艺等一系列白酒课题专项研究
口子窖	将传统工艺与现代科技相结合，在制曲、酿酒等环节加大科研攻关力度，不断强化兼香白酒风味，研发更多优质高端产品
伊力特	公司始终坚持将传统工艺与现代成果相结合，形成了独特的酿酒技术，如"三步法"发酵窖泥工艺、大曲立体培养工艺、特制中高温包包曲、特有的发酵窖池、"一长一高四控制"工艺控制措施，研发低度特殊调味酒，提升中高档产品口感质量
金徽酒	在引入先进设备的同时，提升食品安全控制和产品品质水平。系统研究和分析"浓香型"的酒体风格
金种子酒	与天津大学合作研发自动戴盖机器人，实现了高速线的新突破；"一种复合香型白酒的酿造生产工艺""一种以金纳米粒子催化氧化制备环硫酸酯的方法"两项发明专利获国家知识产权局授权；公司醉三秋传统酿造技艺被列入省级非物质文化遗产名录
顺鑫农业	牛栏山将围绕"定义二锅头风格"这一主线，进行科技研发升级。通过菌种资源中心建设、发酵机理和风味特征研究，进而定义二锅头风味；通过科研平台建设、人才队伍建设和考评机制建设，提升技术高度与研究深度；通过立足市场、与时俱进的产品创新，提升科研成果的转化度

资料来源：根据川酒发展研究中心相关资料整理。

本书以上部分着重围绕中国白酒市场宏观、区域及行业经营环境开展必要分析，一是分析白酒行业变化趋势；二是分析研究白酒区域发展战略；三是白酒上市公司发展战略全景扫描。这是龙头白酒企业运营的宏观、中观基础环境，本书从第三部分开始着重围绕中国白酒两大龙头企业的品牌运营战略展开全方位深入研究。本书后续部分安排如下：第三部分为中国白酒企业品牌竞争力案例分析——以茅台和五粮液为例，第四部分为中国白酒企业品牌运营战略案例分析——以茅台和五粮液为例。具体章节安排为：第五章五粮液与茅台品牌发展发展历程对比研究、第六章五粮液和茅台品牌发展价值理念比较分析、第七章五粮液和茅台品牌竞争力的比较、第八章五粮液与茅台品牌模式分析、第九章五粮液与茅台品牌定位比较分析、第十章五粮液与茅台销售系统比较分析、第十一章五粮液与茅台品牌管理系统比较分析。

第三部分

中国白酒企业品牌竞争力案例分析
——以茅台和五粮液为例

第五章　五粮液与茅台品牌发展历程对比研究

第一节　两大白酒龙头企业品牌发展及运营战略对比研究的现实基础与意义

品牌引领供需结构的升级方向，是企业乃至国家竞争力的综合体现。随着中国所面临的国内外政治经济环境的不断变化和疫情所带来的长期影响，中国白酒企业正经历产业链优化、行业集中度提高、消费市场快速迭代和升级、市场竞争激烈等一系列挑战和机遇。在要求经济高质量发展的今天，白酒企业的生存和发展必须高度重视品牌建设，不断强化、优化品牌运营管理，才能在数以千计的白酒品牌竞争中脱颖而出，构建自己强有力的品牌和市场护城河。

基于前述对18家白酒上市公司的系统聚类分析，本书选择中国白酒当之无愧的两大巨头企业茅台和五粮液为研究对象，系统比较其品牌发展道路与运营模式，梳理挖掘其品牌运营战略的成功之处及可能存在的不足，并提出相应的对策建议，无疑不仅能有力的帮助两大龙头白酒企业扬长避短、进一步创新发展品牌运营战略，助推其实现高质量发展；同时也能为其他白酒企业比较示范，如何更好选择自己的品牌发展战略提供很好的借鉴意义。

一　从白酒市场的竞争格局看，茅台和五粮液已形成稳固的双寡头格局

白酒企业核心竞争力在于品牌。白酒行业竞争日益激烈，全国性白酒品牌、区域性白酒品牌/地产酒品牌分割占据市场，但茅台和五粮液作为老八大名酒中排名最靠前的白酒，多年来始终受到政府和市场的高度重视，酿酒工艺持续改进，已树立了至高的品牌影响力，品牌形象早已

深入人心，不论在产量、销量与市场份额，还是在价格和利润上，都远远甩开其他对手。茅台、五粮液组成的第一梯队所形成的品牌壁垒使其行业地位难以撼动。

自 2016 年白酒行业经过前期深度调整以及消费升级推动而进入复苏以来，分化发展成为白酒行业的总体特征，落后产能持续出清，行业集中度增加，以茅台、五粮液为首的百亿酒企的营收增速越来越快，亏损企业的亏损越来越多。行业前 10 的白酒企业利润占比达到了 90%[1]，名酒品牌的市场运营更加下沉，传统意义上的地理区域市场防护能力越来越弱。尤其在新冠疫情暴发并直接影响了白酒春节旺季的消费后，以茅台和五粮液为代表的高端白酒企业在 2020 年上半年收入及利润依然能够维持两位数增长，洋河股份、古井贡酒和老白干等区域次高端白酒企业收入利润均呈现小两位数下滑，有力地说明了茅台和五粮液这两个拥有较强品牌力和渠道力的龙头企业，在极端特殊情况下的抗风险能力和渠道调节能力强于缺乏基础市场的泛区域性品牌。因此，基于现有环境对茅台和五粮液的品牌运营战略进行对比研究，对其他白酒企业学习创新，并更好选择自己的品牌发展战略具有重要现实意义。

二 从白酒市场的品牌文化看，茅台和五粮液品牌文化在消费者心智中已构建起异质性的特色优势地位

对比茅台和五粮液的品牌文化可以发现，两者在酿造原料、产地环境、酿造技艺、香型与品质特点等上都有较大的异质性，从而带来企业在品牌定位、营销战略上、营销渠道上都不尽相同，也就造就了品牌在消费者心智中不同的特色优势地位。因此，对两个品牌文化存在明显异质性的名优白酒企业的品牌运营战略进行对比，显然能为其他白酒企业提供更为全面和系统的参考。

茅台和五粮液的品牌文化差异主要表现在：

一是原材料的不同。五粮液的原材料集高粱、大米、糯米、小麦、玉米五种粮食之精华，以"包包曲"为动力，经陈年老窖发酵、糅合、升华而成。茅台的原材料则相对简单，就是茅台镇具有传奇色彩的红缨子糯高粱，再加用小麦制成的曲，还有当地俗称的美酒河河水。

---

[1] 数据来源：根据国家统计局、白酒上市公司财务分析年度报告、川酒发展研究中心相关资料整理。

二是产地环境的不同。五粮液的生产地点宜宾位于北纬 27°50′-29°16′，东经 103°36′-105°20′，年平均降雨量高达 1200 毫米，气候温和，年平均气温 17.6℃，宜宾年平均日照 1018.2 小时，常年温差和昼夜温差小，湿度大，非常有利于酿酒原料的生长，是农作物在同纬度地带气候最佳地区之一。茅台酒的生产地点茅台镇具有极特殊的自然环境和气候条件。它位于贵州高原最低点的盆地，海拔仅 440 米，远离高原气流，终日云雾密集。夏日持续 35-39℃ 的高温期长达 5 个月，一年有大半时间笼罩在闷热、潮湿的雨雾之中。这种特殊气候、水质、土壤条件，对于酒料的发酵、熟化非常有利，同时也部分地对茅台酒中香气成分的微生物产生、精化、增减起了决定性的作用。

三是酿造技艺的不同。五粮液传统酿造技艺是中国传统文化孕育的瑰宝。包括：高粱、大米、糯米、小麦、玉米五种粮食合理配比的"陈氏秘方"，包包曲制曲工艺，跑窖循环、续糟配料，分层起糟、分层入窖，分甑分级量质摘酒、按质并坛等酿酒工艺。茅台酒酿造技艺是一种独特的传统酿酒工艺。茅台酒的生产周期为 1 年，端午踩曲，重阳投料，酿造期间九次蒸煮，八次发酵，七次取酒，经分型贮放，勾兑贮放。茅台酒的酿制有两次投料、固态发酵、高温制曲、高温堆积、高温摘酒等特点，由此形成独特的酿造风格。

四是香型与品质特点的不同。五粮液作为浓香型白酒的典型代表，酒体风格突出，具有窖香浓郁、绵柔甘洌、香味协调、入口甜、落口绵、尾净余长等特点，素有"三杯下肚浑身爽，一滴沾唇满口香"的赞誉。茅台酒是中国大曲酱香型酒的鼻祖，被尊称为"国酒"。它具有色清透明、酱香突出、醇香馥郁、幽雅细腻、入口柔绵、清冽甘爽、酒体醇厚丰满、回味悠长、空杯留香持久的特点。

三 从白酒市场的品牌运营看，茅台和五粮液领头积极探索创新可以提供有益示范

当前，中国白酒行业中众多白酒企业还没有进入品牌体系化建设的阶段，尤其是区域性中小白酒企业的品牌建设和营销管理理念创新乏力，缺乏对品牌建设的系统性和前瞻性规划研究。目前，我国白酒企业品牌运营管理仍主要存在以下问题：

一是品牌布局不合理。白酒行业的消费链相对较长，从厂家到消费者，中间要经过经销商、分销商、终端商等多个环节，白酒企业的品牌

布局与产品结构往往就会根据各个市场和商业的需要，进行无控制的开发，最终导致企业在品牌布局与产品线结构上过于冗长，没有战略性主导产品，也没有办法打造能够带动企业快速发展和腾飞的大单品。

二是渠道策略短期无序。白酒企业，特别是区域性白酒企业，容易缺乏对渠道策略的长期和系统规划，会出现产品在发展过程中不适用更大市场和更多渠道的情况，无法为未来的发展留好空间。

三是品牌执行力不强。白酒行业自从改革开放后市场化运作以来，在发展过程中，先后经历了"央视广告模式""大商模式""渠道盘中盘模式""消费者盘中盘模式"等营销模式的变革。在这些模式的基础上，白酒企业又进行了各自不同的创新演绎，以希冀构建起自己独具特色的营销竞争力，但由于行业传统性原因，白酒企业往往存在着经营理念不够现代化、企业管理不够规范化、流程机制不够简洁化等问题，造成了企业在执行能力上不够强，很多品牌策略无法落地实施。

因此，对茅台和五粮液在品牌发展及运营管理中所做的工作进行对比研究，无疑有利于推动区域性中小白酒企业对标示范，提升企业品牌运营管理水平。

第二节　企业自身变化

一　五粮液、茅台公司产品结构与价位变化

截至 2018 年，茅台占据高端白酒市场份额的 63%，五粮液占 26%，泸州老窖占 6%，三家合占 95%；2019 年茅台占据高端白酒市场份额的 42%，五粮液占 31%，泸州老窖占 9%，三家合占 82%，典型的三寡头垄断格局，竞争格局优良[1]。茅台是三家白酒企业价格的引领者，五粮液跟随茅台定价，泸州老窖则跟随五粮液定价。而其他白酒企业都是参考这三家来定价，而不是随意提高价格，否则极可能失败，这取决于行业的位置。基于泸州老窖高端白酒市场占比小，故而本章只是针对茅台与五粮液两家高端白酒企业的变化举措进行分析。

---

[1] 周密：《高端白酒行业分析》，《东方财富网》，2019 年 5 月 3 日，http://caifuhao.eastmoney.com/news/20190503154509075723690，2022 年 4 月 7 日。

（一）五粮液公司产品结构与价位

2019年，五粮液提升并完善"1+3"产品体系，制定并实施"普五"的包装计划。根据相关统计结果显示，2019年五粮液公司总营收501.18亿元，同比增长25.20%；净利润达到了174.02亿元，同比增长30.02%。其中，高价位酒营收396.7亿元，同比增长34.41%，占总营收的79.15%，较上年提高3.95个百分点；中低价位酒营收66.31亿元，同比下降12.32%，占总营收的13.23%，较上年下降5.57个百分点。2020年五粮液公司总营收达到573.21亿元，同比增长14.37%；净利润达到了199.55亿元，同比增长14.67%。其中，酒类产品中五粮液产品营收440.6亿元，同比增长13.92%，占总营收的76.87%；系列酒产品营收83.73亿元，同比增长9.81%，占营收14.61%。

表5-1　　　　　　　　　　五粮液公司产品结构与价位

品牌名称	产品名称	价位区间（元）	营业收入占比（%）
五粮液	交杯酒、普五、1618	600-1400	79.15%
五粮春	五粮春	200-300	13.23%
五粮特头曲	特曲、头曲	200-500	
五粮醇	臻选、淡雅	48-300	
尖庄	50度红标	26-58	

数据来源：五粮液股份有限公司年度报告（2020年）。

（二）茅台公司产品结构与价位

茅台公司的产品有茅台酒和系列酒两类，根据营收数据表明：2019年茅台酒营收758.02亿元，同比增长15.75%，占比88.8%；系列酒营收95.42亿元，同比增长18.14%，占比11.2%。系列白酒在总营业收入中的占比比2017年上升1%。2020年茅台酒营收达848.31亿元，比上期增长11.91%，占酒类营收比重为89.46%；系列酒营收99.91亿元，比上年增长4.7%，占酒类营收比重10.54%。茅台公司酒类产品毛利率比上年增加0.11%。

副产品的营业利润超过了90%的A股上市公司，由于茅台酒生产能力并不能永久地支持全部的利润来源，系列酒为公司提供了一定的增长动力，为公司的价格定位起了很大的作用。茅台酒的吨价在2018年上涨16.3%，达到201.72万元每吨。茅台对系列白酒进梳理，优化了王子、迎宾等系列产品，提高了出产价格，系列白酒的年销量为 29774 吨（-0.43%），几乎与去年同期持平，但是吨价大幅上涨了 40.5%。达到 27.13 万元/吨，毛利率提升 8.3%至 71.05%。预计 2019 年销量提升空间不大，但是公司仍将继续作产品梳理，继续提升系列酒的盈利能力。

茅台产品一直供不应求。茅台酒将出厂价定为 969 元，零售价定为 1499 元，但其市场价一般都在 1800 元左右。由于普茅的销售火热，茅台出品的生肖酒和陈年茅台也获得了消费者的大力支持。生肖酒和陈年茅台的出厂价、零售价格高于普茅，茅台的盈利能力更具优势。

表 5-2　　　　　　　　茅台公司产品结构与价位

133 产品矩阵	名称	价位区间（元）	营业收入占比（%）
世界级品牌	贵州茅台	1000+	88.8%
全国核心品牌	王子+迎宾+赖茅	100—900	11.2%
区域性强势品牌	汉酱+贵州大曲+仁酒	200—1000	

数据来源：贵州茅台有限公司年版（2020 年）。

二　五粮液、茅台公司近期战略发展变化

（一）五粮液公司近期战略与管理变化

1. 产品体系精简与完善

（1）确立五粮液"1+3"战略和系列酒 4 个全国大单品战略

此前五粮液拥有各类品牌酒，数量巨大，种类繁多，管理混乱，不仅降低其高端酒的品牌影响力，也日趋加重其自身负担。通过实现"精简中低端品牌是产品改革的主要方向"的战略选择，助力五粮液坚守核心发展道路，不断调整现有的众多品牌，集中资源推广高档产品。因此，五粮液结合自身企业发展战略，停止与部分品牌方的合作，并重新选择有助于品牌发展的合作方。此外，五粮液还针对不同的酒类制定特定战略。比如，系列酒实施 4 个全国大单品战略，核心产品实施"1+3"战略，并按照"三性一度"原则，进一步优化完善五粮液产品体系。其中，核心产品实施的"1+3"战略不仅适用于此前的五粮液产品，同样对 2018 年先后推出的缘定晶生和改革开放 40 周年纪念酒等也同样具有指导意义，以高端、稀缺的理念进一步释放品牌价值。针对系列酒 4 个大单品战略则为集中力量打造"五粮春、五粮醇、五粮特曲、尖庄"四个全

国性大单品。

（2）第八代五粮液升级

为产品体系核心服务的普五所带来的营收占公司总营收的50%以上，其他产品都是为了巩固普五这个核心所服务的。这使定价在千元左右的五粮液酒品有了一定的优势，公司也由此实现五粮液第七代到第八代的转换。

与第七代五粮液不同的是，第八代在品质各方面都有所提升。比如，包装外盒、瓶身细节、溯源防伪和消费者体验等方面所作出的改变，不仅体现出千元价格应有的精致，同时也考量用户的体验感，不失大气。而其中对于防伪的设计，在产品的生产、运出、销售每个环节都有全过程的溯源。

（3）推出高端、超高端产品，拉升品牌价值

五粮液于2017年6月与施华洛世奇合作，推出"缘定晶生"新品，即为一些高端婚宴特定服务的创新产品①。2018年6月在京东也推出了大事件套装等纪念酒。2019年3月五粮液在成都召开发布会，发布会上提到五粮液的战略推出高端产品，拓宽高端收藏定制酒的产品种类，从而进一步提升品牌价值。2020年9月五粮液推出战略性高端大单品"经典五粮液"，以顺应消费升级和丰富高端白酒品类。

（4）系列酒品牌删减与升级

公司酒品牌条目繁杂，截至2018年底，公司的品牌数有800余个，而条码则多达3000余个。现阶段公司对系列酒不断缩减，计划品牌数目缩减到45个左右，条码减少至350个左右。系列酒的删减，不仅扩展了核心产品的消费市场，同时增强消费者辨识度，有助于品牌价值回归。

2019年4月，五粮液系列酒品牌有限公司下发通知，将包括五粮陈等73个同质化产品从各大线上平台及线下商超下架，在此之前，"VVV""东方娇子"等4个品牌及其他22款产品被下架，以免过度促销，稀释主力产品影响力。2020年共清理清退12个品牌。公司将继续梳理中低端产品，保证核心产品销量，并做强五粮春、五粮醇等腰部产品。

五粮液对系列酒坚持"做强全国性战略品牌，做大区域性重点品牌，

---

① 《五粮液携手施华洛世奇"缘定晶生"首款国际时尚白酒璀璨问世》，《中国经济网》，2017年6月30日，http://12365.ce.cn/zlpd/jsxx/201706/30/t20170630_5376031.shtml

做优总经销品牌"三个原则,集中打造五粮春、五粮醇、五粮特曲、尖庄四个全国性大单品。2020 年五粮液全面完成尖庄、五粮醇、五粮特曲等产品的升级。

2. 组织变革

(1) 系列酒浓香公司组织变革

五粮液公司由原来的宜宾五粮液系列酒品牌营销有限公司、宜宾五粮醇品牌营销有限公司和宜宾五粮特头曲品牌营销有限公司三家公司合并成五粮液浓香系列酒营销有限公司,统筹管理五粮液系列酒品牌。

(2) 成立 21 个营销战区,区域纵向扁平化

截至 2019 年 2 月,为了方便市场下沉,五粮液深化渠道改革将原来 7 个营销中心转变为 21 个营销战区、60 个营销基地。通过多个维度,构建出营销战区向中心制进行转变,不断加强市场做出快速反应的基础能力。

五粮液此次大变革后,将总部职能前移到营销战区,聚焦核心终端和核心消费者的运营,以营销战区的扁平化管理模块为营销作战单元。

3. 渠道变革

(1) 渠道扁平化,开展"大营销工程"[①]。公司由于历史上对渠道控制力度较弱,因此其渠道变革是一个系统的工程。为了更好地执行价格和品牌策略,管理库存和需求,带动经销商的积极性,要加强对经销商和终端的控制。要完成这一任务,首先是要管控经销商体系。

在线下的商铺方面,在"大营销工程"维持原有的对专卖店的重视基础上,同时对终端进行分支以及分级管理,使线上线下结合。2017 年,公司的销售人员队伍开始有所扩充,在 2016 年只能达到 447 人,到 2018 年就达到 658 人。2017 年、2018 年分别新增了 400 余家、300 余家专卖店。

(2) 依托数字化实现全渠道管理,保障渠道利润。在 2019 年,公司利用数字化,从供应链、渠道、消费者三个方面,对价格盘、货物盘、需求盘以及三个辅助盘进行全渠道管理模式。该模式通过数字化工具重整营销体系,使利润达到最终转变。

---

① 安雅泽、吕睿竞:《证券研究报告:五粮液浓香再出发,品牌价值待回归》,2019 年 9 月 12 日,http://stock.tianyancha.com/ResearchReport/eastmoney/f84bcae3395eb99ce9e2e5286f7914c7.pdf。

数字化有完善管理渠道和惩处违规操作的功能。2019年1月,大数据显示,共计26家终端销售点存在重大违规销售行为,公司对其进行了相应的惩罚,在"雷霆行动"下,处罚多家经销商与运营商,进一步对高仿产品进行清理及加强对违规销售行为的处罚;2019年7月,公司发出了第八代五粮液上市后第一批处罚通报,取消中品汇等四家专卖店的经销权,处罚紫旺达、醇香源等4家经销商,同时对部分失职失责失察的营销战区进行严肃处理。

四川五粮液新零售管理有限公司于2020年5月27日设立,五粮液公司占注册资本90%。新零售公司致力于打造集品牌宣传、产品销售平台、消费者互动平台和线上市场管理平台为一体的"垂直生态赋能平台",也是公司依托大数据等新技术应用布局未来,不断满足日益增长的消费需求,完善新型智能零售体系与传统渠道的互补、协同发展的有利格局。

(二)茅台公司近期战略变化

1. 品牌聚焦

2014年,为了打造大茅台品牌集群,茅台公司第一次提出"133"战略来巩固茅台酒的首席地位和公司市值与地位。

通过"双轮驱动"战略,茅台酒与"33"部分的茅台酱香系列酒共同推动茅台集团发展。为了进一步彰显品牌价值,公司自2017年开始以"133"品牌战略为原型,同时积极进行改造"瘦身",品牌"瘦身"26个,产品条码"瘦身"146个,最大程度展现酱香酒品牌的优势,从而促进经销网络的建立与完善;同时2018年开始,全面停止各子公司定制、贴牌、定制酒、白金酒等公司业务,预计未来公司品牌建设将更为聚焦。

自2018年开始,"做足酒文章,扩大酒天地"是茅台公司新的战略方向,不断推进"133"品牌战略来打造核心茅台品牌,不断完善营销体制和优化产品体系结构,重点市场主要面向中端及以上价格,进一步巩固和提升茅台酒作为中国高端白酒以及世界蒸馏酒第一品牌的地位[①]。

2019年茅台深入推进"文化茅台"建设,广泛搭建"文化茅台"展示的平台和载体,积极筹划"文化茅台·多彩贵州"一带一路行等活动,从文化入手,寻求新动能、提升竞争力,以此进一步提升茅台品牌的影

---

① 欧阳宇剑:《证券研究:强大品牌力及渠道控制力成就茅台》,2019年5月20日,https://www.hangyan.co/reports/2530827944515864114。

响力和文化辐射力。2020年茅台巩固茅台酒世界蒸馏酒第一品牌地位，推进品质茅台、绿色茅台、活力茅台、文化茅台和阳光茅台建设。

2. 改造营销渠道，提升直营渠道比例

相较于五粮液的大商模式，茅台公司的小商模式使得前五大客户销售收入占比一直不如对手五粮液有竞争优势。茅台公司在2018年的前五大客户的销售收入中占比达到4.87%，茅台对经销商拥有更强的话语权和掌控力。茅台公司近两年开始逐渐重视直营渠道的发展。从2019年开始，直营渠道收入和销量逐步稳健提升，短期看查处违规收回的配额将部分投向直营，中长期发展公司未来将重点放在扩大直销渠道推进营销扁平化上面。

2018年下半年，公司开始查处违规经销商，并将这部分配额放在直销渠道上来，公司直营渠道的销售占比进一步增加，公司的盈利能力也随之提升。2019年，公司对从违规经销商等处回收达到6000吨左右（主要包括违规专卖店、特约经销商、总经销商3500吨和批条酒的2500吨）茅台酒配额进行重新分配；在销售渠道上，以集团新成立的营销公司、公司直营为主。

从中长期看，公司未来主要聚焦在扩大直销渠道和提升营销扁平化上。2018年12月经销商大会显示，缩减中间步骤、平衡利益分配以及平衡终端价格，不断争取与大型商场超市以及电商的合作；同时向流量大的市场、高铁站以及机场等线下门店进行投放，增加各个地区的直销量。茅台在发布第一批商超卖场的招商公告之后，向全国供应了400吨的53度飞天茅台。这项举措虽然短期看来投放量较少，但标志着茅台渠道变革中加大自营及直销渠道网络这个方案开始落地实施，表明了公司未来发展的方向，加大直营供给的态度和决心。数据显示，茅台2019年报告期内经销商数量国内为2377个，报告期增加酱香系列经销商30个；国外经销商数量为105个，报告期内新增1个，减少14个（对部分酱香系列酒经销商进行清理和淘汰，酱香系列酒经销商为503家）。在2020年茅台国内经销商为2046个，报告期内增加15个，减少346个；国外经销商104个，报告期内减少1个。可见茅台批发代理的销售渠道有所缩减。2019年与2020年直销渠道与批发代理渠道的销售收入分别为：72.49亿元、132.4亿元（直销收入）与780.96亿元、815.82亿元（批发代理），按照销售收入金额来看，以批发代理渠道为主。但从增长趋势来看，

2020年直销与批发代理带来的销售收入增长率分别为82.64%、4.46%，直营渠道带来的收入快速增长。

茅台采取的扁平化"区域总经销+特约经销商+直营店"模式，到2018年共有3333家经销商，收入总值691.9亿元；现今拥有1407家直营店，收入达到43.8亿元，比重达到6%。2018年末，公司取消了约400家茅台经销商的经销资格，回收4000吨茅台至直营渠道，预计到2019年直营渠道占比将达到18%。2019年期间，茅台公司在2018年的基础上多销售了3000吨（以直销渠道为主），同比增长10.7%；而经销商合同量保持1.7万吨不变。因而提升直营渠道占比，更有助于增加公司利润收入。

3. 产品结构升级，提升盈利能力

茅台公司拥有良好的产品线以及价格带的战略布局。主打的飞天茅台在2000元价格带中有绝对优势；其次是推出的非标酒生肖茅台酒，零售价相对于普飞有百元的上升空间，而陈年茅台酒价格更高，收藏价值也更大；价格在300元以下主要以茅台王子酒等酱香酒产品为主。近两年，系列酒主要在500元左右，不同规格的飞天茅台酒价格带处于茅台普飞和系列酒之间。

普飞酒产品不断升级，它所具有的高端"非标酒"收藏价值明显。2018年飞天茅台出厂价没有变化，但均价因产品和渠道结构的优化出现小幅提升。据了解，2017年非标茅台比重大约占33%，提升产品结构，能较大促进均价的提升；同时这些非标酒本身的高附加值也为公司带来更强的盈利能力。

由于茅台酒产量受到工艺的影响无法快速提升产能，因而近几年公司将重点向非标产品转移。根据不完全统计表明，从2012年到2017年，公司茅台酒非标品收入占比从5%上升至30%，与普飞比例也维持在了1∶1.7[①]左右，在出厂价未发生改变的情况下，公司茅台酒吨价达到173.5万元，同比增长8.3%，结构提升非常显著；2018年，非标酒销售收入占比保持不变，也为1/3左右，但非标酒中出现产品结构升级。2019年，茅台酒销量34562.46吨，销售收入758.02亿元；其他系列酒销量30082.84吨，销售收入95.42亿元；合计销量64645.3吨，销售收入853.44亿元。2020年，茅台酒销量34312.53吨，销售收入848.31亿元；

---

① 《贵州茅台酒股份有限公司2012年年度报告》。

其他系列酒销量 29743.35 吨，销售收入 99.91 亿元；合计销量 64055.88 吨，销售收入 948.22 亿元。2020 年与 2019 年相比总的销量下降，但总的销售收入处于增长趋势。可见销售收入增速大于销量增速，其中茅台酒销售收入带来推动收入增长的贡献。不断提高非标产品占比，促进公司的销售收入和利润不断增长。

4. 系列酒将再造一个增长极

作为最早推出的单品，普通版王子酒也是体量最大的，2018 年一年的销售额就为 38 亿元，成为系列酒中的第一大品牌。在次高端价格带的赖茅、汉酱以及贵州大曲在 2018 年的销售额均超过了 10 亿。采用大曲、麸曲系列酒是指主要面向中高端市场以王子酒、赖茅、迎宾酒、仁酒、贵州大曲、汉酱等为品牌的酒。混合生产，53 度产品价格在 100 元左右。

近两年，公司的系列酒销量开启洪水式增长。例如，2018 年系列酒销售收入高达 80.77 亿元，销量达到了 29774.46 吨；2020 年系列酒销售收入高达 99.91 亿元，销售量达 29743.35 吨，从而实现了完全顺价。2018 年 4 月 30 日后，系列酒不再新招经销商，且 2018 年要完成含税销售额从 65 亿至 80 亿的增长。在 2018 年中，公司通过产品结构的升级，使系列酒的销售目标超额完成，同比增加了 35%。

为了促进"大单品工程"取得显著成效，系列酒致力于调整优化产品结构和供给品质质量，提高产品附加值。王子酒名列系列酒第一、茅台集团第二，销售收入高达 38 亿元，年销量高达 1.2 万吨。同时三大"十亿元级"单品为赖茅、汉酱以及贵州大曲。

2018 年，系列酒产品在公司酒类产品中的营收比重已经占到了 10.98%，相比 2014 年增加 8.02%，目前系列酒已经成为公司业绩的一个重要组成部分。

不断开发非标酒，模仿飞天茅台，调整优化产品结构，进而提升盈利能力。在不增量的前提下，2018 年公司系列酒产品的销售收入从 65 亿增加至 88 亿，而未来系列酒也主要致力于提升品牌价值、优化产品构造以及打造大单品这几个方面。同时，酱香酒公司效仿普飞的方式，不断研究打造高附加值的系列酒非标产品，在各个不同的方面开拓求新。

2018 年，茅台酱酒公司持续优化系列酒组合，砍掉标品王子、迎宾酒配额，把减少的配额增加到更加赚钱的定制系列酒方面。在京东中，茅台王子酒售价为 158 元/瓶，而其主要包括金王子、酱门经典、传承系列、珍品、狗年生肖版等非标产品价格均高于标品,而茅台王子酒(传承1999)和(戊戌狗年)的价格比标品价格高出3到4倍。自2015年以来,系列酒产品的毛利率不断提升,2018年至2020年系列酒毛利率分别达到71.05%、72.2%、70.14%,均超过70%。随着茅台王子酒和赖茅酒的高速增长以及非标产品占比的不断提升,公司系列酒盈利能力也在不断提升。

第三节 五粮液与茅台发展历程对比研究

一 五粮液品牌发展历程分析

五粮液的发展历史可以追溯到公元1368年,现已有600多年的发展历史。五粮液公司成立于1951年,经历了68年的发展历程。从整个五粮液发展历史来看,其品牌发展重点根据环境变化和企业发展需要在不断优化,主要经历了三个阶段:奠基阶段、多品牌阶段和国际化发展阶段。五粮液品牌发展各阶段及其特征分析见图5-1。

(一)五粮液奠基阶段(1993年以前)

五粮液奠基阶段的重要纪实如表5-3所示。

表5-3　　　　　　　　　　五粮液奠基阶段年记

发展阶段	纪要
唐代	戎州官坊用四种粮食酿制了一种"春酒"
宋代	姚氏家族私坊酿制,采用大豆、大米、高粱、糯米、荞子五种粮食。"姚子雪曲"是五粮液最成熟的雏形
1368年	宜宾人陈氏继承了姚氏产业,总结出陈氏秘方,五粮液用的就是"陈氏秘方"
1909年	陈氏秘方酿造的酒更名为"五粮液"
1915年	五粮液在巴拿马荣获万国博览会金奖
1928年	"利川永"烤酒作坊老板邓子均,又采用红高粱、大米、糯米、麦子、玉米五种粮食为原料,酿造出了香味纯浓的"杂粮酒"
1951年	国家扶持酒业,联合"利川永"等八家糟房组建"中国专卖公司四川宜宾酒厂",形成集团协作工厂
1956年	五粮液在食品工业部各大名酒尝评中荣获第一名

续表

发展阶段	纪要
1958 年	金沙江南岸的"跃进区"建成,完成了五粮液第一次扩建,使全厂产酒能力达到 1141 吨,构成了五粮液酒厂的最初规模
1959 年	"中国专卖公司四川宜宾酒厂"正式命名为"宜宾五粮液酒厂"
1963 年	五粮液获国家名酒称号
1985 年	五粮液在全国第三次评酒会上夺魁,被授予金质奖章;确定了"重视白酒质量,通过领先工艺、技术和质量来塑造酒业名牌"的经营理念
1986 年	国家投资 2500 万元在江北主厂区新建了占地 22.8 万平方米的 3000 吨车间,全厂总产量达到 1 万吨。五粮液酒厂创造性地将历史文化传承与现代的科学运作相结合,从而取得了高速的发展
1988 年	国家放开白酒价格,同时禁止名酒上公款宴席,加上通货膨胀严重而采取的紧缩银根政策,对白酒行业带来巨大考验。在这种背景下,五粮液坚持重视白酒品质,改进生产工艺
1990 年	五粮液荣获首届中国"十大驰名商标"
1992 年	建成世界最大酿酒车间,使五粮液全厂产酒能力达到 9 万多吨

资料来源:根据五粮液股份有限公司官网、川酒发展研究中心相关资料整理。

五粮液发展历史悠久,但市场化运作起步较晚。从 1980 年开始,五粮液才着手市场化运作。从发展历程来看,在 20 世纪 80 年代初到 90 年代中期,五粮液的发展战略发生了转变,更注重质量和规模发展的协调,这个阶段的战略主要表现:(1)重视质量管理,提升酒品质;(2)在保证酒品质的基础上,适度扩张生产规模;(3)加强"五粮液"品牌建设。

在奠基阶段,五粮液的质量得到大幅提高,规模不断扩大,品牌声誉和知名度大幅提升,这为五粮液以后的发展奠定了一定的基础。

(二)五粮液多品牌发展阶段(1994—2008 年)

五粮液多品牌发展阶段的重要纪实如表 5-4 所示。

表 5-4 　　　　　　五粮液多品牌发展阶段年记

年份	纪要
1991	五粮液集团主要经营两个品牌,一个高端品牌五粮液,一个低端品牌尖庄
1993	五粮液产能达到了 9 万吨,出现了较大的产能过剩,五粮液对战略进行了调整
1994	五粮液开始实行品牌延伸战略,推出中端的"五粮醇",并试行品牌"买断"销售

续表

年份	纪要
1995	五粮液投资1.5亿元进行酿酒配套工程建设；在"第十三届巴拿马国际食品博览会"上又再获金奖
1998	五粮液集团的酒类核心资产宜宾五粮液股份有限公司在深圳交易所成功上市；五粮液推出多品牌战略；五粮液调整战略，从单纯的酒业规模扩张，转向为"一业为主，多元发展"的发展道路
2000	五粮液制定了"到2005年销售收入要在2000年的基础上翻一番"的战略目标，建成了一个4万吨的酿酒车间，成为占地7平方公里的"十里酒城"
2001	五粮液保健酒公司成立
2002	五粮液进军汽车业
2003	实施"1+9+8"品牌战略
2004	五粮液集团收购四川川橡集团有限公司
2005	五粮液保健酒公司将加入OEM领域，为其他酒类企业提供委托加工服务；五粮液集团制定了"做强主业，做大多元产业，适时适度发展高新技术产业"的经营战略
2006	五粮液集团将投资2亿元进军葡萄酒产业；五粮液集团重金打造保健酒，推出新的OEM战略；减缩低价品牌，丰富中高档品牌线；五粮液进入汽车发动机领域
2007	五粮液联手章光101推出千寻营养酒，力求2008年取得保健酒行业龙头地位
2008	五粮液保健酒公司联手的巨人公司推出了一款功能性白酒——"黄金酒"

资料来源：根据五粮液股份有限公司官网、川酒发展研究中心相关资料整理。

从1994年到2008年十五年间，五粮液在前一阶段的规模化发展后，得到快速成长并不断壮大，在此阶段，五粮液则寻求企业发展的新突破。在这一阶段，五粮液在品牌策略上，选择多品牌的发展道路；而在行业发展上，选择了多元化的发展道路。这个阶段的主要战略如下：

（1）走全品牌发展的路线，主导发展中档品牌；
（2）实行相关多元化和非相关多元化的战略；
（3）进一步提升产能；
（4）进一步提价。

在这个阶段，五粮液实施的多品牌战略过程有一定起伏。在战略推行初期，取得非常好的成绩，但在2004年多品牌战略推行遇到较大的困难，到后期，特别是2009年之后，收入与净利润才重回同时快速增长的轨道。五粮液的多元化战略是比较成功的，五粮液最初通过酒类上游行业的延伸，增加了利润点。为了进一步培养更多的利润增长点，五粮液开始着手实施非相关多元化战略。

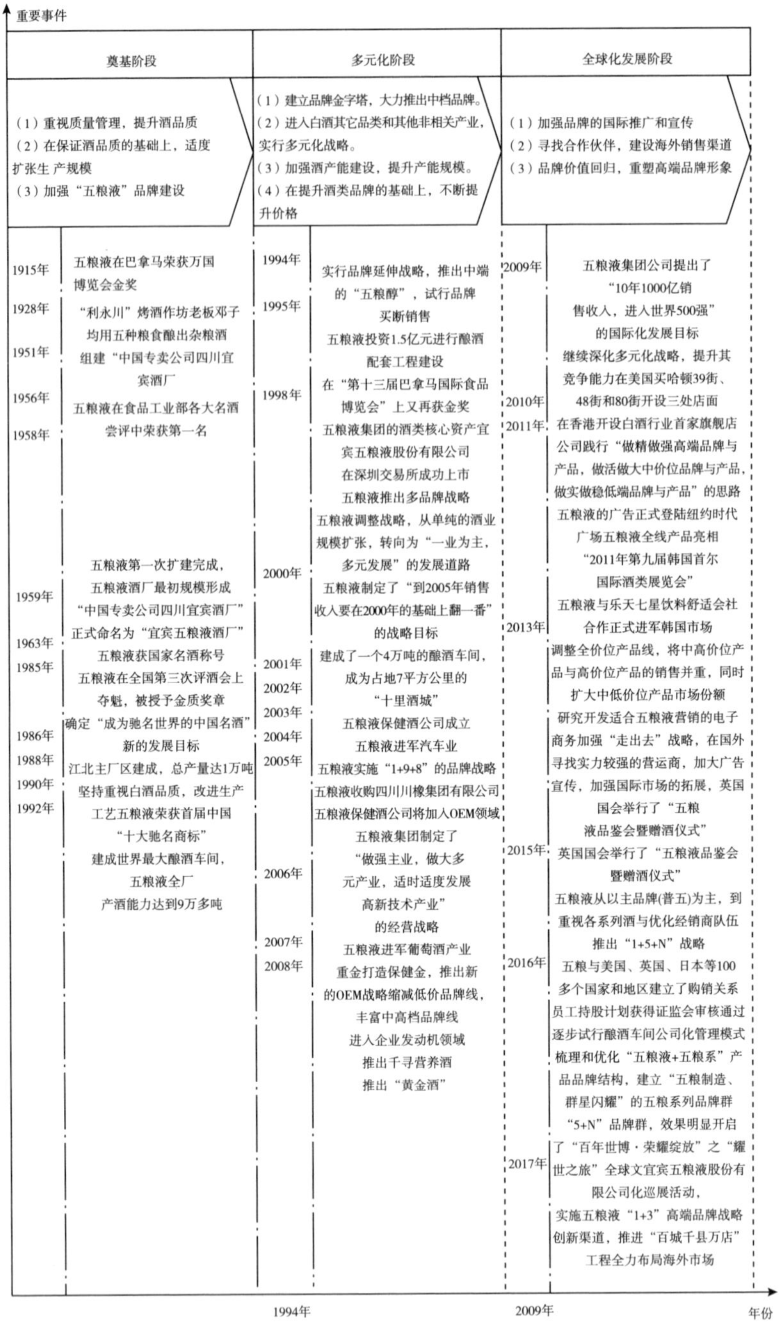

图 5-1 五粮液品牌发展历程分析

重要事件

	奠基阶段	多元化阶段	全球化发展阶段
	(1) 重视质量管理，提升酒品质 (2) 在保证酒品质的基础上，适度扩张生产规模 (3) 加强"五粮液"品牌建设	(1) 建立品牌金字塔，大力推出中档品牌。 (2) 进入白酒其它品类和其他相关产业，实行多元化战略。 (3) 加强酒产能建设，提升产能规模 (4) 在提升酒类品牌的基础上，不断提升价格	(1) 加强品牌的国际推广和宣传 (2) 寻找合作伙伴，建设海外销售渠道 (3) 品牌价值回归，重塑高端品牌形象
1915年	五粮液在巴拿马荣获万国博览会金奖		
1928年	"利永川"烤酒作坊老板邓子均用五种粮食酿出杂粮酒		
1951年	组建"中国专卖公司四川宜宾酒厂"		
1956年	五粮液在食品工业部各大名酒尝评中荣获第一名		
1958年			
1959年	五粮液第一次扩建完成，五粮液酒厂最初规模成"中国专卖公司四川宜宾酒厂"正式命名为"宜宾五粮液酒厂"		
1963年	五粮液获国家名酒称号		
1985年	五粮液在全国第三次评酒会上夺魁，被授予金质奖章		
1986年	确定"成为驰名世界的中国名酒"新的发展目标		
1988年	江北主厂区建成，总产量达1万吨		
1990年	坚持重视白酒品质，改进生产工艺五粮液荣获首届中国十大驰名商标		
1992年	建成世界最大酿酒车间，五粮液全厂产酒能力达到9万多吨		
1994年		实行品牌延伸战略，推出中端的"五粮醇"，试行品牌买断销售	
1995年		五粮液投资1.5亿元进行酿酒配套工程建设	
1998年		在"第十三届巴拿马国际食品博览会"上又再获金奖 五粮液集团的酒类核心资产宜宾五粮液股份有限公司在深圳交易所成功上市 五粮液推出多品牌战略	
2000年		五粮液调整战略，从单纯的酒业规模扩张，转向为"一业为主，多元发展"的发展道路 五粮液制定了"到2005年销售收入要在2000年的基础上翻一番"的战略目标	
2001年		建成了一个4万吨的酿酒车间，成为占地7平方公里的"十里酒城"	
2002年			
2003年		五粮液保健酒公司成立	
2004年		五粮液进军汽车业	
2005年		五粮液实施"1+9+8"的品牌战略 五粮液收购四川川橡集团有限公司 五粮液保健酒公司将加入OEM领域	
2006年		五粮液集团制定了"做强主业，做大多元产业，适时适度发展高新技术产业"的经营战略	
2007年		五粮液进军葡萄酒产业	
2008年		重金打造保健酒，推出新的OEM战略缩减低价品牌线，丰富中高档品牌线 进入企业发动机领域 推出寻香养酒 推出"黄金酒"	
2009年			五粮液集团公司提出了"10年1000亿销售收入，进入世界500强"的国际化发展目标 继续深化多元化战略，提升其竞争力在美国买哈顿39街、
2010年			48街和80街开设三处店面
2011年			在香港开设白酒行业首家旗舰店 公司践行"做精做强高端品牌与产品，做活做大中价位品牌与产品，做实做稳低端品牌与产品"的思路 五粮液的广告正式登陆纽约时代广场五粮液全线产品亮相 "2011年第九届韩国首尔国际酒类博览会"
2013年			五粮液与乐天七星饮料舒适会社合作正式进军韩国市场 调整全价位产品线，将中高价位品与高价位产品的销售为重，同时扩大中低价位产品市场份额 研究开发适合五粮液营销的电子商务加强"走出去"战略，在国外寻找实力较强的营运商，加大广告宣传，加强国际市场的拓展，英国国会举行了"五粮液品鉴会暨赠酒仪式"
2015年			英国国会举行了"五粮液品鉴会暨赠酒仪式"
2016年			五粮液从以主品牌(普五)为主，到重视各系列酒与优化经销商队伍推出"1+5+N"战略 五粮与美国、英国、日本等100多个国家和地区建立了购销关系 员工持股计划获得证监会审核通过 逐步试行酿酒车间公司化管理模式 梳理和优化"五粮液+五粮系"产品品牌结构，建立"五粮制造、群星闪耀"的五粮系列品牌群"5+N"品牌群，效果明显开启
2017年			了"百年世博·荣耀绽放"之"耀世之旅"全球文宣宾五粮液股份有限公司化巡展活动，实施五粮液"1+3"高端品牌战略创新渠道，推进"百城千县万店"工程全力布局海外市场

1994年　　　　　2009年　　　　　年份

图 5-1　五粮液品牌发展历程分析

（三）五粮液全球化发展发展阶段

五粮液多品牌全球化发展阶段的重要纪实如表 5-5 所示。

表 5-5　　　　　　　　五粮液全球化发展发展阶段年记

年份	纪要
2009	（1）五粮液集团公司提出了"10 年 1000 亿销售收入，进入世界 500 强"的国际化发展目标，继续深化多元化战略，提升其竞争能力； （2）在美国曼哈顿 39 街、48 街和 80 街开设三处店面
2010	在香港开设白酒行业首家旗舰店
2011	（1）公司践行"做精做强高端品牌与产品，做活做大中价位品牌与产品，做实做稳低端品牌与产品"的思路； （2）五粮液的广告正式登陆纽约时代广场； （3）2012 年 11 月在第 18 届亚太质量组织会议上，公司荣获"全球卓越绩效奖"； （4）五粮液全线产品亮相"2011 年第九届韩国首尔国际酒类展览会"； （5）五粮液与乐天七星饮料舒适会社合作正式进军韩国市场
2013	（1）调整全价位产品线，将中高价位产品与高价位产品的销售并重，同时扩大中低价位产品市场份额； （2）研究开发适合五粮液营销的电子商务； （3）加强"走出去"战略，在国外寻找实力较强的营运商，加大广告宣传，加强国际市场的拓展，英国国会举行了"五粮液品鉴会暨赠酒仪式"
2015	（1）五粮液从以主品牌（普五）为主，到重视各系列酒与优化经销商队伍； （2）推出"1+5+N"战略； （3）米兰世博会上，五粮液一举获得多项殊荣，并且与多个国家和地区建立了购销关系，产品远销全球数十个国家和地区
2016	（1）积极推进国有企业改革，员工持股计划获得证监会审核通过； （2）逐步试行酿酒车间公司化管理模式； （3）公司进一步梳理和优化"五粮液+五粮系"产品品牌结构，建立"五粮制造、群星闪耀"的五粮系列品牌群； （4）以新品五粮液为核心，交杯牌五粮液、五粮液 1618、五粮液低度系列为战略品牌，五个个性化品牌为补充的"1+3+5"的品牌组合； （5）初步完成对系列酒品牌的梳理、分组、优胜劣汰工作，并以打造百亿系列酒的目标来分解与定位"5+N"品牌群，效果明显； （6）开启了"百年世博·荣耀绽放"之"耀世之旅"全球文化巡展活动，相继在成都、上海、郑州、沈阳、西安、深圳、北京、悉尼举办八场文化巡展活动

续表

年份	纪要
2017	（1）实施五粮液"1+3"高端品牌战略； （2）首次提出系列酒品牌"4+4"产品策略：4个全国性大单品（五粮春、五粮醇、五粮特曲、尖庄）和4个区域性单品（五粮人家、百家宴、友酒、火爆）； （3）完成对五粮液生产、营销等各个方面"布点"，出台清退政策，对五粮液品牌进行考核和清退； （4）创新渠道，推进"百城千县万店"工程，推进基于大数据和直面终端消费者、线上线下一体的新零售体系建设； （5）全力布局海外市场，不断提升市场竞争力
2018	（1）五粮液"1+3"产品体系得到进一步确立和完善； （2）对"普五"精益求精的包装升级按计划推进； （3）开发了高端窖池系列产品，重塑高端白酒价值体系； （4）确定了数字化转型战略，完成五粮液整体数字化转型蓝图规划
2020	（1）按照"三性一度"原则，进一步优化完善五粮液产品体系，形成了501五粮液、经典五粮液、第八代五粮液、五粮液1618、低度五粮液为主的产品体系； （2）推出"经典五粮液"战略性高端大单品； （3）系列品牌酒集中力量打五粮春、五粮醇、五粮特曲、尖庄四个全国性大单品；营销数字化一期项目基本建成，营销全程数字实现可视化

资料来源：根据五粮液股份有限公司官网、川酒发展研究中心相关资料整理。

在"一带一路"发展契机下，五粮液加快了国际化战略，进一步开拓东亚和东南亚市场，并加快进入欧洲，而且积极开拓国际免税渠道。

这个阶段的主要战略如下：

（1）加强品牌的国际推广和宣传；

（2）寻找合作伙伴，建设海外销售渠道；

（3）品牌价值回归，重塑高端品牌形象。

二 茅台品牌发展历程分析

茅台品牌发展各阶段及其特征分析如下（见图5-2）。

（一）茅台奠基阶段（汉代—1997年）

茅台奠基阶段的重要纪实如表5-6所示。

第五章　五粮液与茅台品牌发展历程对比研究 | 175

重要事件

奠基阶段	多元化阶段	全球化阶段
（1）重视质量管理，以质量求生存，管理出效益； （2）重视品牌建设，维护品牌声誉	（1）实行酒业相关多元化战略，推行产业多元化和产品多元化。 （2）加强茅台酒技改及扩建工程，提升产能规模。 （3）大力发展营销网络，加强专卖店建设。	（1）加快国际化战略，开拓海外营销渠道。 （2）大力扩张产能，突破产能瓶颈，继续推进营销转型升级。 （3）推进"文化茅台"建设，强化品牌塑造。

年份	奠基阶段	年份	多元化阶段	年份	全球化阶段
1862年	华联辉在茅台开办"成裕酒房"	1998年	茅台集团开始推行酒业相关多元化战略	2009年	茅台与法国卡慕酒业签署战略合作协议
1915年	巴拿马万国博览会上被评为世界名酒仁怀县政府将三大烧房国有化，成立了	1999年	茅台集团兼并对酒公司 贵州茅台酒股份有限公司成立 中国贵州茅台酒厂（集团）遵义啤酒有限责任公司成立 茅台中国酒文化城获上海大世界吉尼斯"世界之最"	2010年	茅台集团调整"三步走，三跨越"战略贵州茅台酒股份有限公司总市值达1735亿元，高居白酒上市公司第一位
1951年	"贵州省专卖事业管理局仁怀县茅台酒厂"				茅台集团对原来"三步走，三跨越"战略目标进一步调整，提出扩产提质瞄准年销售千亿元目标
1953年	更名为贵州省茅台酒厂			2011年—2015年	
1954年	"贵州省人民政府工业厅茅台酒厂"更名为"地方国营茅台酒厂"日内瓦会议期间，周总理用茅台酒宴请与会贵宾	2000年	更名为"中国贵州茅台酒厂有限责任公司"收购遵义高原啤酒厂		着手于国酒茅台的国际化品牌打造将进入突破性阶段茅台集团与华润雪花签订共同增资华润啤酒的合资协议茅台集团出口额实现1.8亿美元贵州茅台荣获2013年度全球卓越绩效奖茅台开设阿里巴巴、天猫、京东旗舰店
1955年	国家投资8万元扩建茅台酒厂茅台酒商标（车轮牌）在香港、澳门、马来西亚、新加坡等东南亚地区注册。 "地方国营茅台酒厂"更名为"贵州省茅台酒厂" 国家投资7.3万元建设茅台酒厂	2001年	贵州茅台酒厂制定"十五"规划，确定新的战略目标 茅台集团相继推出了中高档、中低档系列白酒子品牌 茅台集团下属核心成员贵州茅台在上海证券交易所上市 建立茅台集团葡萄酒有限责任公司 茅台推出的高档酒种	2012年 2013年	茅台酱香营销公司成立
1963年	茅台酒再获"全国名酒"称号确立了贵州茅台酒三种典型体（酱香、醇甜、窖底）的划分	2002年	茅台在遵义年产10万吨高档啤酒，国内自动化程度最高的啤酒生产线投产茅台集团提出"铸造一流企业"的愿景和"打造百亿茅台"的战略目标	2014年	茅台中国酒文化城获评国家4A级景区习酒获国家地理标志保护产品茅台领衔入选中欧地理标志互认国家名录茅台酒再次荣膺"国家名片"茅台酒打入全球著名的超五星级酒店纽约华尔道夫酒店，共发展了西班牙、瑞士、拉脱维亚、格鲁吉亚、爱尔兰5家新经销商
1965年	茅台酒第三次获"国家名酒"称号，第一次获国家质量金质奖		茅台将各档茅台酒涨价		
1975年	"茅台酒标准"再次制定			2015年	
1983年	贵州茅台酒获国家最高质量管理奖（金质奖）	2003年	茅台推出了全新的渠道策略——总经销制推出专供酒的先河		
1984年	茅台酒荣获"国际商品金桂叶奖"，这是建国后茅台酒首次获国际金奖厂名更为"中国贵州茅台酒厂"		茅台酒销额首超越五粮液，跃居中国白酒销量第一		茅台夺得2015中国食品企业国际贡献奖
1985年	茅台酒厂修订大曲酱香型酒厂国家一级企业标准	2004年	跟随五粮液实现了三次提价		茅台推出的"三合一"组合茅台酒和"遵义会议纪念茅台酒"荣获2015中国优秀旅游商品大赛金奖
1986年	贵州茅台酒获国家第五届评酒会金奖，实现国内金奖五连冠。	2005年	茅台推出了"国红"、"国韵"系列中低端产品茅台推出高端品牌"大中国"酒启动"十一五"循环经济工业园区建设项目		茅台列2016全球烈酒品牌价值50强首位
1989年	茅台酒销售突破亿元大关	2006年			
	贵州"茅台牌"商标获首届"中国驰名商标"第一名贵州茅台酒获纪念巴拿马万国博览会80周年国际名酒评比会（美国）特别金奖第一名	2007年	茅台入市的茅台白酒茅台提出"三步走，三跨越"战略目标	2016年	海外营收更是超过20亿元，茅台酒国际化战略真正初显成效股票再创新高成为全球市值最高的酒制造企业
1991年		2008年	"茅台酒大容器自动化控制技术研究及应用"取得重大突破		
1994年		2009年		2017年	茅学院成立首批录取600名学生贵州茅台扬帆远航点"燃"非洲

1994年　　　　2009年　　　　年份

图 5-2　茅台品牌发展历程分析

表 5-6　　　　　　　　　　　茅台奠基阶段年记

年份	纪要
1862	华联辉在茅台开办"成裕酒房"
1915	巴拿马万国博览会上被评为世界名酒
1951	仁怀县政府将三大烧房国有化,成立了"贵州省专卖事业管理局仁怀茅台酒厂"
1953	更名为贵州省茅台酒厂
1954	"贵州省人民政府工业厅茅台酒厂"更名为"地方国营茅台酒厂"; 日内瓦会议期间,周总理用茅台酒宴请与会贵宾; 国家投资 8 万元扩建茅台酒厂
1955	茅台酒商标(车轮牌)在香港、澳门、马来西亚、新加坡等东南亚地区注册; "地方国营茅台酒厂"更名为"贵州省茅台酒厂"; 国家投资 7.3 万元建设茅台酒厂
1963	全国第二届评酒会上,茅台酒再获"全国名酒"称号
1965	确立了贵州茅台酒三种典型体(酱香、醇甜、窖底)的划分
1975	国务院副总理王震在全国食品工作会议上指出:"茅台酒是国酒"
1979	茅台酒第三次获"国家名酒"称号,第一次获国家质量金质奖
1983	"茅台酒标准"再次制定
1984	贵州茅台酒获国家最高质量管理奖(金质奖)
1985	茅台酒荣获"国际商品金桂叶奖",这是中华人民共和国成立后茅台酒首次获国际金奖
1986	厂名更为"中国贵州茅台酒厂"
1989	茅台酒厂修订大曲酱香型酒厂国家一级企业标准; 贵州茅台酒获国家第五届评酒会金奖,实现国内金奖五连冠; 在全国白酒滑坡的情况下,茅台酒销售超额完成国家计划,突破亿元大关
1991	贵州"茅台牌"商标获首届"中国驰名商标"第一名
1994	贵州茅台酒获纪念巴拿马万国博览会80周年国际名酒评比会(美国)特别金奖第一名

资料来源:根据贵州茅台集团股份有限公司官网、川酒发展研究中心相关资料整理。

从茅台这一阶段的发展历程来看,其战略主要表现为:

(1) 重视质量管理,以质量求生存,管理出效益;

(2) 重视品牌建设,维护品牌声誉。

(二) 茅台相关多元化发展阶段(1998—2009 年)

茅台在该阶段的重要纪实如表 5-7 所示。

表 5-7　　　　　　　　　　茅台相关多元化阶段年记

年份	纪要
1998	茅台集团开始推行酒业相关多元化战略；茅台集团兼并习酒公司
1999	贵州茅台酒股份有限公司成立； 中国贵州茅台酒厂（集团）遵义啤酒有限责任公司成立； 茅台中国酒文化城获上海大世界吉尼斯"世界之最"
2000	更名为"中国贵州茅台酒厂有限责任公司"； 收购遵义高原啤酒厂，生产茅台啤酒
2001	贵州茅台酒厂制定"十五"规划，茅台集团相继推出了中高档、中低档系列白酒子品牌；茅台集团下属核心成员贵州茅台在上海证券交易所上市；建立茅台集团葡萄酒有限责任公司
2002	茅台在高档酒的开发中推出了陈年茅台、年份酒等品种；茅台在遵义年产 10 万吨高档啤酒，国内自动化程度最高的啤酒生产线投产
2003	茅台集团提出"铸造一流企业"的愿景和"打造百亿茅台"的战略目标；回应五粮液的涨价，茅台将各档茅台酒涨价
2004	茅台推出了全新的渠道策略——总经销制
2005	推出专供酒的先河；茅台酒销售额超越五粮液，跃居中国白酒销量第一
2006	五粮液在半年时间内实现了三次提价，2006 年 2 月，茅台再次选择跟随策略
2007	茅台推出了"国红""国韵"系列中低端产品；茅台推出高端品牌"大中国"酒
2008	投资约 9.5 亿元，启动"十一五"循环经济工业园区建设项目，分三年完成；茅台高调入市的茅台白金酒；茅台提出"三步走，三跨越"战略目标
2009	"茅台酒大容器自动化控制技术研究及应用"取得重大突破，限制茅台酒发展的瓶颈得到缓解

资料来源：根据贵州茅台集团股份有限公司官网、川酒发展研究中心相关资料整理。

从这一阶段茅台的发展历程来看，茅台酒选择的战略让其在规模上得到极大的发展。这个阶段的主要战略如下：

（1）实施多元化战略；

（2）推动技改和扩大规模工程；

（3）重点拓展营销网络，加强专卖店建设。

茅台集团的多元化战略并没有赢得市场，产品虽然繁多，但多元化产品的知名度不高，销售业绩并不理想。茅台的多元化产品中包括高端的啤酒，但很少有消费者知晓或购买过该产品。茅台集团主要还是靠 53 度、56 度茅台飞天系列白酒来提升业绩，核心产品的强大让茅台营业收入和利润都取得了快速增长。

(三）茅台全球化发展阶段（2009年以后）

茅台全球化发展阶段的重要纪实如表5-8所示。

表5-8　茅台全球化发展阶段年记

年份	纪要
2009	茅台与法国卡慕酒业签署战略合作协议
2010	茅台集团调整"三步走，三跨越"战略； 贵州茅台酒股份有限公司总市值达1735亿元，高居白酒上市公司第一位
2011	茅台集团对原来"三步走，三跨越"战略目标进一步调整，提出扩产提质瞄准年销售千亿元目标；着手于国酒茅台的国际化品牌打造将进入突破性阶段；茅台集团与华润雪花签订共同增资茅台啤酒的合资协议
2012	茅台集团出口额实现1.8亿美元
2013	贵州茅台荣获2013年度全球卓越绩效奖； 茅台开设阿里巴巴、天猫、京东旗舰店
2014	茅台酱香酒营销公司成立； 茅台中国酒文化城获评国家4A级景区； 习酒获国家地理标志保护产品，茅台酒领衔入选中欧地理标志互认产品
2015	贵州茅台再次荣膺"国家名片"； 茅台酒打入全球著名的超五星级酒店——纽约华尔道夫酒店，共发展了西班牙、瑞士、拉脱维亚、格鲁吉亚、爱尔兰5家新经销商； 茅台夺得2015中国食品企业国际贡献奖； 茅台推出的"三合一"组合茅台酒和"遵义会议纪念茅台酒"荣获2015中国特色旅游商品大赛金奖
2016	茅台名列2016全球烈酒品牌价值50强首位； 海外营收更是超过20亿元，茅台酒国际化战略真正初显成效
2017	股票再创新高成为全球市值最高的酒制造企业； 茅台学院成立首批录取600名学生； 贵州茅台扬帆远航点"燃"非洲
2019	深入推进"文化茅台"建设。广泛搭建"文化茅台"展示的平台和载体，积极筹划"文化茅台·多彩贵州"一带一路行等活动，进一步提升茅台品牌影响力和文化辐射力
2020	筑牢"质量、安全、环保"三条生命线，推进品质茅台、绿色茅台、活力茅台、文化茅台和阳光茅台建设，巩固茅台酒世界蒸馏酒第一品牌地位

资料来源：根据贵州茅台集团股份有限公司官网、川酒发展研究中心相关资料整理。

从2009年后茅台发展历程来看，茅台确定了国际化扩张之路。这个阶段的主要战略如下：

（1）推进海外发展战略，构建国际营销渠道；

（2）在产量和质量上寻求突破；

（3）推进"文化茅台"建设，强化品牌塑造。

茅台在现阶段的战略思想还不够成熟，国内外的形式不断变换，使得茅台的国际化战略仍在摸索和调整。

第六章　五粮液和茅台品牌发展价值理念比较分析

第一节　五粮液和茅台品牌发展价值理念与企业愿景比较分析

一　五粮液品牌理念与企业愿景

五粮液在白酒行业市场化改革的初期，便确定了要驰名世界的远大梦想。1985年，五粮液针对企业效益不好的情况，确定了"重视白酒质量，通过领先工艺、技术和质量来塑造酒业名牌，企业的发展目标就是尽快实现五粮液酒厂的现代化发展，使五粮液成为驰名世界的中国名酒"目标。2009年，五粮液"成为生产经营世界名优酒的全球知名公司，确保行业综合效益第一，竞争力第一"的愿景更是体现了其全球视野。

当前，不断变化的外部环境给五粮液带来了持续冲击，外部政策环境的严苛，消费者消费理念的改变，对健康生活方式的注重及烈性高度酒的谨慎消费态度，这些都对五粮液的发展提出新的挑战。促使五粮液与时俱进，积极调整战略，将"为人们创造健康与欢乐"作为企业使命。对企业的定位，依然谋求世界知名企业的发展地位，以"努力打造健康、创新、领先的世界知名企业"为企业愿景。在技术更新上，更注重创新和变革，改变公众对白酒企业传统古老的认识。

二　茅台品牌理念与企业愿景

2003年茅台集团提出"铸造一流企业"的愿景和"打造百亿茅台"的战略目标。随着国内市场地位的巩固，茅台确定了国际化发展的思路并建立了"享誉全球"的愿景。茅台集团总经理袁仁国在2010年9月的海峡两岸商标研讨会上，作了《国酒茅台：享誉全球的民族品牌》发言，发言中强调:"作为飘香世界的名片,我们将在'酿造高品位的生活'的经营理念指导下,大力实施商标战略和品牌战略,强化知识产权保护措施,提升品牌可持续发展能力,加强对外交流与合作,进一步增强企业核心竞争力,进一步把国酒茅台做强做大做久"。

2011年在贵州省委省政府的大力支持下,茅台集团提出把茅台酒发展成为世界蒸馏酒品类第一的宏伟目标。茅台酒在国内白酒行业领头羊的地位已经得到市场认可,但茅台集团在新时期确立了更宏大的目标,就是把茅台酒做成蒸馏酒的世界第一品牌。实施将茅台酒做成世界第一品牌战略,茅台集团主要在产品品质、食品安全、销售业绩、科技创新、社会影响、社会责任和股票价值方面制定相应措施。

从茅台的战略构建及调整过程看,茅台一直致力于打造高端品牌形象,并且这一战略思想一直贯穿茅台发展的各个阶段。茅台一直以"国酒"作为其品牌定位。同时,从茅台的发展历程来看,为坚持这一战略,从主导产品、品牌文化、加工工艺、人文情怀等多方面来塑造和巩固其高端品牌形象,抢占白酒业制点,高举高打,占领白酒行业高端市场。而且近年茅台通过不断提价,推行茅台陈年酒拍卖,适当制造短缺等策略,不仅制造了新闻点,推进茅台酒收藏市场,提高品牌知名度,而且取得了可观的效益。

三 五粮液与茅台愿景比较分析

1985年,白酒行业市场化改革初期,成为中国名酒是五粮液愿景的萌芽。经过几十年的发展,五粮液对其愿景进行了一定的调整,在总体愿景基础上,为适应市场发展和环境变化,五粮液强调了"健康"和"创新",更注重企业发展的可持续性,提出"努力打造健康、创新、领先的世界知名企业,实现高品质、可持续的快速发展"。

茅台集团坚持的愿景是"健康永远,茅台永恒"。茅台将研究其酿造过程中茅台酒中产生的有益健康成分,宣传茅台酒长期饮用对身体的益处。这个愿景的现实性值得探讨,但可以看出在社会环境的变化中,消费者对健康的关注度越来越高,茅台为适应环境的变化作出了自己的反应。同时,茅台将中国高档白酒市场的持续领先者作为自己的目标,同时非常注重中国文化、白酒文化与企业文化的融合与建设。在愿景目标茅台也提出了自己在世界白酒行业的发展愿景。

从五粮液和茅台的愿景看,其未来都面向全球范围内的知名公司。

五粮液和茅台目前的国际市场销量和影响力有限，还需付出更多的努力去实现其愿景。并且可以看出，对于市场消费者消费倾向的变化，例如对健康的关注越来越高，五粮液和茅台的愿景目标都做出了调整。

四　五粮液与茅台业务战略比较分析

从产业战略、产品战略、区域战略三方面分析五粮液和茅台在业务战略方面的不同。

首先，从产业战略看。五粮液坚持做强主业、做大多元化产业、适时适度发展高新技术产业战略；而茅台坚持一业为主，多种经营战略。两者体现了不同的战略发展道路，五粮液走产业多元化道路，茅台则走酒业专业化道路，在酒业里面经营多种品类。

其次，从产品战略看。五粮液现在推行的是实施五粮液品牌"1+3"、系列酒"4+4"的战略，清理五粮液产品系列。五粮液此举是落实公司五粮液品牌"1+3"、系列酒"4+4"产品策略，增强产品"三性一度"的重要举措，未来五粮液将投入更多精力到品牌发展中，核心大单品的战略也会顺利实施。

而茅台执行的是"一品为主，多品开发，做好酒文章"。五粮液和茅台产品战略的共同之处，是双方进入了白酒之外的其他酒品类，但双方的经营核心仍在白酒业。但在品牌战略上五粮液和茅台走的是截然不同的道路，五粮液一直是以多品牌发展为主导，虽然五粮液近期的多品牌战略有所调整，为适应市场竞争，也在缩减品牌线，但总体看来其依然是走的多品牌发展道路。而茅台则坚持单一品牌战略，其目标市场一直是高端白酒市场。

最后，从区域战略来看。五粮液与茅台一致，都是巩固国内市场，培育与发展国际市场。但五粮液的实际工作开展更早，投入更大，而茅台主要通过国际酒业销售巨头渠道来推行国际化战略。

第二节　五粮液与茅台品牌价值比较分析
——基于权威机构数据

针对五粮液和茅台的品牌价值，本书选取了两个权威的品牌价值评估机构数据进行分析，一个是中国酒类流通协会和中华品牌战略研究院的华樽杯白酒品牌价值排行榜①,一个是全球最大传播集团 WPP 旗下调研公司凯度华明通略(MillwardBrown)发布的品牌报告②。

一 基于华樽杯的五粮液与茅台品牌价值分析

华樽杯是中国酒类流通协会和中华品牌战略研究院联合发布的酒类品牌价值排行榜。华樽杯采用全面因素测算法对酒类品牌价值进行评价及排名,其评价结果较为准确,其权威性受到酒类企业的认可。品牌评测体系具体方法为:

$$V = (P1+P2) \cdot F \cdot S$$

其中,V 表示品牌价值,P1 为利润率超额收益,P2 为市场份额超额收益,F 表示品牌实力,S 表示品牌状况。

在这个评测体系中,品牌实力主要是从企业性质、市场地位、发展历史、市场地位、行业性质、发展趋势六个方面进行评测。而品牌状况,主要是测评品牌定位、品牌结构、品牌传播、品牌管理四方面。

2009—2020 年华樽杯品牌价值评价中五粮液与茅台评价结果如表 6-1 和图 6-1 所示。

表 6-1　　　　　　　　　　华樽杯品牌价值评估结果

年份	五粮液			茅台		
	品牌价值(亿元)	定基增长(%)	环比增长(%)	品牌价值(亿元)	定基增长(%)	环比增长(%)
2009	501.69			495.6		
2010	529.82	5.61	5.61	531.46	7.24	7.24
2011	584.03	16.41	10.23	595.28	20.11	12.01
2012	712.78	42.08	22.05	748.05	50.94	25.66
2013	711.25	41.77	-0.21	868.76	75.29	16.14
2014	973.56	94.06	36.88	1015.86	104.98	16.93
2015	1004.06	100.14	3.13	1135.26	129.07	11.75
2016	1053.03	109.90	4.88	1285.85	159.45	13.26

---

① 中国酒类流通协会和中华品牌战略研究院联合发布,http://www.hzbjiu.com/?zt=hzb&app=zoujin。

② 凯度华明通略发布,http://www.brandz.com/。

续表

年份	五粮液			茅台		
	品牌价值（亿元）	定基增长（%）	环比增长（%）	品牌价值（亿元）	定基增长（%）	环比增长（%）
2017	1279.43	155.02	21.5	1562.31	215.24	21.5
2018	1646.17	228.12	28.66	2375.09	379.24	52.02
2019	2264.55	351.38	37.56	3005.21	506.38	26.53
2020	2835.24	465.14	25.20	3486.41	603.47	16.01

资料来源：华樽杯官网，http://www.hzbjiu.com/?zt=hzb&app=zoujin。

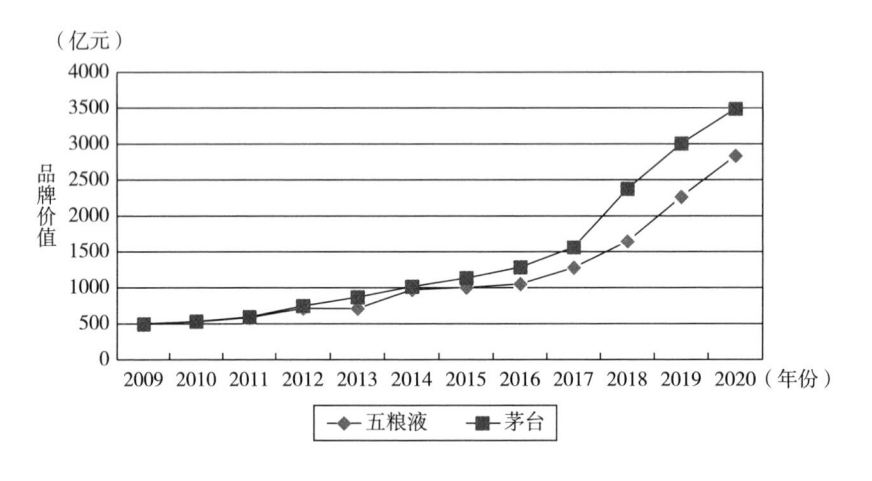

图 6-1 华樽杯品牌价值

资料来源：华樽杯官网，http://www.hzbjiu.com/?zt=hzb&app=zoujin。

由表 6-1 和图 6-1 所示，2009—2020 年期间五粮液和茅台的品牌价值都得到了较为显著的提升。从绝对量看，五粮液于 2014 年跨入千亿行列，两个品牌跨入千亿行列时间较为接近，茅台于 2013 年跨入千亿行列；从总体看，五粮液与茅台品牌价值较为接近，但茅台整体品牌价值高于五粮液，特别是近几年，差距有所拉大；从增长量来看，五粮液的品牌价值由 2009 年的 501.69 亿元增加到了 2020 年的 2835.24 亿元，增加了约 5.7 倍。茅台的品牌价值由 2009 年的 495.6 亿元增加到了 2020 年的 3486.41 亿元，增加了约 7.0 倍；从发展趋势看，五粮液和茅台在 2009—2020 年 12 年间品牌价值总体呈增长态势。茅台的年均增长率为 21.47%

高于五粮液的年均增长率 17.85%，且茅台的年增长率方差小于五粮液年增长率方差，说明茅台品牌价值增长更为稳健。

二 基于 BrandZ 最具中国品牌价值评估的五粮液与茅台品牌价值分析

BrandZ™ 通过剔除财务以及其他干扰因素构建测评体系，从品牌本身对企业价值的贡献程度测度企业的品牌价值。该排行榜运用的价值评估流程如下所示。

第一步，计算财务价值

（1）计算品牌收益。品牌收益＝企业收益×贡献率。在这个计算公式中，首先需要计算品牌"贡献率"。品牌贡献率即企业各品牌中，某一品牌对企业收益所作出的贡献，即明确企业收益中某一品牌贡献的份额。而这一指标来自于企业年报以及凯度咨询和凯度消费者指数等资料来源的财务信息。

（2）计算财务价值。财务价值计算是评估企业未来的收益，即企业收益前景。财务价值＝品牌收益×品牌乘数。品牌乘数来源于彭博社数据资料中提供的信息。得到"品牌收益"之后，与品牌乘数相乘即得到"财务价值"。

第二步，计算品牌贡献

从企业整体收益具体到各个既定品牌的财务价值还不是最终要评估的"品牌价值"核心。要得出"品牌价值"，还要排除如价格、供应情况以及分销渠道等影响着品牌财务价值的市场和流通因素。

品牌价值作为一种无形资产，其考察存在于消费者的头脑中。这意味着必须评估在消费者头脑中形成的品牌联想能在多大程度上促使消费者选择该品牌或为其支付溢价，进而推动销售。

重点关注品牌的三个方面，这三方面正是促进购买或为其支付溢价的动因所在：有意义（有机结合情感上的喜爱及功能上的需求满足）、差异化（消费者可感知到的差异）及突出性（当消费者购买某类产品时能快速想起某个品牌）。

该方法会确定这些品牌联想带来的购买量和价格溢价。品牌所发挥的这种独特作用，称之为"品牌贡献"。

第三步，计算品牌价值

用"财务价值"与"品牌贡献"（以财务价值的百分比呈现）相乘

得到"品牌价值"。品牌价值是品牌为企业整体价值所贡献的货币金额。单独提炼出这种无形资产并加以衡量,为具象化了这个重要的股东价值来源。

2014—2020 年 BrandZ 品牌价值评价中五粮液与茅台评价结果如表 6-2 和图 6-2 所示。

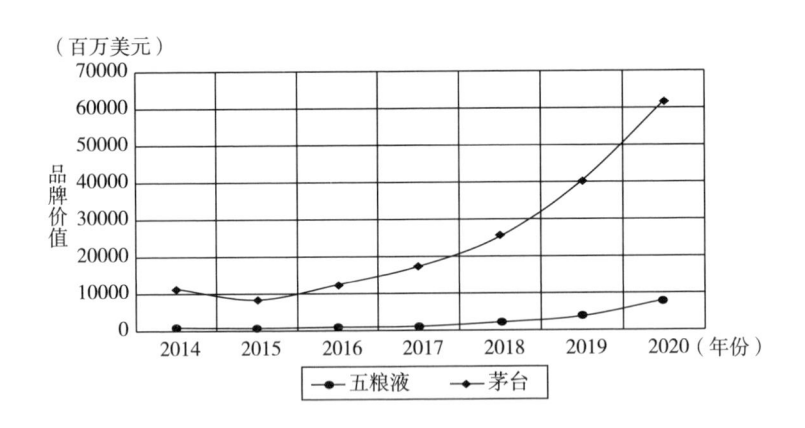

表 6-2　　　　　　　BrandZ 品牌价值评估结果

年份	五粮液		茅台		价值差异（百万美元）
	品牌价值（百万美元）	环比增长（%）	品牌价值（百万美元）	环比增长（%）	
2014	937	−66	10504	−19	9567
2015	786	−16	7608	−28	6822
2016	1002	28	11507	51	10505
2017	1139	14	16219	41	15080
2018	2192	92	23175	43	20983
2019	3715	69	36555	58	32840
2020	8034	116	53755	47	45721

资料来源：凯度 BrandZ 官网，http://www.brandz.com/。

图 6-2　BrandZ 品牌价值

资料来源：凯度 BrandZ 官网，http://www.brandz.com/。

由表 6-2 和图 6-2 可知，五粮液与茅台的品牌价值总体呈现上升趋势。除 2014 年和 2015 年受外部政策环境影响，品牌价值有所下降外，

2016年至2020年，茅台与五粮液的品牌价值不断提升，特别是2018年至2020年，为应对外部政策环境影响的措施逐渐成效后，两大白酒企业的品牌价值大幅提升。从绝对数值看，茅台的品牌价值一直高于五粮液的品牌价值，并且两个品牌的品牌价值差距不断拉大，2014年两者之间差距95.67亿美元，到2020年两者之间差距达到了457.21亿美元。

三　五粮液与茅台品牌价值综合比较

中国酒类流通协会和中华品牌战略研究院联合发布的华樽杯白酒品牌价值排行榜与WPP旗下调研公司凯度华明通略（Millward Brown）发布的品牌报告中对五粮液和茅台品牌价值的对比评估结果如表6-3所示，其中BrandZ品牌价值评估结果由美元评估的价值乘以当年平均汇率而得到。

表6-3　　华樽杯和BrandZ品牌价值评估结果对比

年份	五粮液（亿元）		差距	茅台（亿元）		差距（亿元）
	华樽杯	BrandZ		华樽杯	BrandZ	
2014	973.56	57.55	916.01	1015.86	645.20	370.66
2015	1004.06	48.95	955.11	1135.26	473.77	661.49
2016	1053.03	66.53	986.50	1285.85	764.08	521.77
2017	1279.43	76.94	1202.49	1562.31	1095.54	466.77
2018	1646.17	144.93	1501.24	2375.09	1532.28	842.81
2019	2264.55	256.21	2008.34	3005.21	2521.09	484.12
2020	2835.24	554.31	2280.93	3486.41	3708.88	-222.47

资料来源：华樽杯和BrandZ官网。

图6-3、表6-4、图6-4为两个品牌价值排行榜对五粮液的品牌价值分析结果。从品牌价值的绝对值分析看，华樽杯对于五粮液品牌价值评估结果总体高于BrandZ的评估结果，并且两个机构评估价值的差距总体呈现逐年拉大的趋势。从2014年两个机构的评估结果看，华樽杯的评估结果比BrandZ高916.01亿元，2020年华樽杯的评估结果比BrandZ高2280.93亿元。就整体发展趋势看，两个机构都认为五粮液的品牌价值总体呈较好增长趋势。从增长速度看，两个机构对于五粮液品牌价值的增长速度的判断存在较大差异。如图6-4所示，从华樽杯在2015到2020年间对五粮液品牌价值增长速度的评估结果可以看出，虽然7年间五粮液品牌价值在2017年至2019年呈现较为快速的增长速度，但其余年份增长

速度相对缓慢。从 BrandZ 对于五粮液品牌价值增长速度的评估分析可知，近 7 年五粮液总体呈现较好的增长态势。

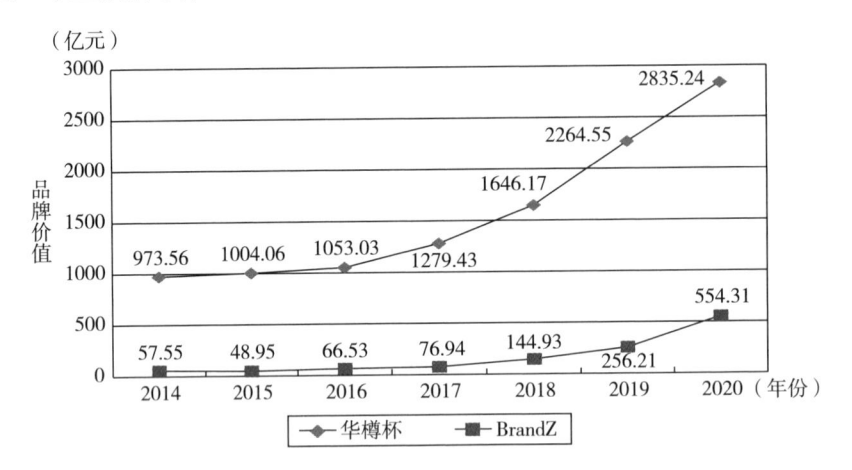

图 6-3　华樽杯和 BrandZ 关于五粮液品牌价值绝对值评估结果对比

资料来源：华樽杯和 BrandZ 官网。

表 6-4　华樽杯和 BrandZ 关于五粮液品牌价值增长速度评估结果对比（%）

年份	2015	2016	2017	2018	2019	2020
华樽杯	3.13	4.88	21.50	28.66	37.56	25.20
BrandZ	-14.96	35.93	15.63	88.38	76.78	116.35

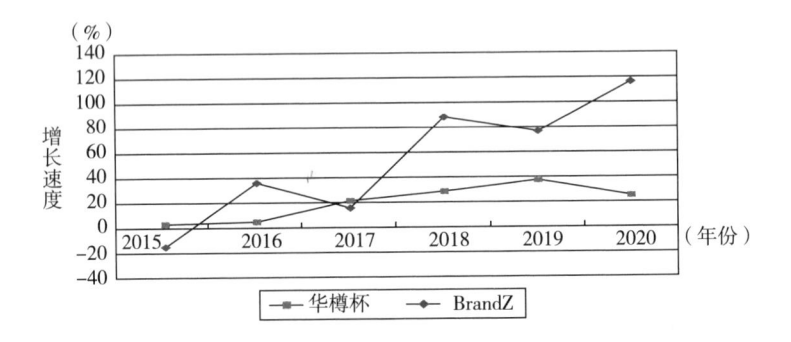

图 6-4　华樽杯和 BrandZ 关于五粮液品牌价值增长速度评估结果对比

资料来源：华樽杯和 BrandZ 官网。

图 6-5、表 6-5 及图 6-6 为两个品牌价值排行榜对茅台的品牌价值分析结果。从品牌价值的绝对值分析看,同样华樽杯对于茅台品牌价值评估结果总体要高于 BrandZ 的评估结果。但到 2020 年出现 BrandZ 品牌价值评估价值高于华樽杯的情况。从两个机构评估价值的差距上看,2014 到 2020 年间,华樽杯与 BrandZ 的评估结果总体上并没有呈现出夸大的趋势,并且在这 7 年间两者对于茅台的品牌价值判断出现非常接近的情况,可以认为两个机构对于茅台的品牌价值评估结果较为一致。就整体发展趋势分析,从增长速度看,两个机构对于茅台品牌价值的增长速度的判断存在较大差异。如图 6-6 所示,除个别年份外,从华樽杯与 BrandZ 对于茅台在 2015 到 2020 年间品牌价值的评估结果分析其品牌价值的增长速度,可以看出华樽杯对于茅台品牌价值增长速度的判断没有 BrandZ 乐观。但两个机构都认为茅台的品牌价值总体呈现出一定的增长态势。

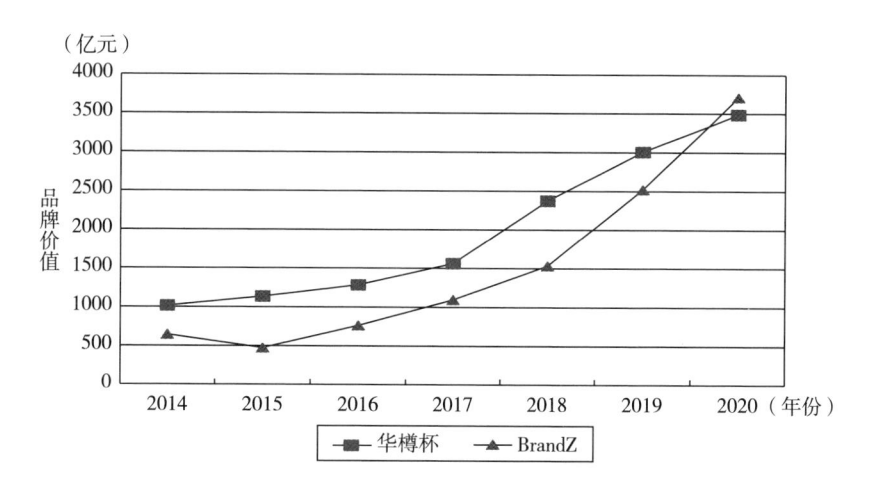

图 6-5 华樽杯和 BrandZ 关于茅台品牌价值绝对值评估结果对比

资料来源:华樽杯和 BrandZ 官网。

表 6-5 华樽杯和 BrandZ 关于茅台品牌价值增长速度评估结果对比 (%)

	2015	2016	2017	2018	2019	2020
华樽杯	11.75	13.26	21.50	52.02	26.53	16.01
BrandZ	-26.57	61.28	43.38	39.87	64.53	47.11

资料来源:华樽杯和 BrandZ 官网。

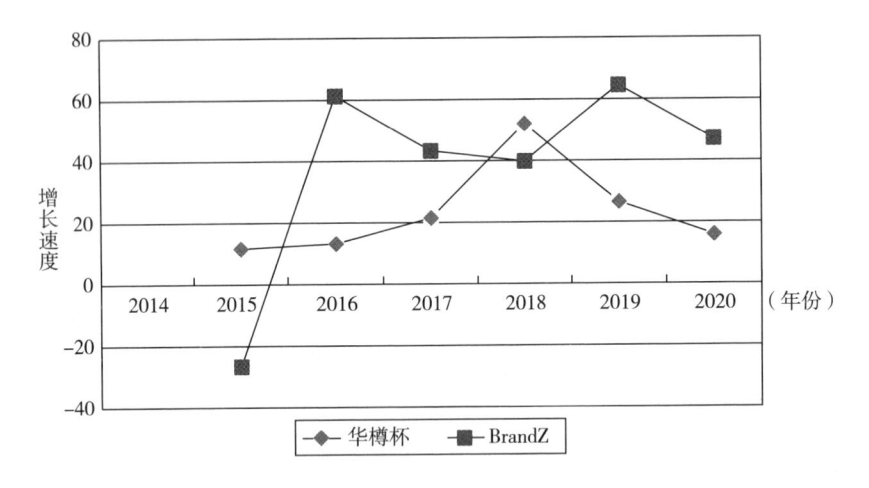

图 6-6　华樽杯和 BrandZ 关于茅台品牌价值增长速度评估结果对比

资料来源：华樽杯和 BrandZ 官网。

四　五粮液提升品牌价值的策略建议

（1）提升品牌文化深度。展现五粮液白酒的气质与形象，充分发挥其悠久酿酒历史这一特性，从中找出利于传播的历史风俗或特色生产工艺，增加与五粮液白酒产业相关的一些风俗节庆活动，丰富五粮液白酒形象、提升五粮液白酒气质。

（2）加大品牌传播投入力度。五粮液品牌传播主要有以下三种方式：广告宣传、公共营销和节庆活动营销。广告宣传是最常见的品牌传播方式，它能够让消费者直接感受到产品的具体形象，通过高质量的广告信息内容让消费者直接感受产品的具体形象来强化感官体验营销，将品牌核心价值和消费者情感价值快速联系在一起。公共营销是传播品牌的另外一种方式，五粮液可以利用中国白酒文化节、中国国际名酒文化节等平台，开展白酒专家品鉴会及研讨会，提高消费者对五粮液品牌整体形象的认知度；同时通过白酒销售门店的宣传活动、产品门户网站、微博微信等新媒体传播渠道的开通和运营，开展品牌传播，确保品牌宣传的核心内容与目标消费者的诉求一致。与白酒相关的节庆活动具有明显的地域根植性，因此特色的节庆活动是强化五粮液品牌传播的新型营销活动，难以复制。

（3）完善产品质量保障体系。产品质量保障体系的建设包括严格的质量监督体系、防伪打假机制和完善的售后服务体系。质量监督体系即设立专门的质检机构,保证白酒的每一个生产环节、每一道生产工序都控制在标准之内,把标准化贯穿于生产、加工及流通的全过程。防伪机制的建立要求所有使用"宜宾白酒"品牌标识的企业必须在包装上加贴"质量追溯码",消费者可以根据白酒瓶身上的"质量追溯标码"进行防伪、产地、出厂时间等信息的查询。防伪打假机制即是依法制裁假冒、滥用宜宾白酒区域品牌等违法行为。完善的售后服务即通过短信沟通、网络调查等方式做好产品的售后服务,积极回应消费者关于产品的问题,强化品牌保护意识,提升消费者忠诚度。

第七章　五粮液与茅台品牌竞争力的比较

第一节　白酒企业品牌竞争力模型

在消费者追求差异化和消费需求升级的当下，白酒企业之间的竞争逐渐聚焦于品牌。强势品牌在市场上拥有巨大的影响力，不仅能够获得消费者的注意、喜爱甚至忠诚，还能赋予企业更高的溢价能力。品牌不仅是白酒企业重要的无形资产，也是企业核心竞争力的重要来源。实际上，今天白酒企业之间的竞争在很大程度上就是白酒品牌之间的竞争，品牌竞争力已成为决定白酒企业成败的重要因素之一。

一　品牌竞争力

品牌竞争力是指企业的品牌拥有区别或领先于其他竞争对手的独特能力，能够在市场竞争中显示品牌内在的品质、技术、性能和完善服务，并引起消费者的品牌联想进而促进其购买行为。品牌竞争力是企业综合实力的体现，决定了企业竞争的胜负。现有对品牌竞争力的研究主要集中于以下三种视角。

第一，市场效益视角。这类研究将品牌竞争力反映在品牌的市场表现和品牌资产估值上，主张通过品牌价值、品牌溢价、市场收益、销售份额等市场表现指标或财务指标来衡量品牌竞争力。

第二，消费者视角。这类研究主张品牌竞争力源于消费者对品牌的感知、态度和行为上的反应，品牌竞争力越强，消费者对品牌营销活动的反应表现得更积极。

第三，资源整合视角。这类研究主张从整合营销的角度出发，将品牌竞争力作为企业整体资源运作水平的结果，即企业自身的整体运营能力是形成品牌竞争力的基础。因此对品牌竞争力的考查需要全面审视企业各个职能部门的运作效率和效果。无论持哪一种视角，品牌竞争力是企业在市场竞争的微观环境和可持续发展的宏观环境中获取可持续发展资源的能力，是企业发展的重要驱动力。品牌竞争力的形成需要企业协调组织内部职能，整合企业资源，协调价值网络中利益相关者之间的关系，通过打造强势品牌实现对客户的价值承诺和客户价值最大化。品牌竞争力是企业在市场中竞争能力的体现，是品牌参与市场竞争的综合能力。

二 白酒品牌竞争力模型

白酒企业的品牌竞争力主要反映在其核心品牌的产出能力、影响力和发展潜力上，可以进一步细分为品牌生产力、品牌传播力、品牌扩张力、品牌创新力和品牌成长力。分析模型如图7-1所示。

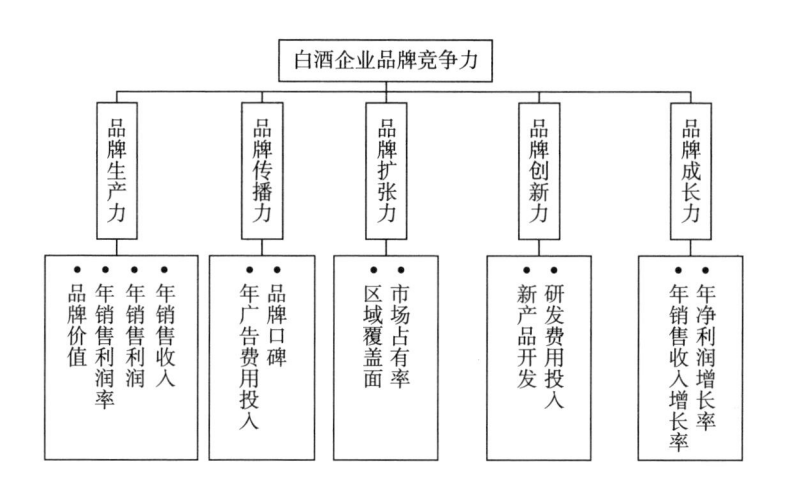

图 7-1 白酒企业品牌竞争力模型

第二节 五粮液与茅台品牌竞争力分类比较分析

一 品牌生产力比较

品牌生产力反映的是白酒上市公司的品牌产出能力，主要包括年销售收入、年销售利润、年销售利润率及品牌价值4项测量指标。其中，年销售收入和年销售利润率数据来源于上市公司历年年报。品牌价值数据来源于历年中国酒类流通协会和中华品牌战略研究院发布的"华樽杯"中国酒类品牌价值评议名单,该评价是中国针对酒行业的专业品牌价值评估,在白酒行业中具有较大的影响力。

（一）年销售收入对比

销售收入是指企业通过销售产品或服务的销售以及应收账款的货币性收入。由于五粮液经营范围涵盖较广,包括物流、包装印刷、化工等多种行业,所以在进行对比时仅选取了其主营业务收入即酒类的销售收入进行对比。2001—2020 年五粮液与茅台年销售收入数据见表 7-1,其对比折线图见图 7-2。

表 7-1　　　　2001—2020 年五粮液与茅台年销售收入　　（单位：亿元）

年份	五粮液	茅台
2001	47.42	16.18
2002	57.05	18.35
2003	63.21	24.01
2004	62.81	30.10
2005	61.28	39.31
2006	73.33	49.03
2007	72.22	72.37
2008	78.16	84.42
2009	100.05	96.70
2010	140.81	116.33
2011	184.74	184.02
2012	261.25	264.55
2013	237.03	309.22
2014	200.26	315.74
2015	203.46	326.60
2016	227.05	388.62
2017	280.92	582.18
2018	377.52	736.39
2019	463.02	854.29
2020	524.34	948.22

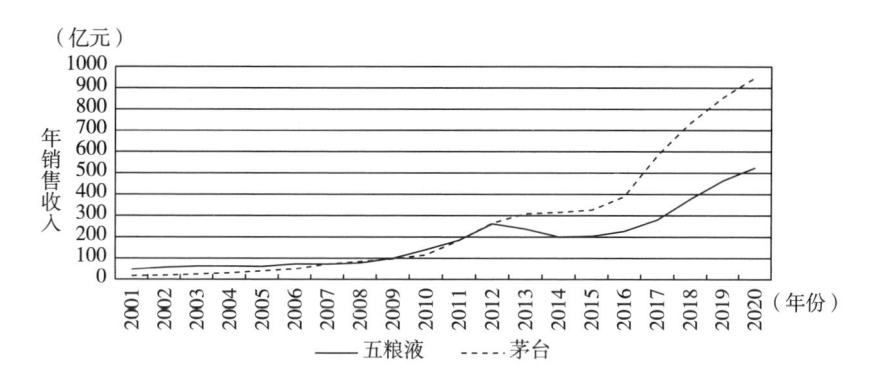

图 7-2　2001—2020 年五粮液与茅台年销售收入对比

资料来源：五粮液股份有限公司年报和茅台酒股份有限公司年报（2001—2020 年）。

经过对比可以发现，五粮液在 2012 年以前主营业务销售收入均高于茅台，但差距随着时间的推移在不断缩小。五粮液自 1998 年在深交所上市后成为整个白酒行业的风向标，是当之无愧的"中国酒业大王"。但由于浓香型白酒具有生产期短，高端产品率低的特殊性，为了保证高端酒"普五"的产量，五粮液 1990—2002 年完成了三次扩产，产能大大提升，为了将多余的库存销售掉，五粮液推出了 OEM 战略。OEM 战略在当时起到了去库存、增加销售收入等作用，但由于 OEM 战略，众多贴牌产品品质良莠不齐，反而稀释了五粮液在消费者心中优质高端白酒的形象。2012 年限制"三公"消费政策出台，五粮液选择了通过降价应对消费市场的萎缩，渠道商的串货销售，使得五粮液的品牌形象大打折扣，五粮液在高端市场上不敌茅台，2013 年茅台全面超越五粮液，且由于茅台高端酒主打"稀有性"，茅台的价格一路呈上升趋势，茅台的销售收入也一骑绝尘，远远超过五粮液。

（二）年销售利润对比

2001—2010 年，五粮液净利润由 8.11 亿元增长至 199.55 亿元，茅台由 2001 年的 3.28 亿元增长至 2020 年的 466.97 亿元，无论是增长的量还是增长速度，五粮液都低于茅台。详细数据见表 7-2，其对比折线图如图 7-3 所示。白酒企业的主要盈利产品为高端产品，五粮液由于 OEM 战略稀释了品牌影响力，高端品牌盈利能力下降；而茅台坚持单品牌宣传、贴牌酒多以浓香型为主并未涉及主品牌，高端产品价格日益上涨，盈利能力提升。2005 年五粮液销售利润被茅台超越，此后，二者差距越来越大。

表 7-2　　　　2001—2020 年五粮液与茅台年销售利润　　　（单位：亿元）

年份	五粮液	茅台
2001	8.11	3.28
2002	6.13	3.76
2003	7.03	5.87
2004	8.28	8.21
2005	7.91	11.19
2006	11.70	15.45
2007	14.46	28.31
2008	18.33	37.99
2009	32.32	43.12
2010	43.95	50.51
2011	61.80	87.63
2012	99.35	133.08
2013	79.73	151.37
2014	58.35	153.50
2015	61.76	155.03
2016	67.85	167.18
2017	96.74	270.79
2018	133.84	352.04
2019	174.02	412.06
2020	199.55	466.97

资料来源：五粮液股份有限公司年报和茅台酒股份有限公司年报（2001—2020 年）。

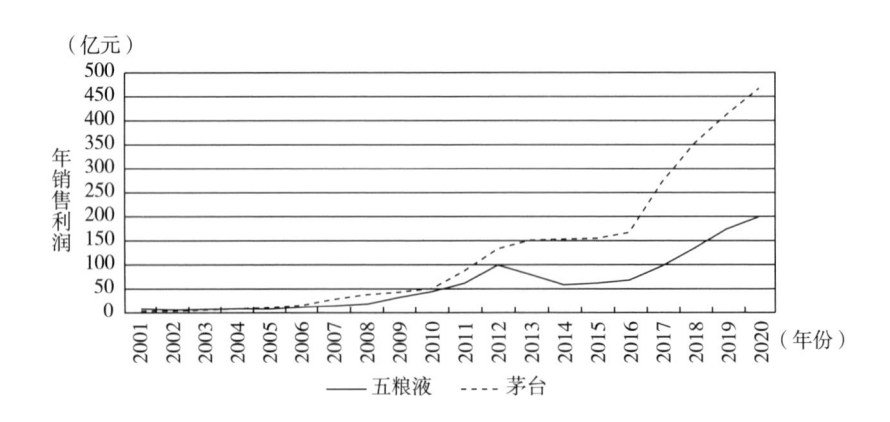

图 7-3　2001—2020 年五粮液与茅台年销售利润对比

资料来源：五粮液股份有限公司年报和茅台酒股份有限公司年报（2001—2020 年）。

(三) 年销售利润率对比

年销售利润率是以五粮液和茅台当年的净利润占销售收入的比率，年销售利润率=（净利润/营业收入）×100%。2001—2019年五粮液与茅台年销售利润率数据见表7-3，其对比折线图见图7-4。整体上，五粮液的净利润率低于茅台。白酒企业的主要盈利产品为高端产品，五粮液的主要产品是高端品牌"普五"，茅台是"飞天茅台"。通过分析五粮液与茅台2001—2019年间的净利润率可发现：五粮液的平均净利润率为19.25%，茅台的平均净利润率为39.69%。这是因为尽管茅台在中低端市场上的销售低于五粮液，但高端市场上茅台的"飞天茅台"市场定价一直高于五粮液的"普五"，所以在年销售利润率上茅台高于五粮液。

表7-3　　　2001—2019年五粮液与茅台年销售利润率（%）

年份	五粮液	茅台
2001	17.29	20.29
2002	11.56	20.50
2003	11.70	24.44
2004	12.61	27.26
2005	10.75	28.46
2006	14.17	31.51
2007	15.35	39.11
2008	17.50	46.10
2009	24.86	44.60
2010	26.68	43.42
2011	30.01	47.62
2012	36.82	50.30
2013	23.71	48.95
2014	15.42	48.62
2015	14.93	47.47
2016	15.01	43.02
2017	19.38	46.51
2018	22.80	47.81
2019	25.26	48.23

资料来源：五粮液股份有限公司年报和茅台酒股份有限公司年报（2001—2019年）。

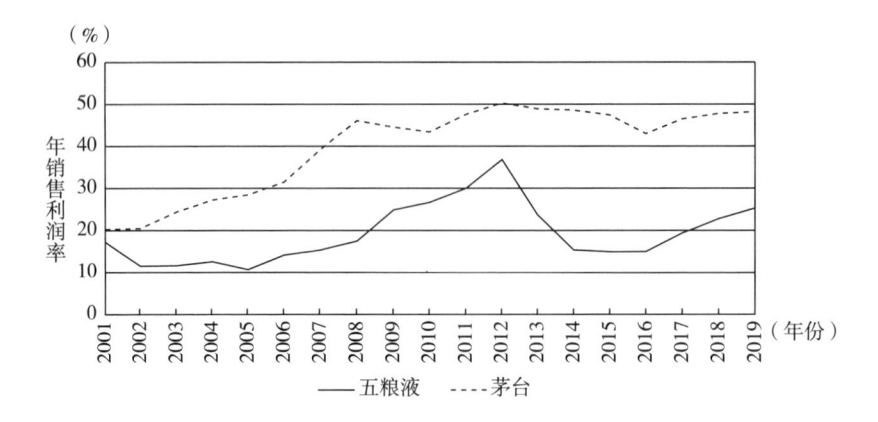

图 7-4　2001—2019 年五粮液与茅台年销售利润率对比

资料来源：五粮液股份有限公司年报和茅台酒股份有限公司年报（2001—2019 年）。

（四）品牌价值对比

品牌价值是品牌区别于同类竞争品牌的重要标志，是品牌资产的客观体现。根据 2009—2020 年"华樽杯"酒类品牌价值类别排名数据统计可以看出，五粮液与茅台的品牌价值在这期间均获得了极大增长（见表7-4），其品牌价值对比如图 7-5 所示。

表 7-4　　　　2009—2020 年五粮液与茅台品牌价值　　（单位：亿元）

年份	五粮液	茅台	品牌价值差
2009	501.69	495.6	-6.09
2010	529.82	531.46	1.64
2011	584.03	595.28	11.25
2012	712.78	748.05	35.27
2013	711.25	868.76	157.51
2014	973.56	1015.86	42.3
2015	1004.06	1135.26	131.2
2016	1053.03	1285.85	232.82
2017	1279.43	1562.31	282.88
2018	1646.17	2375.09	728.92
2019	2264.55	3005.21	740.66
2020	2835.24	3486.41	651.17

资料来源：华樽杯官网。

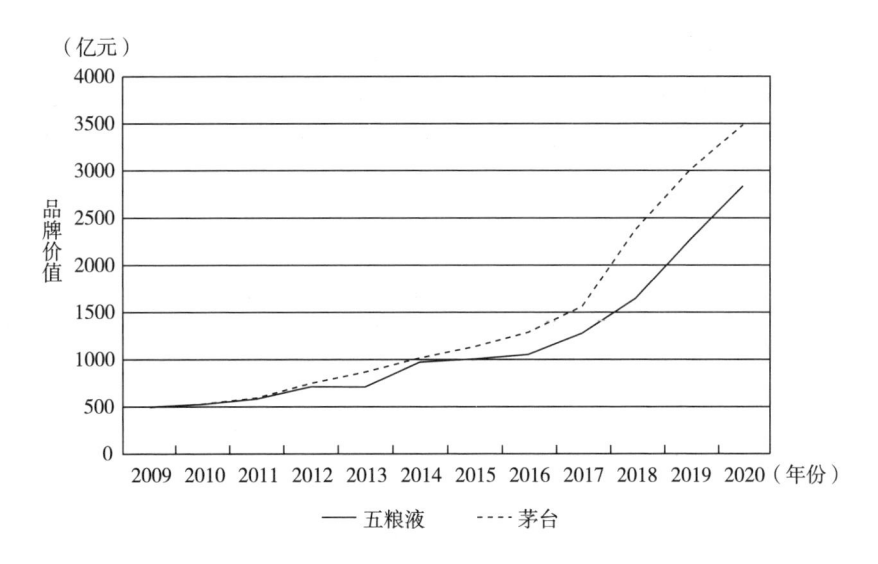

图 7-5　2009—2020 年五粮液与茅台品牌价值对比

资料来源：华樽杯官网。

值得注意的是，首届"华樽杯"品牌价值五粮液高于茅台，但 2010 年茅台实现了价值反超。2013 年，受当时白酒大环境的影响，五粮液出现了销售额下降，直接导致五粮液品牌价值的下跌；而茅台受到的波及较小，二者品牌价值差值拉大，茅台首次将与五粮液的品牌净差值拉到了 157 亿元以上。2014 年五粮液与茅台的品牌净差值重回 50 亿元以下，表明当时五粮液在白酒消费转型上取得了较好成绩。2019 年，随着茅台投入市场的产品数量增多，以及茅台酒+系列酒"双轮驱动"战略取得明显成绩，茅台的品牌价值得到巨大提升，茅台与五粮液的品牌差值进一步扩大。

二　品牌传播力比较

品牌传播力是指品牌通过与目标消费者和其他相关利益群体进行沟通，得到认知和认可的能力。在传媒发达、信息过量的时代，消费者防御心理和能力也在逐步增强，品牌传递的信息能够被消费者所关注并认同会直接影响到消费者对品牌的感知。因此，积极有效的品牌传播能力成为影响品牌生命力的重要因素。品牌口碑作为白酒消费者重要的参考信息来源，是其品牌传播力的基础。另一方面，广告宣传依然是白酒企业进行品牌传播的主要方式。

(一) 品牌口碑对比

中国统计信息服务中心将综合品牌知名度、消费者互动度、质量认可度、企业美誉度、产品好评度和品牌健康度作为测评指标发布了《中国白酒品牌口碑研究报告》，2013—2019年度五粮液和茅台的品牌口碑数据如表7-5所示。

表7-5　　　　2013—2019年度五粮液与茅台品牌口碑

年份	五粮液		茅台	
	得分	排名	得分	排名
2013	11.23	2	16.57	1
2014	4.59	3	8.00	1
2015	5.13	1	4.38	2
2016	4.38	1	3.60	2
2017	5.11	2	7.32	1
2018	5.17	2	6.42	1
2019	缺	2	缺	1

资料来源：《中国白酒品牌口碑研究报告》（2013—2019年）。

从历年《中国白酒品牌口碑研究报告》中的口碑总评指数得分和排名来看，五粮液和茅台一直高居首位。从历年的得分变化趋势来看，五粮液品牌口碑在2015和2016年超过茅台之后，近两年又恢复到之前的差距水平。在品牌知名度、消费者互动度、企业美誉度、品牌健康度上，五粮液表现落后于茅台；但在质量认可度、产品好评度上五粮液略胜茅台。

(二) 广告费用投入对比

年度广告费用投入采用上市公司年报中公布的数据，2001—2019年五粮液和茅台广告费用如表7-6所示，其对比折线图见图7-6。

表7-6　　　　2001—2019年五粮液与茅台广告促销费用　　（单位：亿元）

年份	五粮液	茅台
2001	1.78	0.26
2002	1.36	2.11
2003	3.23	1.99

续表

年份	五粮液	茅台
2004	4.55	2.76
2005	5.19	3.25
2006	5.69	3.34
2007	4.84	3.06
2008	5.90	3.79
2009	7.83	5.00
2010	11.23	5.32
2011	16.86	5.71
2012	19.11	10.28
2013	30.13	16.61
2014	39.49	14.93
2015	32.51	12.32
2016	43.40	12.57
2017	32.71	23.59
2018	32.82	19.67
2019	43.49	26.75

资料来源：五粮液股份有限公司年报和茅台酒股份有限公司年报（2001—2019 年）。

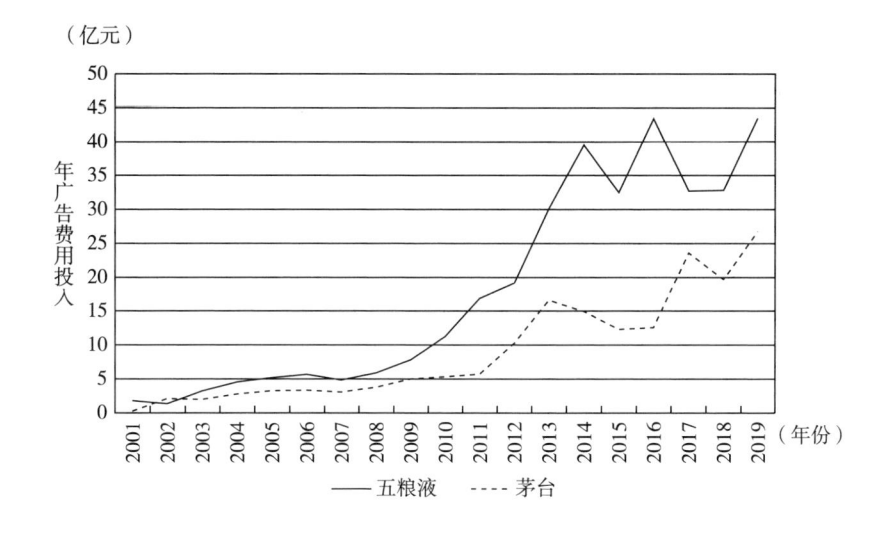

图 7-6　2001—2019 年五粮液与茅台广告费用投入对比

资料来源：五粮液股份有限公司年报和茅台酒股份有限公司年报（2001—2019 年）。

整体上看，五粮液与茅台在广告促销费用上不断加码，投入费用整体呈上升趋势。其中五粮液投入费用大幅领先于茅台，这说明五粮液在品牌建设、品牌形象推广工作上力度不断加强。与此同时，这也表明五粮液希望通过增加广告促销费用而获得销售增长。2013年开始，五粮液与茅台的广告促销费用均发生较大幅度增加，原因可能是希望通过广告宣传来抵消"三公政策"所带来的消极影响，以及促进消费市场由政务消费向大众消费和商务消费市场转变。但如果通过比较二者广告促销费用占营业收入比（见图7-7）可以发现：2013—2017年间，五粮液在广告费用投入占比一度超过15%，而且明显高于茅台，这一方面显示五粮液在品牌传播上的投入力度大，但在另一方面也存在五粮液广告投入产出效率相对偏低的可能。

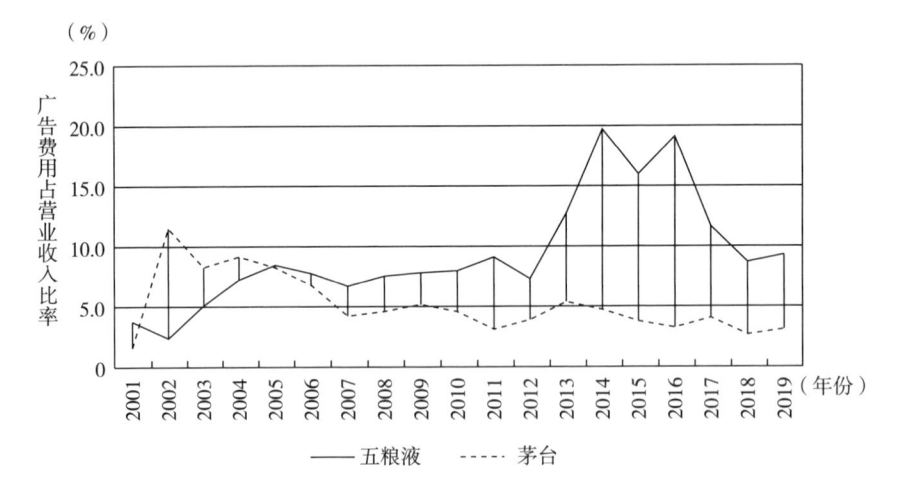

图7-7　2001—2019年五粮液与茅台广告费用占营业收入比率的对比

资料来源：五粮液股份有限公司年报和茅台酒股份有限公司年报（2001—2020年）。

三　品牌扩张力比较

品牌扩张力是指白酒品牌在不同水平的顾客市场和区域市场进行扩展的能力。一个白酒品牌能够占领的市场越广，意味着该品牌资产和品牌价值的利用率越高，品牌资源向新市场移植的能力越强，品牌竞争力也就越强。白酒品牌扩张力可以从两个方面进行衡量：一是市场占有率，反映了品牌赢取顾客的能力；二是区域覆盖面，反映了品牌市场拓展的能力。

（一）市场占有率对比

市场占有率反映了企业品牌的顾客渗透能力，以五粮液和茅台年销售量与全行业年度销售总量的比率计算，2011—2019年五粮液和茅台的市场占有率如表7-7所示，其对比折线图如图7-8所示。

表7-7　　2011—2018年五粮液与茅台市场占有率比（%）

年份	五粮液	茅台
2011	1.95	0.23
2012	1.99	0.25
2013	1.85	0.23
2014	1.42	0.21
2015	1.57	0.23
2016	1.64	0.30
2017	2.25	0.55
2018	3.30	0.79
2019	2.31	0.90

资料来源：《五粮液年度报告》和《茅台年度报告》五粮液股份有限公司年报和茅台酒股份有限公司年报（2011—2019年）。

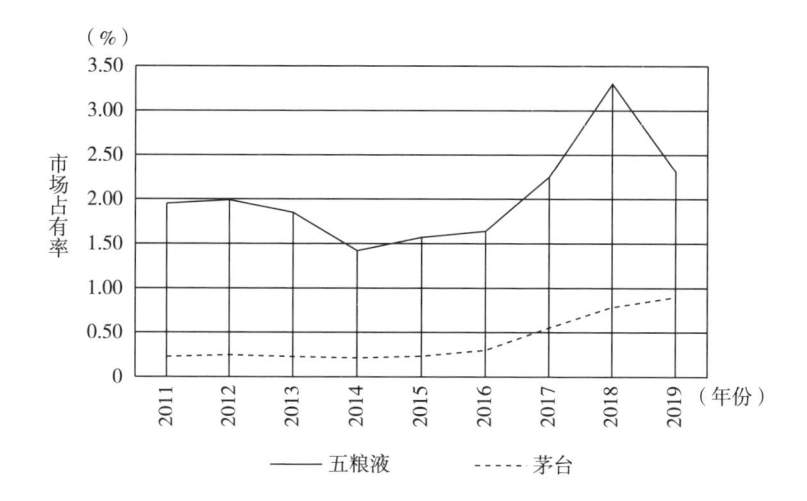

图7-8　2011—2019年五粮液与茅台市场占有率对比

资料来源：《五粮液年度报告》和《茅台年度报告》五粮液股份有限公司年报和茅台酒股份有限公司年报（2011—2019年）。

从整体上来看，中国白酒市场的竞争者较多，五粮液和茅台在市场中的绝对占比不是很高。但相对于其他酒企，五粮液和茅台的相对市场占有率很高。同时整体上五粮液的市场占有率远高于茅台，这是由于五粮液所生产的"浓香型"白酒生产周期相对更短，且五粮液多次扩产使得产量大幅度增加。反观茅台，茅台所生产的"酱香"型白酒生产周期长、产量低，且由于产地条件的限制茅台无法大量扩产，客观上限制了茅台的产量。所以整体上五粮液的市场占有率高于茅台。2011—2014年五粮液的市场占有率由原来的1.95%下降至1.42%，这是由于应对"三公"政策降价，五粮液的品牌形象受到冲击，销量受到影响。反观茅台，虽也波动下降，但因逆势提价等措施，整体波动不明显。2015年后，五粮液优化产品、渠道结构等措施出现效果，销量逐渐增加。茅台在2013年后超过五粮液成为白酒行业新标杆，由于其精细操作渠道、单品品牌宣传、饥饿营销等方式，市场占有率稳固提升，由0.23%提升至2019年的0.90%。

（二）区域覆盖率对比

五粮液和茅台作为白酒行业的领导品牌，高端核心品牌的全国化覆盖是毋庸置疑的，因此对其区域覆盖率的对比主要集中在：①作为主品牌的五粮液和茅台在国际市场的覆盖率；②面向中低端市场的系列酒品牌在国内重点区域市场的覆盖率。近年来，五粮液和茅台都在加快国际化的步伐，"走出去"的势头强劲。五粮液在海外已经建设亚太、欧洲、美洲三大国际营销中心，2017年实现国际市场销售收入18亿元，2018和2019年都有显著增长。而茅台海外经销商现已覆盖了亚洲、欧洲、非洲、美洲、大洋洲五大洲，其2016年国外市场收入20.59亿，主营利润18.65亿；2017年收入22.7亿，利润超过20亿元关口；2018年营业收入28.93亿，利润率较2017年增长2.6%。总体来看，国际市场的开拓中，虽然五粮液起步早于茅台，但如今茅台在国际市场上所占份额已超过五粮液。从中低端市场系列品牌的国内市场覆盖率来看，五粮液实施"4+4"品牌矩阵，打造4个全国性战略品牌和4款区域性重点产品，并将原有的7个营销中心改为21个营销战区，下设60个营销基地，继续市场下沉。2017年五粮液系列就完成销售收入72.82亿元，2018年销售收入超过100亿元。2019年，五粮液系列酒持续进行产品线梳理和优化产品体系销售额近100亿元，同比增长55.15%。而茅台系列酒实施"3+3"

战略，打造 3 个全国性战略品牌（茅台王子酒、茅台迎宾酒、赖茅）和 3 个区域性重要品牌（汉酱、仁酒、贵州大曲），2017 年茅台酱香系列酒营收 57.74 亿，2018 年为 90.3 亿元，2019 年系列酒销量额 95.42 亿元。因此，就系列酒品牌而言，五粮液区域市场覆盖面在整体上超过茅台。综合判断来看，就品牌区域覆盖面，五粮液在国际市场领域表现略逊于茅台，但在系列酒品牌国内区域市场的覆盖面超过茅台。

四 品牌创新力比较

可以说品牌创新为企业赢得竞争提供了持续的动力。品牌创新力评价，一方面是从技术创新的角度来衡量品牌的竞争潜力，评价指标为研发投入成本，该指标越高意味着白酒企业在技术上的研发力度越大，对市场变化的适应性越强。品牌创新力的另一个评价指标是产品创新，考察的是品牌为满足消费者需求变化而进行的产品创新，包括推出新品牌和产品升级，表现为新产品开发能力。

（一）研发投入费用对比

由于 2009—2012 年茅台并没有专门的研发投入项记账，年报中仅一项科研投入项能直接计入研发费用，金额较小；2013 年，茅台年报中出现专门的研发投入项，但此项目在科研投入的基础上进一步增添了许多子项目，数据较 2012 年更广。五粮液则是在 2012 年出现研发费用项。因此，本书仅统计 2013—2020 年的研发费用数据，如表 7-8 所示，其费用投入的对比如图 7-9 所示。

表 7-8　　　　2013—2020 年五粮液与茅台研发费用投入　　（单位：万元）

年份	五粮液	茅台
2013	6197.8	64726.3
2014	6423.0	65219.4
2015	5521.7	65722.8
2016	8503.7	60960.9
2017	7784.0	43488.0
2018	8408.3	38583.7
2019	12636.0	22053.0
2020	13131.5	13157.4

资料来源：五粮液股份有限公司年报和茅台酒股份有限公司年报（2013—2020 年）。

（万元）

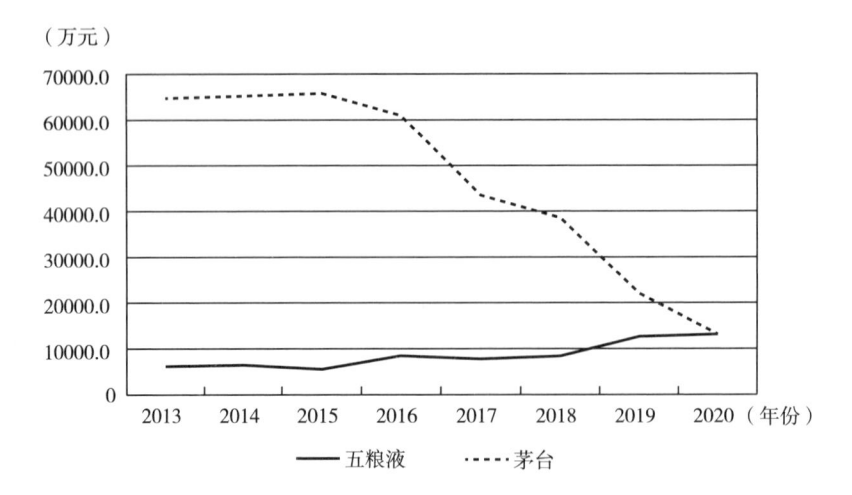

图7-9　2013—2020年五粮液与茅台研发费用投入的对比

资料来源：五粮液股份有限公司年报和茅台酒股份有限公司年报（2013—2020年）。

2013—2020年，茅台的研发费用投入远高于五粮液，表明茅台更注重企业的整体创新工作。但自2015年起，茅台的研发投入费用逐年递减，五粮液则逐渐提高研发费用支出。由此可以看出，五粮液在这之后对品牌创新的重视程度不断增加。

（二）新产品开发对比

企业能否根据市场需求的变化，及时开发和生产新产品并成功地推向市场的能力，是企业产品创新和营销创新的综合体现。对五粮液和茅台新产品开发能力的对比，主要以其面向市场推出的新品牌为比较基础，2001—2020年两个企业所推出的新品牌如表7-9所示，就新品牌推出的数量和市场表现来看，五粮液新产品开发能力要明显优于茅台。

表7-9　2001—2020年五粮液和茅台新产品

年份	五粮液	茅台
2001	人民大会堂国宴酒 百年老店	
2003	第七代五粮液	

续表

年份	五粮液	茅台
2005	主品牌：五粮液老酒、一马当先（彩马）五粮液、人民大会堂国宴五粮液、年份酒、巴拿马金奖纪念酒；总经销品牌：王者风范、丝路花雨	
2006	主品牌：68度五粮液、五粮液年份酒、60度金奖五粮液、45度五粮液、VIP专供酒、五粮液金玉满堂	
2007	五粮液1618、黄金酒	仁酒系列
2009	百家宴	白金酒
2010	五粮国宾酒品鉴版、帝王经典	
2011		汉酱酒系列
2012	五粮国宾酒窖藏陈粮、酒中八仙系列	
2013	五粮特曲、干一杯系列	
2016	现代人系列、金玉满堂系列	
2017	五粮人家系列、火爆系列、	
2018	缘定晶生、改革开放40周年纪念酒	王茅酒系列（祥邦/白；祥雅/黑；祥泰/红）
2019	第八代五粮液、501五粮液	生肖酒、泰山文化酒、人文纪念酒系列
2020	经典五粮液	茅台1935（亮相，目前还未上市）

资料来源：五粮液股份有限公司与茅台酒股份有限公司官网。

五 品牌成长力比较

品牌成长力是指维持和延续品牌生命的能力，决定了品牌能否可持续发展。品牌的成长动力主要体现在销售和盈利的可持续增长方面，用年销售收入增长率和年净利润增长率两个指标来衡量。

（一）年销售增长率对比

根据五粮液和茅台历年的年报数据，2001—2019年五粮液和茅台销售收入增长率如表7-10所示，其对比折线图见图7-10。从销售收入增长率上来看，五粮液波动幅度大于茅台，且茅台均为正增长而五粮液多次出现大幅度负增长。2001—2019年五粮液的平均增长率为3.76%，茅台的平均增长率为26.58%，就整体而言茅台的市场认可度高于五粮液。由于OEM战略的影响，2007年五粮液出现了-48.4%的增长率，2008年，为了减少过多贴牌品牌对核心品牌的冲击，五粮液推行"1+9+8"的品牌战略，重新聚焦主品牌。新的品牌战略效果明显，销售收入增长率提升。2013年由于"三公"政策的影响，销售收入增长率再次下降。2015年白酒行业调整期后再次提升。茅台方面，由于经营战略选择恰当同时在品牌宣传上聚焦主品牌，茅台销售收入增长率一直为正增长。即便是2013—2015年白酒行业调整期，茅台的年销售收入增长率也保持正向增长，反映了市场对其品牌的认可。2019年五粮液年销售收入增长率领先茅台，表现了五粮液新时期强劲的发展势头。

表7-10　2001—2019年五粮液与茅台销售收入增长率统计（%）

年份	茅台	五粮液
2001	45.25	-7.78
2002	13.40	6.93
2003	30.85	13.95
2004	25.35	-24.51
2005	30.59	10.51
2006	24.75	15.07
2007	47.60	-48.44
2008	13.88	-22.50
2009	17.33	11.48
2010	20.30	23.67
2011	58.19	26.84
2012	43.76	14.84
2013	16.88	-1.31
2014	2.11	-21.26
2015	3.44	15.57
2016	18.99	8.25
2017	49.81	21.05
2018	26.49	6.44
2019	16.01	22.65

资料来源：五粮液股份有限公司年报和茅台酒股份有限公司年报（2001—2019年）。

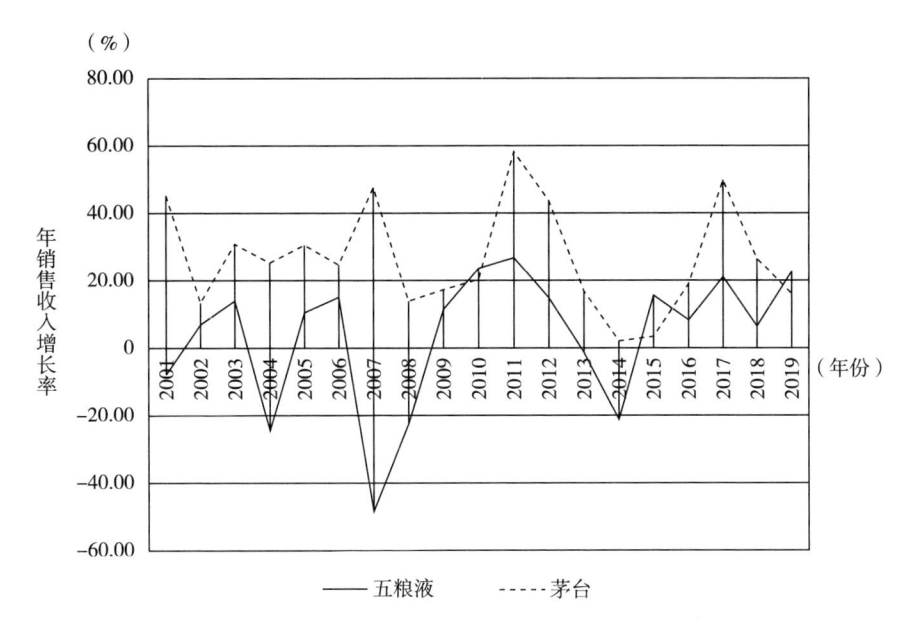

第七章　五粮液与茅台品牌竞争力的比较 | 209

图 7-10　2001—2019 年五粮液与茅台年销售收入增长率对比

资料来源：五粮液股份有限公司年报和茅台酒股份有限公司年报（2001—2019 年）。

（二）年净利润增长率对比

年净利润增长率是指企业当期净利润总额比上期净利润总额的增长幅度，指标值越大代表企业盈利能力越强。2001—2019 年五粮液与茅台年净利润增长率如表 7-11 所示，其净利润增长率对比如图 7-11 所示。

表 7-11　2001—2019 年五粮液与茅台年净利润增长率（%）

年份	茅台	五粮液
2001	31.55	5.64
2002	14.59	-24.42
2003	55.97	14.63
2004	39.85	17.78
2005	36.32	-4.42
2006	38.11	47.86
2007	83.25	25.83

续表

年份	茅台	五粮液
2008	34.22	24.23
2009	13.50	79.18
2010	17.13	35.46
2011	73.49	40.09
2012	51.86	61.35
2013	13.74	-19.75
2014	1.41	-26.81
2015	1.00	5.85
2016	7.84	9.85
2017	61.97	42.58
2018	30.00	38.36
2019	17.05	30.02

资料来源：五粮液股份有限公司年报和茅台酒股份有限公司年报（2001—2019年）。

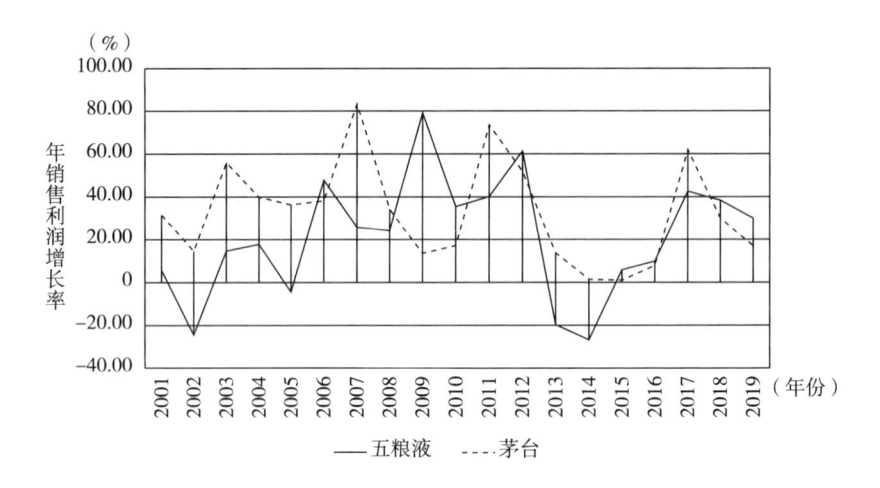

图7-11 2001—2019年五粮液与茅台年净利润增长率对比

资料来源：五粮液股份有限公司年报和茅台酒股份有限公司年报（2001—2019年）。

从整体上看，2001—2019年，五粮液的年均净利润增长率为21.23%，茅台为32.78%，就企业盈利能力而言茅台明显强于五粮液。2009年五粮液净利润增长率为79.2%，显著高于同年茅台13.5%。其中原因在于此时期两企业的白酒价格调整策略：茅台继续宣布提价巩固高端白酒地位，五粮液宣布"普五"降价，产品整体销量提升，酒类收入超过茅台，净利润增长率明显提升。2013—2014年，五粮液与茅台的年净利润增长率出现明显下降，其中五粮液出现净利润明显减少的情况，这说明在此期间五粮液采取的应对措施成效不足。比较二者的净利润增长率发展趋势，可以发现：茅台增长较为平稳，五粮液经过长时期的改革，净利润率开始回升增加，并在2019年反超茅台。

第三节　五粮液和茅台2019年度品牌竞争力评价结果与分析

一　品牌竞争力评价指标体系的构建

品牌竞争力代表的是企业产品品牌的产出能力和影响力。根据品牌竞争力模型，白酒企业品牌竞争力进一步细分为品牌生产力、品牌传播力、品牌扩张力、品牌创新力和品牌成长力（见表7-12）。

表7-12　　　　　白酒企业品牌竞争力评价指标体系

	一级指标	二级指标
品牌竞争力	品牌生产力	年销售收入
		年销售利润
		年销售利润率
		品牌价值
	品牌传播力	品牌口碑
		年广告费用投入
	品牌扩张力	区域覆盖面
		市场占有率
	品牌创新力	研发投入费用
		新产品开发能力
	品牌成长力	年销售收入增长率
		年净利润增长率

（一）品牌生产力

品牌生产力是从品牌价值产出的角度衡量品牌实力，主要体现在品牌年销售收入、年销售利润、年销售利润率和品牌价值四个指标上。这四个指标通常是品牌资产和品牌市场竞争地位最全面、最集中、最直接的反映。

（二）品牌传播力

品牌传播力是品牌与消费者进行沟通，获得市场和社会公众认可的能力，可以选取品牌口碑和年度广告费用投入两个指标进行衡量。其中品牌口碑反映消费者对品牌的认知，是企业品牌沟通效果的直接体现，年度广告费用投入体现企业的品牌传播上的能力。

（三）品牌扩张力

品牌扩张力是品牌在顾客和区域层面的辐射能力，用区域覆盖面和市场占有率两个指标进行衡量。其中区域覆盖面反映了品牌在不同层级区域市场的拓展能力，市场占有率则反映了品牌在不同目标市场顾客群的渗透能力。

（四）品牌创新力

品牌创新力是品牌创造新价值的能力，选取研发投入费用和新产品开发能力两个指标进行衡量。对白酒企业而言，研发投入费用指标反映了品牌在技术革新、工艺创新上的能力，新产品开发能力则反映了企业在应对消费者需求变化和市场竞争压力方面的反应能力。

（五）品牌成长力

品牌成长力是维持和延续品牌生命的能力，可以用年销售收入增长率和年净利润增长率来衡量。其中，年销售收入增长率，反映企业在市场维度上的可持续成长和发展，年净利润增长率则反映了品牌的盈利能力，为品牌的成长提供动力。

二 白酒企业品牌竞争力测量指标权重的确定

本书采用层次分析法（AHP）确定权重。首先确定各指标之间的递归层次关系；然后由专家对所列指标的重要性进行逐层比较打分；再计算各判断矩阵的特征向量，确定各层次指标的权重。研究通过邀请白酒领域和市场营销领域的 10 位专家，采用 1-9 标度法确定权重，得到由专家确定的白酒品牌相关指标的重要程度。然后计算 10 位专家的判断矩阵，通过一致性检验后确定各指标的权重水平，如表 7-13 所示。

表 7-13　　　　　　　　　　　判断矩阵 1~9 标度及含义

重要程度等级	赋值
i、j 两元素同等重要	1
i 元素较 j 元素稍重要	3
i 元素较 j 元素明显重要	5
i 元素较 j 元素相当重要	7
i 元素较 j 元素极其重要	9
i 元素较 j 元素稍不重要	1/3
i 元素较 j 元素明显不重要	1/5
i 元素较 j 元素相当不重要	1/7
i 元素较 j 元素极其不重要	1/9

补充：2、4、6、8、1/2、1/4、1/6、1/8 表示的重要性等级分别介于 1—3、3—5、5—7、7—9、1/3—1、1/5—1/3、1/7—1/5、1/9、1/9—1/7 之间。

这里以白酒企业品牌竞争力 C 为总目标，相对于总体目标而言，5 个维度（F）之间的相对重要性通过专家评判构造判断矩阵如下：

C	F_1	F_2	F_3	F_4	F_5
F_1	1	3	4	3	2
F_2	1/3	1	2	1	1/2
F_3	1/4	1/2	1	1/2	1/3
F_4	1/3	1	2	1	1/2
F_5	1/2	2	3	2	1

式中，F_1 表示品牌生产力；F_2 表示品牌传播力；F_3 表示品牌扩张力；F_4 表示品牌创新力；F_5 表示品牌成长力。

通过计算，上述判断矩阵的特征向量 $W = [0.402, 0.137, 0.079, 0.137, 0.245]^T$，即评价因素 F_1、F_2、F_3、F_4、F_5 的权重值分别为 0.402、0.137、0.079、0.137、0.245。上述判断矩阵最大特征根$_{max}$ = 5.0331，一致性指标 $CI = _{max} - n/(n-1) = 0.008$，$RI = 1.12$，$CR = CI/RI = 0.071 < 0.10$，说明上述判断矩阵具有满意的一致性，按照同样的方法可以确定其他各单项指标的权重值，如表 8-14 所示。

表 7-14　　　　　　白酒企业品牌竞争力评价指标体系及权重

总目标	一级指标	权重	二级指标	权重
品牌竞争力	品牌生产力	0.402	年销售收入	0.216
			年销售利润	0.290
			年销售利润率	0.282
			品牌价值	0.212
	品牌传播力	0.137	品牌口碑	0.500
			年广告费用投入	0.500
	品牌扩张力	0.079	区域覆盖面	0.250
			市场占有率	0.750
	品牌创新力	0.137	研发投入费用	0.500
			新产品开发能力	0.500
	品牌成长力	0.245	年销售收入增长率	0.500
			年净利润增长率	0.500

三　白酒企业品牌竞争力评价方法

（一）指标的量化和标准化处理

为了便于比较，使测量指标更具有可操作性，根据各指标的性质、作用和表现方式，采取以下两种方法对各评价指标进行量化和标准化处理。

1）对于可以度量指标的量化和标准化处理，计算公式为：

$$I_{ij} = \frac{\alpha_{ij} - \min\{\alpha_{ij}\}}{\max\{\alpha_{ij}\} - \min\{\alpha_{ij}\}}$$

式中，I_{ij} 表示 i 白酒品牌 j 指标的评分值；α_{ij} 表示 i 白酒品牌 j 指标的实测值（限于中国白酒上市公司）；i 表示白酒品牌个数；j 表示评价指标个数。

2）对于定性评价指标，如品牌知名度、品牌美誉度等指标，采用专家评分法确定。以 1、2、3、4、5、6、7、8、9、10 作为由劣到优的表征，由专家根据各评价指标的实际表现进行评分。为保证评分的客观性，由 5 人以上专家小组进行评分，然后以各指标的平均分作为定性指标的平均值。最后，将平均值除以 10，并在小数点后保留两位数字以便标准化。

（二）综合评价方法

白酒企业品牌竞争力评价指标体系中的每一个单项指标，都是从不同侧面来反映品牌竞争力情况。要获得整体的判断，还需要进行综合评价，可以采用多目标线性加权函数法即常用的综合评分法。其计算公式为：

$$Y = \sum_{i=1}^{m}\left(\sum_{j=1}^{n} I_j \cdot R_j\right) \cdot V_i \times 100$$

式中，Y 表示白酒企业品牌竞争力的总得分，n 为二级指标个数，I_j 表示第 j 个二级指标的评分值，R_j 表示第 j 个二级指标的权重，m 为一级指标个数，V_i 表示第 i 个一级指标的权重。

四 2019年五粮液和茅台品牌竞争力评价结果与分析

（一）2019年五粮液和茅台品牌竞争力评价结果

根据上文的品牌竞争力评价指标模型，通过对2019年五粮液和茅台年报数据以及白酒上市公司年报，第三方机构相关信息与数据的整理，按照前述的数据处理方法对各测量指标数据进行了标准化处理。首先得到量化指标的评价分值，如表7-15所示。对品牌口碑、区域市场覆盖面和新产品开发能力三项定性指标按照专家评价的方法，进行了量化和标准化，将各项测量分值输入品牌竞争力测量指标模型后，得到二级指标测量结果，见表7-16所示。根据二级指标的测量结果，可以得到五粮液和茅台2019年品牌竞争力数值（见表7-17）。

表7-15　　　2019年五粮液和茅台品牌竞争力相关数据

二级指标	五粮液	茅台	白酒上市公司中最大值	白酒上市公司中最小值	标准化数值	
					五粮液	茅台
年销售收入（亿元）	463.01	853.44	853.44（茅台）	9.14（金种子）	0.54	1.00
年销售利润（亿元）	174.02	412.06	412.06（茅台）	-2.04（金种子）	0.43	1.00
年销售利润率	37.58%	48.28%	48.28%（茅台）	-22.32%（金种子）	0.85	1.00
品牌价值（亿元）	2264.55	3005.21	3005.21（茅台）	61.61（金徽酒业）	0.75	1.00

续表

二级指标	五粮液	茅台	白酒上市公司中最大值	白酒上市公司中最小值	标准化数值 五粮液	标准化数值 茅台
年广告费用投入（亿元）	43.49	26.74	43.49（五粮液）	0.54（金种子）	1.00	0.61
市场占有率	2.32%	0.90%	9.13%（顺鑫农业）	0.08%（金种子）	0.25	0.09
研发投入费用（亿元）	1.26	2.21	2.69（古井贡酒）	0.02（水井坊）	0.46	0.82
年销售增长率	25.20%	16.01%	73.54%（汾酒）	-48.62%（金种子）	0.60	0.53
年净利润增长率	30.02%	17.05%	48.61%（沱牌舍得）	-137.92%（金种子）	0.90	0.83

资料来源：十八家白酒上市公司年度报告（2019年）。

表7-16　2019年五粮液和茅台品牌竞争力分类指标评价结果

一级指标	测量指标	权重	测量指标评分值 五粮液	测量指标评分值 茅台	五粮液	茅台
品牌生产力	年销售收入	0.216	0.54	1.00	0.64	1
	年销售利润	0.290	0.43	1.00		
	年销售利润率	0.282	0.85	1.00		
	品牌价值	0.212	0.75	1.00		
品牌传播力	品牌口碑	0.500	0.85	1.00	0.92	0.80
	年广告费用投入	0.500	1.00	0.61		
品牌扩张力	区域覆盖面	0.250	0.90	0.90	0.41	0.29
	市场占有率	0.750	0.25	0.09		
品牌创新力	研发投入费用	0.500	0.46	0.82	0.68	0.76
	新产品开发能力	0.500	0.90	0.70		
品牌成长力	年销售收入增长率	0.500	0.60	0.53	0.75	0.68
	年净利润增长率	0.500	0.90	0.83		

资料来源：根据五粮液股份有限公司和茅台酒有限公司年度报告（2019年）计算得到。

表 7-17　　　　　2019 年五粮液和茅台品牌竞争力评价结果

公司	品牌生产力 (0.402)	品牌传播力 (0.137)	品牌扩张力 (0.079)	品牌创新力 (0.137)	品牌成长力 (0.245)	品牌竞争力 指数
五粮液	0.64	0.92	0.41	0.68	0.75	69.26
茅台	1.00	0.80	0.29	0.76	0.68	80.52

资料来源：川酒发展研究中心相关资料整理而成。

（二）2019 年五粮液和茅台品牌竞争力比较分析

根据测评结果，2019 年五粮液和茅台的品牌竞争力指数分别为 69.26 和 80.52，其品牌竞争力各项维度的评价结果如图 7-12 所示。

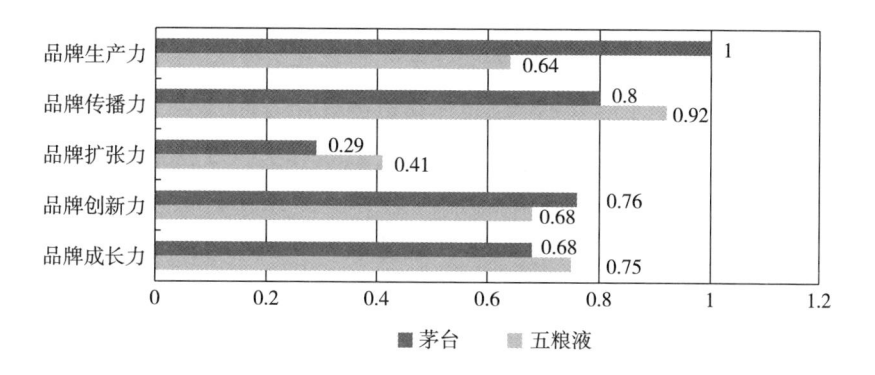

图 7-12　2019 年五粮液和茅台品牌竞争力分类的对比

资料来源：川酒发展研究中心相关资料整理而成。

针对 2019 年五粮液和茅台品牌竞争力测评结果进行分析，可以得出以下结论：

（1）总体来看，茅台的品牌竞争力较大幅度地领先五粮液的品牌竞争力。在关键性指标品牌生产力层面，茅台较大幅度地领先五粮液；在品牌创新力方面，茅台也有相对较明显的优势；品牌成长力方面五粮液略胜一筹，但差距较小；而在品牌扩张力方面，五粮液比茅台具有较大幅度的领先优势；在品牌传播力方面五粮液表现更为出色。因此，整体来看 2019 年茅台品牌竞争力的领先优势比较明显，五粮液与茅台之间的品牌竞争力差距可能在短期之内仍然存在。

（2）品牌生产力是造成五粮液与茅台品牌竞争力差距的主要原因。从品牌竞争力指数来看，茅台为 1，五粮液为 0.64，两者差距明显。2019

年五粮液实现营业收入463.01亿元，同比增长25.2%；实现净利润174.02亿元，同比增长30.02%。而2019年茅台实现营业总收入853.44亿元，同比增长16.01%；实现净利润412.06亿元，同比增长17.05%。从数据上看来，2019年茅台的营业收入是五粮液的1.84倍，净利润为五粮液的2.36倍。2013年以后，茅台和五粮液的营业收入开始出现分化，茅台营业收入和净利润增长速度明显，不断创造白酒行业的新高地。五粮液从2015年逐渐走出低谷，其营业收入和净利润逐年增加，但仍与茅台有较大差距。因此，茅台在高端和超高端市场上拥有着绝对的定价权，在品牌生产力上其他白酒企业短期内很难超越。

（3）五粮液在品牌传播力方面具有一定的领先优势。2018年，根据中国统计信息服务中心（CSISC）大数据研究实验室数据比对发现，五粮液在主流电商平台的消费者体验好评率、主流搜索平台的搜索指数等均领先茅台；而在微信、微博等自媒体渠道的好评方面，茅台表现则超过五粮液。五粮液与茅台的品牌口碑差距在逐渐缩小。另一方面五粮液在以广告为主的品牌传播上的投入要高于茅台，对企业和产品品牌的传播方式更灵活多样，与消费者的互动，尤其是与新生代消费者的沟通更直接有效。

（4）品牌扩张力方面，五粮液比茅台具有更为明显的优势。五粮液品牌扩张力的优势主要体现在，五粮液在国内各主要销售区域的深耕细作。2017年五粮液分为21个战区，实施"百城千县万店"渠道战略，同时和万达合作开设专卖店，实现市场下沉。相较于茅台，五粮液具有更大的消费群规模和更强的区域覆盖率。但从国际市场开拓的角度，茅台近两年动作频繁，有后来居上的趋势。因此，在品牌扩张力方面，五粮液"走出去"的步伐还应该加速。

（5）品牌创新力上，五粮液与茅台各有千秋，总体差距在缩小。茅台比五粮液优势主要集中于其研发费用的投入力度大，而在新产品开发的能力低于五粮液。2019年贵州茅台研发投入2.21亿，100%费用化；五粮液研发投入1.26亿，100%费用化。从2019年的数值上看，茅台的研发费用远远超过五粮液，但从研发费用的增长来看，茅台呈下降趋势而五粮液稳定增长。在新产品开发方面，五粮液重磅推出了第八代"普五"，对核心产品进行升级；同时面向不同的市场，先后推出了超高端501、全新低度和80版五粮液，显示了对市场需求趋势的灵敏把握和迅速反应能力。因此，综合来看，尽管在品牌创新力上五粮液暂时逊于茅台，但其品牌创新力的潜力很大，未来可期。

（6）品牌成长力上，五粮液与茅台差距较小。2019年，五粮液年销售收入增长率和年净利润增长率分别为25.20%与30.02%，茅台年销售收入增长率和年净利润增长率分别为的16.01%与17.05%。虽然销售收入增长上五粮液与茅台仍存在较大的差距，但在利润增长率上，五粮液超过了茅台，反映其品牌盈利能力的潜力。

第四节　五粮液提升品牌竞争力的策略建议

目前总体来看，茅台的品牌竞争力较大幅度地领先五粮液品牌。其中品牌生产力是造成五粮液与茅台品牌竞争力差距的主要原因。但是五粮液在品牌传播力和扩张力方面，比茅台表现更胜一筹。基于此，未来五粮液应该以"着力提升品牌生产力，扩大品牌传播力和品牌扩张力的优势"为品牌竞争战略的重点，抓住消费升级所带来的高端白酒市场红利，重振五粮液品牌影响力，实现品牌价值回归。

首先，优化产品品质，提高制造市场稀缺的能力。茅台遥遥领先的品牌生产力源于其超高的品牌市场溢价。而支撑茅台品牌溢价的是"国酒"的品牌定位（尽管茅台国酒冠名已告失败，但其在消费者心目中已经建立的国酒形象在短时间内还会存在）和产品稀缺效应。尤其关于茅台产品稀缺性的故事在市场上广为流传，物以稀为贵的品牌认知不仅进一步提升了茅台高端的品牌形象，也极大地增强了品牌溢价能力。五粮液与茅台在品牌生产力上的较大差异主要也在于此。五粮液高端酒同样离不开独一无二的产区、岁月积淀的老窖、长时间的发酵以及优中选优的酿造工艺。可见五粮液同样具有稀缺性。但消费者对于五粮液品牌稀缺性的认知极为有限，在消费决策时又往往将其与茅台品牌进行对比。因此，对于五粮液而言，除了在产品品质上继续创新外，更重要的是要转变消费者对五粮液高品质白酒可以无限供给的错觉，改变消费者对品牌稀缺性的认知。

其次，共创品牌含义，讲好五粮液的品牌故事。数字化时代，品牌的含义已经不再是由企业单独创造而是多方力量所共同塑造的。消费者、媒体和文化影响在品牌含义的共创中发挥着越来越重要的作用。茅台对于产品稀缺性的品牌故事在很大程度是通过消费者、媒体和投资者在社交媒体上的口碑传播而不断强化的。茅台也正是由此推动了自身从高端消费品向兼顾奢侈品与投资品的属性转变。近年来，五粮液在营销传播上的投入不断加大，但仍需要从更大的信息范围中去把握五粮液品牌对消费者的含义，需要更好地以一种有凝聚力的方式来协调品牌含义的多个来源。五粮液作为浓香型白酒的典范代表，拥有独有的自然生态环境、650余年明代古窖、五种粮食配方、古传秘方工艺、"十里酒城"……丰厚的品牌资源使得五粮液有很多故事可讲，但五粮液品牌故事的展示与流传不能太局限于所在的区域或是较为小众的领域。五粮液需要凝聚消费者、媒体和其他利益相关者的力量，让五粮液的品牌故事能够讲得更好，传得更远，更深入人心。

第三，引领酒企合作，强化大国浓香的市场地位。五粮液与茅台的品牌博弈，离不开浓香型白酒与酱香型白酒的市场较量。尽管浓香型白酒所占的市场份额远高于酱香型白酒，但由于浓香型白酒的诸多独特工艺优势传播力度不够，使得在消费者心目中酱香型白酒在市场定位上似乎更占据优势。作为浓香型白酒的领导者，五粮液需要引领浓香型白酒企业之间的合作，完善浓香型白酒标准体系和质量分级，推动浓香型白酒在消费者中间的科普，共同向消费者讲好浓香故事，提升社会对浓香型白酒的价值认同。

第四，顺应消费升级，塑造核心品牌价值新主张。当前在消费升级的大背景下，白酒的消费观念逐步改变，健康饮酒、理性饮酒逐渐深入人心。同时中国白酒的主力消费群体已是80后，相对于过去的60后、70后，新的消费群体是在互联网化的环境下长大的，在信息对称的环境下，消费更理性化。因此，五粮液需要在品质层面上提出全新的、更能引发消费者共鸣的品牌价值主张，并在营销传播方案上添加创新元素，通过更新消费者的认知来强化品牌。另外，随着"白酒是用来喝的，不是用来炒的"这一观念在社会的流行，白酒消费将回归理性，消费者会更青睐能够提供更佳性价比的高品质白酒。因此，在核心品牌价值主张上，五粮液应把握这一趋势，塑造更为清晰、纯粹和真诚的高端白酒品牌形象。

第五，借力中国影响，推动五粮液国际品牌建设。成为世界级的品牌是五粮液和贵州茅台的共同目标。目前在全球化的道路上，五粮液和茅台均在各自布局，有所斩获。但从白酒国际市场销售情况看，两大品牌的国际化仍处于起步阶段。五粮液可以加快国际化品牌的建设，争取在品牌扩张上进一步扩大自己的优势。五粮液在国际品牌建设战略上，一是借力中国日益强大的影响力，争取国家层面相关部门的支持，在向世界输出中国文化价值观的同时宣传中国白酒和五粮液品牌；二是可以联合其他白酒企业，共同开拓中国白酒市场，"把蛋糕做起来，把蛋糕做大"；三是在制定五粮液跨国品牌战略时，需要有全球化思维和本土化行动的理念，寻找在新市场中理想的品牌个性，同时更加积极地采用数字营销和社交媒体传播以加强与外国消费者的品牌互动，增强品牌共鸣。

第四部分

中国白酒企业品牌运营战略案例分析
——以茅台和五粮液为例

第八章 五粮液与茅台品牌模式比较分析

品牌模式是指在对企业的核心能力与资源及其所面临的市场与需求变化趋势进行系统分析基础上,对企业的品牌理念、品牌结构、品牌授权与品牌延伸进行规划设计并由此所构成的,具有交易复制能力和整合能力,且能为企业带来长期收益的一套品牌经营系统。现代品牌模式具有网络化、知识化和资本化特征,品牌被视为独立的"虚拟资产"进行经营。企业要强化自身的品牌经营能力系统必须以品牌模式的变革为核心,以战略创新、营销创新、技术创新与产品创新为路径,重塑品牌理念与品牌结构,优化品牌授权与品牌延伸,最终实现品牌经营系统的整体变革。

第一节 五粮液与茅台品牌理念比较分析

品牌理念是指企业在品牌构建和持续发展中所持有的价值观念。品牌理念可以从企业使命、经营思想、核心价值观及行为准则四个方面概括体现,对企业品牌的发展具有指向性、牵引性作用,能有效支撑企业顾客忠诚度的构建,并在市场竞争中建立长期优势地位。

一 五粮液与茅台品牌理念对比

从五粮液与茅台品牌理念所包含三个层面进行对比,如表8-1所示。

总体比较来看,五粮液品牌理念本质特征集中表现为以价值为核心,从战略层面突出品牌优势与品牌价值链管理,而茅台品牌理念本质特征集中表现为以人文为核心,突出品牌信仰与品牌自信的文化品牌理念。

品牌理念概括了企业所倡导的价值取向与行为准则。因此,一种赋予时代特色与精神,且具有个性、创新性与战斗力的品牌理念,能有力推动企业形成品牌经营发展的强大内力,可以长期引导员工们为之奋斗。

五粮液确定的 24 字优良传统作风，即"老老实实，一丝不苟，吃苦耐劳，艰苦奋斗，坚韧不拔，持之以恒"，可以有力诠释该企业经过几十年长期发展所积淀而成的"专业专注，精益求精，精雕细琢"工匠精神，和"坚守初心，求真务实，创新求进，永争第一"的企业精神，是五粮液人所秉承且推动企业持续发展的强大动力源泉。相较而言，茅台品牌理念架构体系更为完整、丰满。在企业文化中（根据企业官网公布），茅台明确提出了企业经营活动的观念、态度和思想，利于公众理解传播；在行为准则方面，茅台对不同岗位、职责的人员所应奉行的行为准则和规则进行了分层细化，分别提出了领导理念、营销理念、人才理念、质量理念和服务理念，对不同员工的约束和要求的功能性作用发挥更为突出，更具有导向性。

表 8-1　　　　　　　　　　五粮液与茅台品牌理念对比

	五粮液	茅台
企业使命	弘扬历史传承，共酿和美生活	酿造高品位的生活
企业精神与经营思想	企业精神：坚守初心，求真务实，创新求进，永争第一； 经营思想：转型升级打造四力，重塑中国白酒大王地位①	企业精神：爱我茅台、为国争光； 经营思想：稳健经营，持续成长，光大民族品牌
行为准则	核心价值观：为消费者创造美好，为员工创造幸福，为投资者创造良好回报； 24 字传统作风：老老实实，一丝不苟，吃苦耐劳，艰苦奋斗，坚韧不拔，持之以恒	核心价值观：以人为本，以质求存，恪守诚信，继承创新； 领导理念：务本兴业，正德树人； 营销理念：坚持九个营销，追求和谐共赢； 人才理念：以才兴企，人企共进； 质量理念：崇本守道，坚守工艺，贮足陈酿不卖新酒； 服务理念：行动换取心动，超值体现价值

① 2018 年 12 月 18 日，五粮液集团董事长李曙光在五粮液第二十一届"1218"共商共建共享大会上发表讲话，指出五粮液的未来发展战略是做强主业、做优多元、做大平台，着力品牌价值的回归与品牌形象的提升，重塑中国白酒大王的地位。企业将加快构建以酒业为核心，以大机械、大物流、大包装、大金融、大健康等 5 大产业为支撑的"1+5"的产业布局，力争早日实现千亿目标。为支撑企业战略实现，李曙光提出了在经营管理上打造"四个力"的新思路。一是以产品品质提升为根本，打造生产力。二是以核心终端建设为基础，打造渠道力。三是以核心客户群体培育为中心，打造品牌力。四是以构建组织实施过程的闭环能力为保障，打造执行力。

二 五粮液与茅台品牌理念内涵比较分析

(一) 五粮液品牌理念内涵分析

五粮液品牌理念内涵集中表现为：以价值为核心，从战略层面突出品牌优势与品牌价值链管理。

1. 从战略层面思考提升品牌资产价值

五粮液品牌理念的典型特征在于其从战略角度思考企业的无形品牌资产，主要体现在两个方面：一是它属于企业战略层次思考的问题，二是它与企业的发展战略有着密不可分的关系。

首先，五粮液的品牌管理位于公司的战略管理层次。无论外在的包装还是内在的价值诉求，都是五粮液品牌文化在各层次消费领域的衍生和发展。五粮液的品牌理念在营销过程中得到了统一和有力的贯彻，保证了消费者对五粮液品牌始终有着统一的认知。

其次，五粮液的战略决策和执行，都与其品牌和无形资产有着密切的联系。可以说，五粮液品牌的塑造与企业战略的施行是一种相互依存和共同发展的关系。

在其专业化聚集阶段（1985—1990年），五粮液走质量效益型道路，突出质量。在这一阶段，由于产品的高品质，五粮液品牌的核心价值逐步形成。同时，品牌内涵价值的提升也对五粮液的战略实施起到了反向的推动作用。由于白酒生产过程的"黑箱"，消费者对产品的评价往往通过其品牌的信誉，而五粮液良好的品牌信誉，带来了产品的高档次和高附加值，在提升企业效益的同时，也为企业的下一步扩张积累了资本。

在其规模化扩张阶段（1991—2002年），五粮液的品牌发展更是直接融入到了企业的整体战略之中。这时期五粮液走质量效益规模型道路，通过车间新建与改扩建提升了生产能力，同时开展多品牌经营以消化不断增长的产能。在这一阶段，由于企业规模和品牌数量的扩张，五粮液的品牌影响力不断扩张，且品牌的影响力又为企业的市场开发提供了有力保证。五粮液进入多元化发展，走以一业为主、多元发展的道路。在主业方面，以五粮液品牌为依托的多品牌战略更加成熟，使五粮液奠定了白酒市场领先者的地位。依托主业在业务、资金和人才方面的支持，以及五粮液品牌良好的社会信誉，多元产业也逐步步入正轨。企业的不断扩大，不仅推进了五粮液品牌资产不断增长，也实现企业成长与品牌成长的互相促进。

在品牌精简与深化调整阶段（2003—2016年），多品牌战略下各系列酒品牌快速扩张所带来的主导品牌价值、形象受损，控制权弱化日益严重，五粮液开始减肥增效，在推出"1+9+8"品牌战略精简系列酒品牌，清除良莠不齐的系列酒品牌对主品牌的稀释作用后，又重新构建品牌组合战略，确定了"做精做细龙头产品，做强做大腰部产品，做稳做实中低价位产品"的战略目标，推出了"1+5+N"品牌策略，对品牌结构进行了深度调整，重新设立了五品部，进一步明确各品牌产品的权、责、利，为五粮液品牌价值回归奠定了物质基础与组织基础。

在变革创新阶段（2017—2022年），五粮液确定了"做强主业，做优多元，做大平台"的发展战略，为着力以品牌战略创新进一步加快品牌梳理和精准定位提升品牌形象，通过打造核心产品实现品牌价值回归，进一步激活五粮液的品牌资产，五粮液强力推出"1+3"品牌聚焦战略。

2020年是五粮液突破千亿和"二次创业"的关键之年，如何继续深入挖掘品牌的核心优势和独特内涵以重塑品牌核心价值，如何围绕品牌传播体系升级提升品牌认知和消费者黏性是五粮液实现品牌价值回归和品牌形象提升的关键。

2. 基于价值链的品牌管理

五粮液品牌价值不仅仅有五粮液产品的价值，更有五粮液品牌的影响力。而这种影响力，来自于五粮液对品牌的深刻理解。五粮液的品牌不仅仅是一种标志和营销手段，更是企业的系统工程，是企业经营理念的外在体现，是企业整体形象的集中展示。因此，五粮液的品牌管理是基于品牌价值链的全面品牌管理。

在品牌价值链的后端——产品生产过程中，五粮液从原料进厂到成品出厂一共设立了36道质量管理和检测"关键点"，首先在全国酒类企业中全面建立了严格的白酒质量检测与质量管理体系，成为五粮液品牌质量的根本保障。

在品牌价值链的前端——营销和服务过程中，五粮液秉承服务理念，要求营销部门在工作中的每一个环节、每一个岗位、每一位员工都要铭记并认真执行"营销的本质在于服务"这一理念。在内部管理方面，五粮液营销部门简化工作程序、提高工作效率，为经销商提供了最为快捷方便和安全省心的服务；还通过主动走访市场，听取广大消费者的意见，广泛收集客户信息，为品牌经销商的市场销售献计献策。在售后服务方面,及时处理客户抱怨、投诉,受理率和处理率达100%,通过服务质量的不断提高,使顾客的意见越来越少、投诉率越来越低。

五粮液酒的特有风味是其品牌差异化的价值所在,而在品牌价值链的基础活动中,五粮液通过研发、采购和人力资源方面的积极投入,保证了差异化价值。

3. 以品质为核心打造文化品牌

(1) 基于品质的品牌价值。五粮液品牌能有较高的品牌价值,仅仅依靠产品的质量是不可能达到的。五粮液始终强调,五粮液的产品是高品质,而不仅仅是高质量的产品。"品质"与"质量"的区别在于,质量仅仅是理化指标达到要求,而品质则是质量基础上的特有风味和感受。五粮液作为中国品质最优的白酒,其品质所具有的无法复制的"六大独有优势",形成其核心竞争力,成为五粮液品牌最重要、最有效的保护。五粮液"六大独有优势"包括:

一是独有的长江源头独特的自然生态环境,使五粮液具有唯一的酒味全面性;二是独有的明初古窖,奠定五粮液优良品质的基础;三是独有的五种粮食配方,酿造出品质优美的世界名酒;四是独有的传统工艺,构筑核心竞争力;五是独有的中庸品质,成为中华白酒文化最典型代表;六是独有的十里酒城规模以及独特的企业文化。

(2) 基于文化的品牌价值。五粮液具有"大国浓香、天地精华、民族精神、世界精彩"的独特文化内涵,五粮液文化品牌价值主要体现在四个方面,即经典性(酒类优秀文化代表)、代表性(体现地方、企业的文化特色)、独特性(独有并明显区别于其他品牌)和传承性(肩负承载文明、传承技艺、维系民族精神的作用)。

第一,五粮液品牌的文化经典性。只有经典的文化才能够得到创新发展,被历史记忆。从1909年第一代诞生到近期第八代产品的不断升级换代,五粮液传承运用600多年的五粮古法酿酒技艺酿造而成的经典五粮液,不仅成为深植于几代中国人的经典产品和老百姓心中的集体记忆,更是传承中国历史的文化纽带和核心,是中国白酒史最浓重、最具有经典性产品。

第二,五粮液品牌的文化代表性。五粮液是中国浓香型白酒酿造历史与文化的代表。五粮液所具有的厚重历史积淀与工艺品质,是中国浓香型白酒最高酿造技艺的继承者和代表者,也是中华优秀酒文化的倡导者和发扬者,造就了作为中国高品质白酒代表品牌的行业地位。近年来,作为中国国家地理标志产品,五粮液在国际化进程中,通过与全球不同酒文化之间的沟通交流,不断向世界输出优质的五粮液产品,展示、传播中华优秀传统酒文化,已然成为中华文化全球传播的重要纽带。

第三,五粮液品牌的文化独特性。深厚的历史积淀、千年的工艺坚持造就了五粮液品牌的文化独特性,特别是近期五粮液更是充分挖掘明初古窖池优势全新推出第八代五粮液,以三个限定为标准,包括限定车间、限定窖池、限定工匠,更多从其所包含的文化含义去重新界定中国超高端白酒所具有的独特价值。"逐坛感官理化评测""3M 反射胶膜防伪""全程溯源系统"等现代科学技术的运用,也从技术层面保证了五粮液产品品质的独特性。

第四,五粮液品牌的文化传承性。五粮液对品牌文化核心价值的追求与文化传承得到市场的高度认可。五粮液不仅拥有白酒行业历史最悠久、持续使用时间长达 650 余年的明清古窖池群,而且数量多、规模大,其独特的"五粮酿造技艺"更是对于中国古代传统白酒酿造技术传承的杰出代表品牌。

(二)茅台品牌理念内涵分析

茅台品牌理念内涵集中表现为:以人文为核心,突出品牌信仰与品牌自信的文化品牌理念。

1. "品质茅台"与"营销茅台"支撑品牌市场地位

从 1951 年国营茅台酒厂成立以来,茅台品牌理念发展历程总体可以分为两个阶段,即品质时代(1951—1997 年)和品牌时代(1997—2018 年)。

品质时代又可分为建厂(1951—1952 年)、起步(1953—1956 年)、起伏(1957—1976 年)、转折(1977—1984 年)和快速(1985—1997 年)五个阶段,"品质茅台"为其快速发展期品牌理念的核心特征,为提高茅台酒的质量、产量和质量稳定而探索,几代茅台人付出了艰苦努力。

品牌时代是从 1997 年 1 月茅台由"工厂制"改革为"公司制"开始。在 20 多年"营销茅台"阶段,茅台股票在上海证券交易所成功发行、茅台酒产量突破万吨大关、贵州茅台市值突破万亿成为全球市值最高的烈酒企业、荣获"全国质量管理奖"和"中国食品工业质量效益卓越奖"等,这些重大标志性事件持续发力,成为推动茅台发展的重要助力。与此同时，茅台围绕其荣膺"国家名片"称号、贵茅酒列入"中国地理标志产品大典"、酿制技艺入选国家级首批"非物质文化遗产代表作"名录、品牌稳居 BrandZ™ 最具价值中国品牌白酒类榜首等进行以文化营销为主要特征的品牌赋能，成为推动茅台品牌形象提升的持续动力，也成就了茅台世界蒸馏酒第一品牌的地位。

2. 以人文为核着力打造"文化茅台"内涵

目前，茅台正处于史上最好的发展时期。但从纵向看，企业发展总会呈现周期性变化，茅台要实现稳健经营，持续成长，必须时刻保持清醒、居安思危，警惕"灰犀牛"，寻找新的增长点；从横向看，相比全球五个顶级烈酒品牌，正处于国际化进程中的茅台必须不断创新品牌文化内核、拓展文化内涵、丰满和具象文化外延，逐步形成茅台的新时代特质，才能进一步形成文化说服力，提升文化聚合力，从而满足茅台谋求跨越，实现更高质量发展的现实需要。

可以从以下几个方面理解"文化茅台"的内涵。

一是挖掘凝聚新的文化要素。茅台有其淳厚的文化底蕴、文化积淀与人文价值，成为中华"文化酒"的杰出代表。在凝练升华茅台"爱我茅台，为国争光"的企业精神与企业文化的基础上，不断提炼以"品质、环境、工艺、品牌、文化"为支撑要素的核心竞争力。在积极打造以独特地理地貌、环境资源与气候条件所形成的产地文化，历史、政治所赋予的红色文化、长征文化，经济以及消费时尚所构建的国酒文化的基础上，不断赋予其品牌新的文化内涵，如绿色茅台（与众不同的绿色酿造环境与传统酿造工艺）、科技茅台（科技进步与工艺的科技含量加一流的科研队伍和新材料、新设备、新技术的广泛应用及做到艺术与技术的完美统一）、责任茅台（社会责任、生态文明）、国际茅台（国际文化交流与全球行业对话），以及以时尚品鉴、文化盛宴等为内容的"茅粉文化"与"精英文化"等文化要素，赋予了茅台品牌全局性、跨国界、全社会三大特性。

二是突出"人"在文化创造和文化传承中的核心作用。以以人为本文化为根本引线，充分利用品牌资源优势，积极探索和建设具有本行业特色的独具个性的酒类企业以人为本文化。对内，构建尊重员工、知识环境与人性化管理模式，重视不断提升员工的幸福感、获得感与成就感；对合作方，强化文化影响力，增强"茅台身份"认知与"茅台文化"认知；对外，积极倡导传播茅台先进文化理念，强化服务，凝聚广泛认同。

三是着力塑造品牌信仰与品牌自信。一个品牌崛起的根本原因往往在于其内含的深厚人文底蕴和人文导向。对茅台而言，塑造品牌信仰与品牌自信就是要构建一个以信任和价值为支撑的品牌信仰平台，以外在的优质产品和内在的优秀文化传递促使消费者外化于形内化于心，促使消费者从内心真情实意地维护茅台的品牌声誉，最终形成茅台品牌的长期可持续优势。一方面，茅台作为中国酒文化的民族精品代表对技术与文化进行完美结合，以更高的文化聚合力引领中国民族品牌实现文化自信、品牌自信。另一方面，茅台在品牌打造中深度传承融入中国文化要素，引导消费者在饮用茅台基础上加强与茅台文化深度沟通并引起精神共鸣，不仅使"茅粉"成为茅台产品的最忠诚顾客，更使其成为茅台企业理念与品牌文化的坚定拥护者。

总之，文化是支撑一个企业品牌建设并促进其持续稳定发展与价值提升的最深沉、最持久力量。对中国酒行业而言，在打造好酒产品基础上，如何在保护文化根基、坚守文化精髓和弘扬中华优秀传统文化的基础上，深入探索优秀文化传承与创新的新形式，推动中国酒文化不断与时俱进、发扬光大，是中国酒行业内所有企业的应有之责与应有之义，更是五粮液和茅台作为中国白酒领袖企业的历史使命，也是新时代企业永续发展的时代驱动力。

第二节　五粮液与茅台品牌结构比较分析

品牌结构是指一个企业不同产品品牌在"量"与"质"方面的组合。品牌结构具体规定了各品牌在品牌体系中所具有的不同的地位、角色与作用，以及所体现的各品牌之间所存在的关系及其关联程度。因此，对企业而言，合理的品牌结构将有助于企业根据各品牌的"量"与"质"的表现更加合理地分配资源，从而更快速高效、条理清晰地管理整个品牌体系。

一 五粮液品牌结构历史演变

（一）单一品牌阶段（1993年以前）

在此阶段，五粮液只有"五粮液""尖庄"和"一滴香"三个品牌，其中，"五粮液"为主品牌，主打高端酒，满足高端商务使用；"尖庄"和"一滴香"为一线品牌，主打低端酒，满足普通消费群体需要。在1990年，五粮液品牌荣获首届中国"十大驰名商标"。

（二）多品牌（主品牌+系列酒品牌）扩张阶段（1994—2002年）

1994年，五粮液酒厂正式开启了对外与经销商品牌合作模式，首次与福建邵武糖酒公司合作开发了定位于中端白酒的"五粮醇"品牌，获得了较好的口碑效应和单品收益。"五粮醇"品牌的开发表明五粮液品牌结构开始进入多品牌扩张阶段。在1995—1997年期间，五粮液品牌建设取得丰硕成果。一是多品牌体系不断扩张。与北京新华联等国内多家实力雄厚的经销商合作，共同开发出了"五"字号品牌系列①和"金六福"等酒品牌。二是品牌市场地位不断提升。在全国市场产品竞争力调查中，五粮液连续三年在全部三个指标项目的评比中均获得第一名②。三是多品牌体系的开发为五粮液的营收规模带来大幅提升，并于1995年顺利获得"中国酒业大王"称号。

1998年始，为进一步提升企业的品牌影响力，五粮液股份公司进入全面实施多品牌战略阶段。基于市场总体情况，凭借成熟的品牌运作模式，五粮液吸引了大量社会资本和经销商加盟迅速壮大品牌阵营，先后推出了一系列品牌③，形成蔚为壮观的"多子多福"多品牌共存现象，甚至在鼎盛时期所拥有的品牌数一度达到100个，各种规格产品也有300多种。在此时期，五粮液的多品牌战略为企业带来的战略利益随之呈现。在1995—2002年近8年时间，五粮液的收入规模在白酒行业中一直稳居第一名。特别是在2002年，五粮液销量已超过白酒行业第二名4倍有余，市场份额也提升至45%的历史最高点水平，成为名副其实的"中国白酒大王"。

---

① "五"字号品牌包括"五粮春""五粮醇""五粮神"等。
② 三个指标包括"消费者心目中理想品牌""实际购买品牌""第二年购物首选品牌"。
③ 五粮液先后推出了"浏阳河""京酒""酒神酒""老作坊""人民大会堂""国玉春""干一杯""东方龙""铁哥们""五湖液""火爆"和"天地春"等系列品牌。

（三）品牌精简阶段（2003—2012年）

通过前期在中高端、中低端白酒市场多品牌战略迅速扩张，五粮液成为中国白酒龙头企业。但在五粮液品牌快速扩张的同时，也带来了种种隐患和病症，其中最大的危害在于系列酒各子品牌间彼此良莠不齐、千差万别，在争夺有限的白酒中纷纷杀价促销，纷争不断，非但没有发挥原先设想的市场张力，反而导致五粮液母品牌资产严重透支，主导品牌价值被严重拉低，严重弱化了主导品牌的市场影响力，再加上品牌形象、企业形象受损且企业对品牌的控制权弱化，甚至严重危及企业的整体市场地位。

在2001年，由于白酒税制改革导致部分中低端酒企陷入困境，五粮液开始清理旗下的"逍遥醉"等近10个销售不力的品牌，并于2002年底决定对现有品牌结构进行"减肥增效"式调整。

2003年开始，五粮液打造核心竞争力的重心开始向主品牌倾注，开始缩短品牌战线。一是制定并落实"1+9+8"品牌战略，建构"1+9+8"品牌金字塔。"1+9+8"品牌金字塔包含了18个主导品牌，其中包括塔尖的"五粮液"国际品牌，9个全国性品牌，以及8个区域性品牌。二是叫停与新经销商进行买断经营品牌合作和逐步清理终止以前合同两方面同步入手，着力精简调整中低端买断品牌和OEM子品牌。到2005年，五粮液共放弃80余个OEM子品牌，一直到2007年企业的中低档酒品牌才基本调整完成，并开始实行提高中高价位品牌的营销战略。

2010年，为更有效实施"1+9+8"品牌战略，五粮液开始推行"主产品和系列产品销售分离制度"以谋求其主导品牌形象与品牌价值的逐步回升，最终将精简下的系列酒品牌的个数维持在16个以内。

（四）品牌深化调整阶段（2013—2016年）

2013年始，中国白酒市场进入政策调整作用显现阶段，白酒市场需求增速放缓，需求的结构性调整与萎缩明显，行业经济运行探底并逐步开始复苏。为谋求突破市场难局，力求新形势下获得新发展，五粮液开始一系列内部变革。

2013年初，五粮液确定了"做精做细龙头产品（五粮液、五粮春、五粮醇、绵柔尖庄），做强做大腰部产品（五粮头曲、五粮特曲、五粮精品特曲），做稳做实中低价位产品（其他系列酒品牌）"的品牌组合战略。2014年，进一步推出"1+5+N"品牌策略，寻求在"1+9+8"金字塔品牌战略基础上进一步优化调整品牌结构，重点打造1个世界级品牌，5个全国性品牌和N个区域性品牌。截至2016年，五粮液在经销商结构调整中累计清理了15个总经销品牌，并对总经销品牌尤其是对300个（近300款产品）产品条码进行了大幅清理，最终终端价格得以回暖，品牌的市场整体表现趋于稳定。在2016年后，五粮液持续进行品牌聚焦和梳理，再次提出了"1+3+5"品牌战略①，形成典型的"五粮液+五粮系"双轴支撑为特征的品牌结构。

与此同时，在2015年行业开始复苏后，为适应品牌结构调整后对品牌管理的新要求，进一步明晰品牌管理的权、责、利，五粮液又重新设立了五品部，着重推动以公司化、市场化运作的方式加强对五粮特曲头曲、五粮醇以及其他系列酒品牌的管理。

（五）品牌战略变革创新阶段（2017—2022年）

2017年以来，白酒行业进入总体良好发展态势，行业强复苏并向名优品牌集中，消费从政务向商务、民间转型的发展格局基本形成。中国白酒市场逐步走向品牌集中化、消费品质理性化市场发展阶段，五粮液迎来"多期叠加"②的大好局面。

2018年8月，四川省明确提出了加快推动川酒产业发展的战略布局③。在此战略布局以及行业强分化的发展格局与市场进一步向优势品牌集中的竞争态势下，五粮液作为白酒行业龙头企业和浓香型白酒的典型代表，为重塑中国白酒大王地位，以品牌价值回归与品牌形象提升实现"二次创业"，响亮提出了"做强主业，做优多元，做大平台"的未来发展战略。其中，在如何做强主业上，五粮液明确提出了三个战略创新④思想，以创新构建并融合五粮液的消费者健康体验优势、新的终端优势和

---

① 五粮液的"1+3+5"品牌战略是指以新品五粮液为主导品牌，以交杯五粮液、五粮液1618、五粮液低度系列为3个战略品牌，并以5个个性化品牌，包括五粮醇、五粮春、五粮特曲、五粮头曲、绵柔尖庄等作为补充的品牌组合战略与产品战略。

② "多期叠加"是指白酒行业进入新一轮"发展期"，川酒产业开始新一轮"振兴期"和五粮液二次改革稳步进入"深化期"三期叠加。

③ 2018年8月，四川省委在十一届三次全会上明确提出了"优先发展名优白酒等千亿级产业，高质量打造'中国白酒金三角'，推动川酒振兴"的战略布局。

④ 五粮液集团董事长李曙光在2017年12月18日举办的"五粮液第二十一届1218共商共建共享大会"上有关"五粮液开启'二次创业'新征程"的讲话，明确提出了做强主业的三个战略创新，即力求品牌战略创新、营销战略创新与工艺技术创新。本书有关三个战略创新的表述全文引自李曙光董事长讲话内容。

品牌优势，最终实现五粮液品牌价值重塑，达到激活品牌资产、提升品牌形象的目的。在经营管理上，五粮液则提出打造"四个力"新思路①，从品质、核心终端建设、核心客户群体、组织实施过程的闭环能力四个方面建立了强化、优化品牌经营管理的关键路径。

2018年，五粮液对其主品牌和系列酒品牌提出了一系列改革发展的新思路、新观点，构建五粮液"1+3"、系列酒"4+4"品牌聚焦战略进行品牌结构再造，强化五粮液品牌战略体系②。

2019年始，五粮液开启一系列系统梳理、强化五粮液品牌、产品矩阵的组合拳，制定并颁布了系列对相关的"五粮液"品牌和系列酒品牌进行清退的管理标准。一是明确了品牌"瘦身"时间表，对严重透支主品牌价值的高仿产品、辨识度低且市场定位不清的产品以及包装和价格等方面不符合制度要求的产品均按相应时间进度予以下架、停止产品宣传、分期分批整改等措施进行清理。二是对系列酒和保健酒等板块的品牌进行一体化、全覆盖、无死角的严格管控。三是发布超高端产品"501五粮液"以及第八代经典五粮液。通过各种措施彻底重塑构建了更为清晰的品牌及产品架构。

二　茅台品牌结构历史演变

（一）单一品牌阶段（1998年以前）

1998年以前，茅台处于典型的单一品牌阶段，"一业一品"为其代表性特征。1998年开始，茅台确立了品牌发展战略和企业发展战略③。在两个战略布局下，茅台开始结合企业自身的市场统治地位，充分利用茅台品牌的影响力、杠杆力和市场张力大力发展多元化经营。从1998年至2006年不到10年，茅台从只有20多个品种、单一行业迅速扩军到200多个品种、10多个行业。

---

① 五粮液集团董事长李曙光在2018年1月至4月多次有关"五粮液开启'二次创业'新征程"的讲话上明确提出，为了支撑企业战略的实现，在经营管理上打造生产力、渠道力、品牌力、执行力的"四个力"新思路。本书有关"四个力"的表述全文引自李曙光董事长讲话内容。

② 五粮液以"补短板，拉长板，升级新动能，抢抓结构性机遇，共享高质量发展"为总体思路，通过实施"做强自营品牌，做大区域品牌，做优总经销品牌"的品牌运营战略，真正构造和强化五粮液品牌战略结构体系。

③ 1998年，茅台确立了"一品为主，多品开发"的品牌发展战略和"一业为主，多种经营"的企业发展战略。

（二）品牌延伸阶段（1998—2013 年）

从 1998 年始，茅台进入以品牌延伸为主线，纵横双向发展阶段。

首先，从品类的分化、丰富入手，沿纵向进行酱酒品类多样化。主要体现在：一是打破了产品的单一形式，开发了不同度数、不同容量与不同包装形式的茅台酒；二是实行"年份制"，推出了不同年份的陈酿茅台酒，挖掘提升核心品牌差异价值；三是针对群体规模更大的中、低层消费人群推出了中高、中低不同档次的系列酒子品牌，以此抢占更大市场和更多消费人群。

其次，从横向多元化深度操作入手，进行品牌界内和跨界延伸，以资本运作方式谋求企业跨越式发展。主要体现在以下几个方面：

一是依托并最大限度利用"茅台"品牌优势与品牌价值，推动"茅台"母品牌向其他酒类高端市场进行扩展，先后在红酒市场开发了"茅台干红"子品牌，在啤酒市场开发了"茅台啤酒"子品牌，在保健酒领域开发了茅台不老酒、茅台女王酒，在西式酒领域开发了茅台威士忌等。二是以并购等方式进行资本运作，参股交通银行、南方证券，向生物工程、医药、食品、饮料、包装、防伪等其他非酒类相关产业领域渗透进行多种业态经营，最终形成多元化经营大格局。

（三）品牌集中瘦身阶段（2014—2022 年）

在"茅台热"持续升温的背景下，茅台居安思危，开始持续推动"品牌瘦身"计划。一是确立"做强、做精、做久"茅台品牌战略，全力推动落实各子公司停用集团品牌标识；二是加强品牌管理以防止品牌形象与品牌价值严重透支；三是全力塑造核心品牌，要求各子公司推行品牌"双五"规划[①]进行品牌瘦身。

2014 年，茅台在经销商大会上首次提出"133"品牌战略，建立以"世界性核心品牌+全国性知名品牌+区域性核心品牌"为特征的大茅台品牌集群架构，巩固和提升茅台酒世界蒸馏酒第一品牌的地位，保证实现单一品牌销售收入与酒业品牌价值世界第一目标。

2017 年上半年，茅台开始实施每家子公司保留的品牌数与每个品牌

---

① 2018 年 10 月，茅台集团下发《关于对子公司品牌进行调整的预通知》，首次提出将子公司品牌数与产品总数分别缩减控制在 5 个和 50 个以内的"双五"计划目标。2019 年 12 月 19 日，茅台集团第五十次党委会决定：各酒业子公司下一步将陆续停用集团 LOGO 和集团名称，进一步推行品牌"双五"规划，逐步淘汰业绩低下的联营品牌。

的条码数均不超过10个的"双十"品牌战略。品牌"瘦身"活动取得明显成效[①]。

2017年9月26日，茅台应势调整内部品牌管理规则[②]，发布了新的《品牌管理办法》并成立品牌管理委员会。2018年4月中旬，茅台进一步收缩旗下包括保健酒公司、白金酒业、酱香酒公司、习酒公司等在内的子公司产品线，将其减少到51个品牌、321款产品，减少规模过半。

通过3年多的"严审批、强监管、重考核"，各子公司品牌及产品大幅"瘦身"，初步改变了过去品牌杂乱、产品繁多、管理混乱的局面。

三 五粮液与茅台品牌结构比较

（一）五粮液战略品牌结构

2018年，五粮液提出了一系列发展主品牌与系列酒品牌的新思路、新观点，确定了五粮液"1+3"、系列酒"4+4"的品牌聚焦战略[③]。具体战略品牌结构详见表8-2。在五粮液"1+3"、系列酒"4+4"的品牌结构下，五粮液着力"向中高价位产品、自营品牌、核心品牌聚焦"的"三聚焦"原则，分类打造5亿-50亿级大单品。

表8-2　　　　　　　　　　五粮液战略品牌结构

"1+3"核心品牌矩阵	五粮液 （高端版五粮液+时尚版五粮液+国际版五粮液）
"4+4"系列酒品牌矩阵	全国性大单品：五粮春、五粮醇、五粮特曲、尖庄 区域性单品：五粮人家、百家宴、友酒、火爆

---

① 2017年，茅台集团各子公司（除贵州茅台酒外）使用集团知识产权的酒类产品品牌数，由原有的214个品牌减少到只有59个品牌。

② 在此之前，茅台子公司品牌管理在十余年时间里历经了集中清理整顿、专项清网、集中"瘦身"三个阶段。

③ "1+3"品牌结构所构建的是"五粮液"主品牌核心矩阵，其中"1"指的是核心品牌普五即52度新品五粮液，"3"则是指围绕核心品牌集中发展的三个维度和方向，分别为高端五粮液系列、年轻时尚和低度化的五粮液系列，以及国际版五粮液系列。"4+4"品牌结构所构建的是系列酒品牌矩阵，分别包括五粮醇、五粮春、五粮头特曲、尖庄在内的4个全国性大单品品牌和五粮人家、百家宴、友酒、火爆在内的4个区域性单品品牌。

（二）茅台现有品牌结构

2018年以来，茅台在总体战略要求下，通过"133"品牌战略①全力打造大茅台品牌集群，具体战略品牌结构详如表8-3所示。从"133"品牌战略上看，茅台着力调整产品体系结构，重点面向中端及以上价格带培育大单品，打造品牌集群，持续巩固茅台酒为中国高端白酒第一品牌、世界蒸馏酒第一品牌地位。

表8-3　　　　　　　　　　　茅台战略品牌结构

世界性核心品牌	茅台
全国性知名品牌	茅台王子酒、茅台迎宾酒、赖茅酒
区域性核心品牌	汉酱、仁酒、贵州大曲

（三）五粮液与茅台现有品牌结构对比分析

对五粮液与茅台现有品牌结构进行对比分析可以发现：

一是从五粮液与茅台品牌结构的演变历程看，在经过前期的多品牌发展或大幅度品牌延伸后，随着2012年白酒市场需求的萎缩和需求的结构性调整，品牌过度扩张带来的负面效应累加，两个企业先后进行品牌结构调整。对外控制了品牌过度扩张而品牌杂乱所形成的对核心品牌价值的严重透支与稀释，突出了核心品牌的主导、导向作用和品牌价值的聚焦；对内则改变了企业产品繁多、管理混乱而效率不高的局面。

二是从品牌结构调整的具体举措看，五粮液与茅台先后采用了品牌聚焦战略，进行了大幅度的品牌瘦身活动，五粮液品牌结构调整从"1+9+8"战略到"1+5+N"战略，再到主品牌"1+3"与系列酒"4+4"的品牌聚焦战略，对庞大的多品牌结构体系逐步优化，避免了一次性大幅度品牌结构调整对企业可能造成的负面冲击，更突出了五粮液在品牌结构调整中的战略规划思维和对复杂战略环境的把握与动态适应性。

三是从品牌结构调整的功能定位看，五粮液品牌结构调整后，包括1个主品牌与延伸的3个维度（高端、时尚、国际）、4个全国性大单品品

---

① 茅台基于"做足酒文章，扩大酒天地"的总体战略要求，以茅台品牌为核心，聚焦酱香酒业务，深入推进"133"品牌战略。"1"是指1个世界性核心品牌，即"茅台"品牌；第一个"3"是指包括茅台王子酒、茅台迎宾酒、赖茅酒在内的3个全国性知名品牌，第二个"3"则是指包括汉酱、仁酒、贵州大曲在内的3个区域性核心品牌。

牌及 4 个区域性单品品牌，具有清晰的战略性市场功能划分与定位，系列酒品牌与主品牌之间有严格的区隔，对主品牌形成更为有效的保护和支撑。

四是从品牌结构调整的具象结果看，五粮液现有战略品牌结构的 4 个全国性大单品品牌中，五粮春、五粮醇、五粮特曲的品牌符号及 CI 均包含了主品牌的核心元素，尖庄作为历史悠久的大单品品牌早与五粮液建立起紧密的形象联系，更易被识别并更利于全国市场推广。

第三节　五粮液与茅台品牌授权比较分析

品牌授权指授权方将自己所拥有的品牌等无形资产授予被授权方使用并从中收取相应权利金的一种品牌运营模式。当前，品牌授权已是企业品牌运营的最重要工具和品牌延伸的最有效方法。在品牌授权下，被授权者按合同规定事项可以从事所授权品牌下相关产品的产销等经营性活动，同时授权者按合同约定向被授权者提供经营管理指导、员工培训等方面的配套服务。

一　五粮液品牌授权

（一）第一阶段（1995—2009 年）：充分放权

在此阶段，五粮液主要推行大商制。在大商销售模式下，一方面对大经销商而言，由于五粮液的充分放权而拥有了定价权和主导权，销售的积极性高；另一方面对五粮液而言，企业无须投入过多资金和招聘培训大量销售人员来构建自身庞大渠道网络，不仅可集中有限人财物等资源用于技术研发与产品生产，而且可直接利用全权委托的大经销商完善的销售网络，将产品快速、低成本地导入全国各地空白市场而完成产品销售和全国化市场布局。因此，在 1999—2003 年，大商销售模式极大地推动了五粮液的发展，五粮液的营收市占率从 30% 提升至 41% 左右，并逐渐发展成为行业龙头。

同时期，以"五粮醇"① OEM 运营模式为标志，到 2002 年，五粮液

---

① 1994 年，五粮液与福建邵武糖酒副食品公司联合开发 OEM 授权贴牌"五粮醇"运营模式。

已经孵化出上百个产品系列，上千个子品牌。

（二）第二阶段（2010—2016年）：开始变革

依托大商庞大的销售网络，五粮液快速实现了产品在全国各区域市场的低成本扩张，但随之出现了各种问题并日益突出，严重阻碍了五粮液的可持续发展。

2010—2013年，五粮液为摆脱对大商的过度依赖，强化自身对渠道的控制权，逐步开始以区域划分营销职责建立七大区域营销中心。2014年，五粮液从全国市场筛选出500家经销商组成核心大商纳入厂家直接管理体系①。2015年，为强化企业的品牌运作、管理和服务工作，五粮液成立了具有品牌推广和市场营销双重职责的五粮液品牌管理事务部。

（三）第三阶段（2017—2022年）：改革进一步深化

2017年，五粮液新任掌门李曙光上台，对五粮液实施了一系列实质性的改革。

1. "大营销工程"下沉渠道

为优化现有渠道结构，2017年6月始，五粮液推动实施"大营销工程"下沉渠道构建由万店组成的核心终端体系，并于2018年顺利实现了向终端营销的转型。通过核心终端，消费者不仅可以在销售终端直观感受、体验五粮液产品的口感和品质，还可以通过销售终端真正让消费者对五粮液达成直接的品牌可观、可感，进而形成强烈的品牌认同感。

2. 统一规划，收缩子品牌

2016年上半年，五粮液初步削减30多个系列品牌后，五粮液宣布了获得其系列酒总经销权的新标准，以停止品牌授权方式清退无法达到新标准的经销商。

2019年6月，五粮液对子公司进行重组改革，将原三大品牌营销公司进行整合成立了新的系列酒公司，集中资源力量加强对五粮液系列酒品牌的统筹管理，从而不仅有效解决了系列酒板块缺乏统一规划、营销模式和策略落后的长期性难题，也进一步有力解决了五粮液仍然存在的品牌过多、过杂等问题。

3. 跨界合作发展

2018年始，五粮液全面开展跨界品牌合作。

---

① 2014年，茅台开始实行核心大商体系下的直分销模式，形成"厂家对接大商，大商对接小商"的销售格局。

2018年3月，五粮液与全球时尚品牌SWAROVSKI进行品牌战略合作推出高端婚宴品牌"五粮液·缘定晶生"，并由此开始全面跨界品牌合作①。

二　茅台品牌授权

（一）放开代理权

2013年始，茅台开始向经销商放开代理权，以缓解行业调整压力②。2014年6月，茅台将一次性打款的代理权门槛进一步调降为800万至1000万元，并采用了两种招募方式供经销商灵活选择。新调整的代理权门槛不限制经销商采购品牌，而主要规定了要完成的采购任务。

（二）拓宽直销渠道，授权商超及电商平台

在现有市场竞争环境下，渠道扁平化已是未来酒类销售的发展趋势。在传统经销商模式下，一瓶酒从出厂再到消费者手中时，一般要经过一个复杂的从"全国总经销—省级总经销—区域总经销—渠道经销商—终端"的产品供应链和销售过程，消费者与白酒生产企业不仅会面临各级经销商加价造成价格升级的消费购买压力，而且会同时面临假冒伪劣酒品伺机进入市场的潜在风险。

为加强对销售终端的掌控，茅台开始授权商超及电商平台，着力拓宽直销渠道。2014年，茅台开始授权"京东商城"销售公司产品，同时自建了茅台商城、工行融e购茅台官方旗舰店等五大网上销售平台。2018年，茅台开始大力改革经销商体系，至2019年国内经销商总共减少了1200家。2019年，茅台重点加强与全国大型商超和知名电商合作，开始以扩大直销渠道为方向的"渠道扁平化"改革，同时重视在国内重点城市的重要交通交汇点如高铁站、机场等建立经销点。2019年6月，茅台分别确立了物美科技、康成投资（中国）和华润万家三个企业为全国商超、卖场的经销商，贵州合力购物、贵阳星力百货和贵州华联综合超市3个企业为贵茅酒首批贵州本地商超、卖场服务商。2019年7月，茅台开始着力选择3家全国综合类电子商务平台，并从主营业务收入、酒类销售额等方面提出了11个选择电商平台的资格要求。

---

① 2019年10月至11月，五粮液先后与华为、小米、万达集团签订战略合作协议，在数字化转型、酒类产品、企业营销管理、文化旅游、文化及传媒产业等领域开展全面合作。

② 2013年7月，为应对行业调整压力，茅台首次打破专营渠道并开始向经销商放开代理权，设立了"以999元/瓶进货3吨飞天茅台并一次性打款6365.6万元"的代理权门槛。

第四节　五粮液与茅台品牌延伸比较分析

品牌延伸是指将原品牌的品牌名及其品牌力延伸运用到新产品或服务以提升品牌价值和品牌资产收益的一种品牌营销策略。品牌延伸的有效性基于原品牌已有的知名度与市场影响力，以及延伸的产品领域与原品牌的形象一致性与价值关联性能。合理的品牌延伸能更有效满足消费者的多样性需求并减少消费者购买活动中潜在的各种风险，提高消费者对新产品的接受度。提高企业营销促销费用的使用效率，在此主要集中于酒类领域分析五粮液与茅台的品牌延伸，包括界内品牌延伸与跨界品牌延伸两个层面。

一　五粮液品牌延伸

（一）界内品牌延伸

在创业时期，五粮液投入市场的品牌产品主要由"五粮液"和"尖庄"两个一高一低的主打品牌构成，品牌架构清晰且具有竞争力，在推动五粮液发展中发挥了重要作用。但在当时，由于定位"高端"层面的品牌"五粮液"产量有限，限制了五粮液企业的白酒产业规模扩张。

1994年，以与福建邵武糖酒副食品公司联袂推出闽台春酒为序幕，五粮液开始进入以核心品牌为基础进行界内品牌延伸的多品牌营销阶段。到2002年，五粮液共开发出包括五粮春、浏阳河、友酒、火爆酒、蜀粮春、金六福等百余个品牌共200多种规格的新产品，既有享誉全国的知名品牌，也有大量布满市场的地方品牌在逐渐稀释核心品牌价值。

（二）跨界品牌延伸

21世纪初，为最大限度发挥品牌价值，五粮液先后向葡萄酒、果酒、保健酒、生态酒等领域进行品牌延伸。

从现阶段看，五粮液跨界品牌延伸主要有国邑系列葡萄酒，将传统养生文化精髓与优质酒体进行有机融合的功能型白酒产品延伸出"雄酒""黄金牌万圣酒""牛气十足""龙虎酒""国鼎""歪嘴酒""华彩人生"等贴近消费者，市场知名度、美誉度较高的保健酒与生态酒品牌。

二　茅台品牌延伸

茅台品牌延伸包括业内品牌延伸与跨界品牌延伸两个层面，主要仍集中在酒类领域。

（一）界内品牌延伸

1998 年，茅台开始从品类分化、丰富入手进行品牌延伸，开发出不同度数、不同包装容量、不同包装形式和不同生产年份的子品牌，根据消费者消费水平延伸进入消费金字塔的中、低层人群，推出各种中高档、中低档系列白酒子品牌。

（二）跨界品牌延伸

21 世纪初，茅台沿品牌链与产品链加紧向其他酒类领域的高端市场进行延伸。从现阶段看，茅台跨界品牌延伸主要有葡萄酒领域的"茅台干红葡萄酒"品牌和保健酒市场领域的"茅台不老酒"品牌。2017 年，茅台对"茅台不老酒"进行品牌重塑，完成了茅台不老酒"炫、搏、雅、养、奇"的产品设计及样品制作。

三 五粮液与茅台品牌延伸比较分析

从品牌延伸的领域与品牌延伸的内涵分析五粮液与茅台在品牌延伸策略上的异同。

首先，从品牌延伸的领域看。为充分利用品牌价值与优势，五粮液与茅台在界内品牌延伸的基础上，都积极进行了界外融合，两者在品牌延伸策略及时间选择上基本保持了一致性和同步性。

其次，从品牌延伸的内涵看。茅台在延伸品牌时大多能保持"茅台"的内核，基本能维系统一的品牌形象，利于消费者品牌认知与识别，利于堆砌提升统一品牌价值。而五粮液的品牌延伸从本质上看属于泛品牌营销，五粮液通过授权、特许加盟、租赁等方式从"五粮液"延伸出的各系列酒子品牌与其他酒领域子品牌都有自己独立的商品名称。从品牌延伸中母子品牌双向响应机制看，由于母子品牌没有形成完整、统一的品牌内涵，子品牌在嵌入母品牌价值系统时的契合度会受到影响，在具体的行销过程中就表现为加大了消费者对子品牌的品牌价值认知和品牌识别的难度，子品牌更难以借助母品牌的品牌影响，消费者可能忽略对子品牌的应有关注等，而反过来，母品牌也更难以获得子品牌的价值支持，不能发挥品牌价值聚集效应。特别值得注意在上述情况下，母子品牌的双向联动强度是非一致性的，即使母品牌对子品牌价值正向影响强度弱化，由于固定的归属关系，消费者对子品牌的诸多不满意与抱怨仍能快速转移至对母品牌的不信任，导致母品牌价值流失。

最后，从品牌延伸的深度看。无论是界内品牌延伸还是跨界品牌延伸，五粮液与茅台均出现了品牌延伸过度情况，如五粮液与茅台在界内领域向中低端方向进行品牌延伸，淡化了高端品牌特性，弱化了品质、价值形象。

第九章 五粮液与茅台品牌定位比较分析

品牌定位就是在分析消费者需求、市场竞争态势和企业自身情况的基础上，确定品牌的最佳差异点，以便在目标消费者心目中占据一个有利的位置。有效的品牌定位能够吸引和保留顾客，是企业获取市场竞争优势的有效战略。品牌定位不仅决定着品牌的成败，也在很大程度上影响着企业的兴衰。因此，本部分将从三个方面对五粮液和茅台的品牌定位战略进行分析。首先，从历时态的角度，梳理五粮液和茅台的品牌定位战略变化，识别出其定位战略演进的历程，发现其变化规律；其次，从共时态的角度，重点分析"五粮液"和"茅台"两个核心品牌在新时期的定位战略，比较其中的差异；最后，比较五粮液和茅台的系列酒品牌体系和定位现状，识别出各自优劣势。

第一节 品牌定位演进历程的比较

一 五粮液品牌定位演进历程

五粮液的品牌定位从20世纪80年代至今，可以划分为四个阶段。

（一）20世纪80年代至2005年：中国酒业大王

1988年7月中国白酒市场结束凭票购买，放开名酒价格。1989年五粮液率先进行涨价，定价超过第一代白酒霸主泸州老窖；1994年五粮液再次通过提价超越第二代白酒霸主山西汾酒，从此五粮液成为第三代白酒霸主，价格持续领先。1995年8月，在北京举行的第50届国际统计大会上，五粮液酒厂凭借1994年12.6亿元的销售额和4.03亿元的利润总额，两项指标居全国同行业第一，被授予"中国酒业大王"称号。从此，五粮液开始正式将品牌定位为"中国酒业大王"，通过控量涨价的方式，将核心产品的价格迅速提高到贵州茅台之上，并在消费者心目中树立了高价优质的形象，成为高端白酒的代表。

（二）2006—2012 年：新一代成功人士的必饮品

2006 年，五粮液以高端市场为目标市场，提出以"三重防伪，让您更放心；独特自然，让您更开心；完美品质，让您更舒心"和"五粮液，您一生的选择！"等新诉求，让品牌定位的核心从"白酒产品"转变为"消费者生活品位"。同时，作为行业领导者，五粮液一方面为了改变白酒整体形象、拓展市场容量。另一方面为了吸引年轻的消费群体，加强对新一代消费者的培养。五粮液品牌定位旨在突显两个特质：一是具备年轻群体的活力，二是具有尊贵形象的标志。因此五粮液将品牌定位于"新一代成功人士的必饮品"。其中"新"指向新一代年轻消费者，"成功人士"凸显了消费者身份的尊贵也体现了"五粮液"本身的高端地位。五粮液通过档次和使用人群定位策略，一定程度上缓解了因 OEM 战略被稀释的品牌影响力，在提高销售额的同时为五粮液开辟年轻市场打下了基础。

（三）2013—2016 年：中国的五粮液，世界的五粮液

2012 年的限制"三公"消费政策和白酒塑化剂事件使繁荣了近十年的白酒市场开始进入寒冬，降价成为五粮液的应对选择。反观最大的竞争对手——茅台，在降价潮中逆势提价，成功度过寒冬。2013 年，茅台率先进入了白酒行业 300 亿的阵营。当年，茅台营业收入实现 310.71 亿元；而五粮液仅为 247.19 亿元，差距明显。这是在营业收入上，贵州茅台第二次超越五粮液，并由此拉开了与五粮液的距离。五粮液"中国酒业大王"的地位成为历史。2013 年中华人民共和国完成了新老领导人的换届，新一届领导人提出了"文化软实力""走出去"等多种政策方向。作为一家有着 600 多年酿酒历史、对中国白酒文化有重要影响的五粮液紧跟时代发展方向提出了"天地精华、民族精神、中国的五粮液、世界的五粮液"。在国内市场低迷环境下五粮液根据国家大政方针和新的品牌定位，积极开展"走出去"战略，在多国设立分公司布局海外市场。五粮液通过一系列的国际活动，积极开拓海外市场，增加国际知名度，真正做到"中国的五粮液、世界的五粮液"向世界展示中国白酒文化。

（四）2017—2022 年：大国浓香，中国酒王

2017 年，五粮液取得了自白酒行业 2012 年深度调整以来的最好业绩。白酒行业开始整体回暖，市场对高端名优白酒的需求进一步扩大。

五粮液开启了"二次创业",将品牌定位于"大国浓香,中国酒王"。在中国庞大的白酒市场中,浓香型白酒占整个市场的70%。一方面浓香型白酒采用不间断连续自然发酵的酒种,使其具有不同于蒸馏酒的独特口感,具有中国民族特色;另一方面浓香型白酒历史悠久,分布广泛,流派众多,最能彰显中国白酒文化底蕴。因此,从长远来看,浓香型白酒是中国白酒国际化潜力最大的品类,最能代表中国味道。而五粮液无论是酿造工艺还是酿造历史均为浓香型白酒的代表,同时其五种原料的独特工艺也体现了"自信""包容""和谐""共赢"的大国精神。在"世界名酒五粮液"的品牌形象之上,五粮液"大国浓香·中国酒王"的新定位,借助浓香型白酒厚重的文化和独特的工艺两股力量,赋予了五粮液更高层次、更大气、更新鲜的品牌价值;试图重新在消费者心目中塑造白酒行业大王的形象,谋求更大的发展。

二 茅台品牌定位演进历程

(一)20世纪80年代至1999年:红军酒+国宴酒

凭借"红色"背景,塑造茅台神秘"专供酒"生产商。长征期间,红军路过茅台镇,感受到茅台酒的甘洌。中华人民共和国成立初期,贵州茅台酒厂产能有限,加之当时酒厂处于"批条"生产阶段,有限的产能加上限制性的生产造成了茅台酒的稀缺。同时,茅台酒厂与军队有合作生产关系,酒厂所生产的酒大部分直接供给军队,用于政务服务,这样一来流向市面的茅台酒极少。在这些原因的推动下,茅台酒成为世人眼中的"专供酒",茅台酒也被笼罩了一层神秘色彩。但在20世纪90年代以前,中国白酒行业普遍重视产品销售,白酒企业较少将工作重心放在品牌形象建设上。茅台也不例外,虽神秘但品牌核心价值并不凸显,虽给人们留下了"国酒""专供酒"的朦胧印象,但却少有人能给出一个明确的界定。这一时期茅台的广告中也少有体现其品牌定位内涵。

(二)2000—2013年:国酒茅台

2000年在分析了消费者需求后,贵州茅台正式提出打造"国酒茅台"的品牌形象。贵州茅台围绕"国酒茅台"定位,大力宣传茅台历史,讲好茅台品牌故事,打造国酒形象。这一时期,茅台先后提出"国酒茅台,喝出健康来!""拥有国酒就会拥有美好的生活与未来!"等品牌宣传口号。通过这一时期的努力,茅台迅速摆脱了品牌形象不突出的问题,在中国新时期白酒市场上站稳脚跟。即使是在客观大环境动荡的背景下,茅台业绩也年年增长，快速完成了从行业十一到行业第二的弯道超车。与此同时，随着"国酒茅台"品牌形象的深入人心，茅台也展现出更大的成长潜力。

在白酒行业的黄金十年内，贵州茅台由于其早期打造的"国酒茅台"定位适宜市场需要，在新时期仍具有普适性，故并未进行较大品牌定位调整。在这十年间，贵州茅台通过一系列的赞助、公益活动，成功地将品牌形象与国家大事联系，提高了人们对于"国酒"的认同度；通过在价格上占据制高点展现茅台高端白酒的地位，这两个方面的工作帮助茅台取得了巨大成绩。这一阶段，茅台通过品牌定位，逐渐将品牌形象政治符号化，公众愿意将茅台酒看作政务酒、人情酒，导致消费者对茅台酒的需求增加。在高端白酒领域，茅台酒是炙手可热的商品，茅台酒成了"不是奢侈品的奢侈品"。2012年茅台斥资4.3亿元，成为新的央视标王。"国酒茅台，民族精品，为您报时"成为家喻户晓的广告语。显然，这为贵州茅台品牌形象的树立、知名度的提高带来了巨大的价值。

（三）2013—2018年：国酒茅台+健康酒+文化酒

2012年，一纸"限酒令"的公布宣告中国白酒行业结束黄金十年，进入白酒政务消费的市场寒冬。长期以来政务消费一直是高端白酒消费的方向，禁酒令的出台直接导致了名酒量价齐跌的局面。尤其是对于政务消费约占茅台酒消费40%的贵州茅台而言，这份冲击更为剧烈。显然，白酒消费由政务消费转向大众消费、商务消费是大势所趋，继续巩固茅台形象，用品牌支撑茅台销售，是茅台完成消费转向的关键。这一时期，茅台不断深化并延伸国酒定位内涵。自2015年开始，茅台重点打造"文化茅台"，奠定茅台的文化内涵新高度。近文者雅，茅台在"国酒""健康酒"之外又增添了文化内涵，愈加"名副其实"。同期，作为对国家一带一路战略提出后的积极响应，"让世界爱上茅台，让茅台香飘世界"的品牌国际化战略应运而生。贵州茅台与全球经销商以品牌、文化为纽带，布局国际市场。

（四）2019—2022年："中国茅台，香飘世界"

2019年9月，茅台的商标之争落下帷幕，茅台无缘"国宴""国酒"商标。在白酒新纪元里，"国酒茅台"成为过去式。为了契合茅台走出去战略，贵州茅台在2019年提出了"中国茅台，香飘世界"的新主张，以"中国茅台"作为新品牌定位战略核心。

三 五粮液与茅台品牌定位演进历程的对比

纵观五粮液和茅台品牌定位的演进历程，如表9-1所示，可以发现其在品牌定位发展方向、品牌战略长期性、品牌符号化表现以及品牌定位出发点都各有侧重。

表9-1　　　　　　　　　五粮液品牌定位的演进

时期	五粮液品牌定位	时期	茅台品牌定位
1990—2005年	"中国酒业大王"	1980—1999年	"红军酒、国宴酒"
2006—2012年	"五粮液，您一生的选择！""新一代成功人士的必饮品"	2000—2012年	"国酒茅台"
2013—2016年	"天地精华，民族精神，中国的五粮液，世界的五粮液"	2013—2018年	"国酒茅台、健康酒、文化酒"
2017年至今	"大国浓香·中国酒王"	2019年至今	"中国茅台，世界飘香"

（一）品牌定位发展方向

总体来看，五粮液与茅台的品牌定位发展方向都结合了各自企业和产品的特点与时代背景的发展。

五粮液品牌定位主要有：20世纪90年代至2013年"中国酒业大王"、2006年"新一代成功人士必饮品"、2012年"商务人士，高品质生活，五粮液""天地精华，民族精神，中国的五粮液，世界的五粮液"、2017年"大国浓香，中国酒王"这几个板块。如果将五粮液的品牌定位按照企业品牌定位、产品品牌定位来划分，容易发现：五粮液的品牌定位着力点在于塑造企业品牌形象本身，希望通过提高品牌形象来刺激消费者对其产品的购买需求。

反观茅台，自2000年正式提出"国酒茅台"品牌定位后，一直突出茅台酒国酒代表的形象。这一定位举措等同于将企业品牌与企业产品融合定位，出发点在于使二者共同发展。但这不可避免地使消费者转移对企业品牌形象的关注，造成的结果是：当公众听到"国酒茅台"时，第一联想到的是茅台酒本身，而并非贵州茅台酒厂的强大实力。"国酒茅台"中国人耳熟能详，这是茅台成功定位的体现，但这一定位限制了消费者对于中国国酒的认知。事实上，中国的国酒并不是只有茅台酒，国酒仍有其他。2019年，当国家彻底驳回茅台"国酒""国宴"商标申请后，茅台重新定位为"中国茅台"，新的定位是否会淡化消费者已有的对茅台国酒形象的认知尚待时间检验。

（二）品牌战略的长期性

企业品牌形象的树立离不开对企业自身的一个准确认知并长期坚持。茅台因为长期地坚守"国酒茅台"这一定位，通过时间累积，不断加深公众对茅台"国酒"身份的认同度，很好地在消费者心智中树立茅台酒的"国酒"形象。

相较而言，五粮液的品牌定位并没有得到长期的保持发展，品牌定位呈现出阶段化变动。五粮液的品牌定位由"中国酒业大王"到"中国的五粮液，世界的五粮液"没有得到明显过渡，连续性不强。2017年宣布"大国浓香，中国酒王"的新定位，传达了其不甘心屈居第二，王者归来的决心。因此，从定位演变历程来看，五粮液的品牌定位虽一直在坚持塑造白酒行业领导者形象，但无论是中国酒业大王、还是中国五粮液、中国酒王的形象，均缺乏更能直抵消费者心智、引发消费者共鸣的品牌形象元素。

（三）品牌符号化表现

五粮液与茅台都将自身的主流产品定位于高端白酒市场，并通过结合系列酒品牌布局其他消费层级，以适应不同消费层级的消费群体。

不同的是，五粮液在品牌定位举措上多贴近民生，例如"商务人士，高品质生活，五粮液"定位在一定程度上减小了品牌与大众的距离，将品牌贴上了亲民的标签。而茅台，由于长期坚守"国酒茅台"定位，将品牌政治符号化，拉大了品牌与普通人的距离，使品牌带有高贵和神秘的属性。

（四）品牌定位出发点

五粮液定位更强调市场，茅台定位更关注品牌本身。五粮液的"新一代成功人士必饮品""中国的五粮液，世界的五粮液""大国浓香，中国酒王"可以看出五粮液以市场为导向，而茅台的"国酒茅台"等定位一直是在丰富强调自身的符号价值，以品牌为导向；其次，五粮液定位以产品、工艺等硬实力为出发点，茅台则以文化符号为出发点，这间接导致了消费者认为茅台更具历史和文化底蕴。

第二节　五粮液与茅台主品牌定位的比较

在白酒行业整体回暖和市场持续分化的背景下，五粮液和茅台均先后提出了新的品牌定位战略。2017年，五粮液提出"大国浓香，中国酒王"的新品牌定位，并围绕核心品牌"五粮液"构建了"1+3"的战略布局。而贵州茅台，对主品牌实行的是单一品牌战略，即一个世界级茅台品牌。多年以来茅台一直想和"国酒"画上等号，但最终没有实现将自身品牌定位合法化。贵州茅台在2018年放弃了"国酒"商标的申请，2019年放弃"国宴酒"商标申请，最终其长期主张的"国酒茅台"的定位诉求由"中国茅台，世界飘香"取而代之，并将其作为面向全球的新品牌定位战略。

一　品牌定位战略目标分析

尽管目前两大白酒企业品牌定位战略的具体规划并未对外公布，但根据其各自的品牌定位主张内容和相关的活动，可以发现二者在战略目标上的差异。

五粮液"大国浓香，中国酒王"的定位诉求中，蕴含着两大战略目标：一是重振浓香型白酒的主体地位和价值；二是重塑中国酒王的形象。首先，以"五粮液"为代表的浓香型白酒，在茅台效应之下市场份额不断下滑，而五粮液"大国浓香"的新定位通过联手国内浓香型白酒企业，共同团结进行品类卡位差异化竞争，培育消费者，开创大国浓香的新篇章。其次，新的品牌定位也彰显了五粮液"二次创业""重振辉煌"的战略目标，表明五粮液不仅仅要建立一个千亿规模的超级企业，更重要的是要实现更高层次的市场占位，回归"中国酒业大王"的宝座。

而茅台集团的新定位中，用"中国茅台"代替"国酒茅台"。这样的转换，其中有不得已而为之的成分，但"中国茅台，世界飘香"的定位实质上一方面仍然延续了茅台与中国国家形象联结的长期定位，也传达了茅台谋求品牌国际化的决心。

二　品牌核心价值选择分析

品牌核心价值是指在品牌建设过程中传递给消费者最具吸引力、最普遍接受的、最突出的点。

五粮液作为有 3000 多年酿酒历史的酒企，也是五粮浓香型工艺典型代表。五粮液新定位"大国浓香·中国酒王"将独有的工艺、独特的文化价值作为五粮液品牌价值的核心基础。"大国浓香"定位包含的核心价值诉求既有多粮浓香的原料健康价值，亦有工艺价值点所创造的稀缺价值，还包括五粮液的独特文化价值。新的定位相较于曾经的"世界名酒·五粮液"定位，在核心价值诉求上更能支撑品牌定位，获得消费者的认知。

　　贵州茅台始终以其与中华人民共和国的渊源作为其品牌的核心价值诉求。1949 年前，在红军转战地——茅台镇，茅台酒不仅用于庆祝战斗的胜利，也用于治疗伤员。1949 年后，茅台酒成为国宴之酒、外交之酒。"国酒"荣誉一直是茅台品牌最核心、最有力的支撑点，使得茅台在中国家喻户晓，同时也蜚声国际。同时，茅台以其得天独厚的地理优势，精湛独特的酿酒工艺，不可移植性的生产，有力地彰显了茅台的稀缺性，迎合了消费者物以稀为贵的心理认知，有力地支撑了其作为"国酒"的定位。

三　品牌形象差异分析

　　品牌形象是指企业或品牌在市场和社会公众心目中的个性特征，反映了公众，特别是消费者对品牌的感知和评价。品牌形象体现了品牌的力量和本质。作为中国两大主流白酒市场的核心品牌，五粮液和茅台在品牌特质上具有一些共性：悠久的历史、辉煌的荣誉、独特的工艺、特殊的环境等。然而尽管如此，五粮液和茅台在品牌形象上还是具有较大的差异。

　　首先，相较于五粮液，茅台更具历史厚重感。因为茅台的确参与了新中国成立前后的许多历史事件，深得开国领袖们的青睐，具有特别的优势，而五粮液却没有能够获得这样的历史机遇来展现自己的神采。因此，尽管五粮液也具有悠久的历史，消费者仍会感觉茅台更具有历史沉浮所赋予的厚重感和沧桑感。

　　其次，相较于五粮液，茅台更具有神秘色彩。难得的历史机遇，在重大政治、军事、外交事件中频繁出现，特殊的生产技术和地域环境，甚至政治、军事酒的消费传说，都赋予了茅台不同寻常的神秘色彩。相比之下，五粮液的神秘色彩稍显淡薄。对于高端白酒来说，浓郁的神秘色彩蕴含着巨大的品牌价值发展空间。

第三，相较于茅台，五粮液更现代和时尚。五粮液一直在努力打造出一个庞大、强大、充满活力和现代色彩的"酿酒帝国"形象，在消费者心目中更具有锐意进取的朝气和现代感。现在，五粮液更是将打造年轻时尚版五粮液产品作为核心任务。2019年，五粮液品牌与施华洛世奇品牌合作，面向高端婚礼市场联袂推出"五粮液缘定晶生"品牌。这款极具国际时尚感的产品在带给消费者惊艳的同时，也赋予了五粮液品牌国际化和时尚化的色彩。

第四，相较于茅台，五粮液品牌更年轻、更具活力。整体来看，茅台的主要消费群体为四十五岁以上的中年人，而五粮液的消费群体更年轻。同时，五粮液从"产品、渠道、文化"三方面着手，针对年轻消费者群体开展"三位一体"全方位战略。在产品维度上，开发更适合新一代群体需要的低度、健康和时尚的酒品；在渠道维度上，针对年轻人的消费习惯建设涵盖网络平台、夜卖场、社交媒体等新兴渠道通路；在文化维度上，关注青年群体的心理情感和思想理念，对其白酒消费态度、饮酒习惯和行为进行研究。这些战略举措都赋予了五粮液品牌年轻化、更有青春活力的色彩。

四　品牌塑造方式分析

在品牌形象塑造模式上，五粮液更多是直接从市场出发来完成品牌形象塑造；茅台则更多地将品牌塑造的落脚点放在文化上面，通过独特的文化背景，来完成在消费者心智中品牌形象的建设。

五粮液品牌塑造方式主要包括：

（1）通过提价、扩产彰显实力。五粮液自1988年国家放开名酒价格限制以来就数次提价，成为行业头魁。同时把握消费者心理，利用"饥饿营销"的方式，使得五粮液成为高端酒的代名词；五粮液还多次扩产，规模之大尤为壮观，绵延十里的酿酒车间成为国家唯一的酿酒风景旅游区。这铸成了五粮液"中国酒业大王"的美誉并为世人所熟知。

（2）广告矩阵增加曝光率。五粮液的广告规模和口碑是其塑造品牌形象的重要方式之一。五粮液多次成为央视广告标王，在传统媒体仍然是居民主要信息来源的时代，五粮液通过在央视黄金时间播出广告，增加曝光率，其宣传片《香醉人间五千年》《爱到春潮滚滚来》更是收获了一众好评。同时五粮液还积极赞助各种大型活动，使民众在日常生活中也能随时见到五粮液的身影。

(3) 直营店提升品牌形象。五粮液通过设置门店形象统一、装修风格一致的直营店让消费者可以更加直观、明了地了解五粮液、选购五粮液。五粮液于2017年开展的"百城千县万店"直营体验店和2019年与万达商业共建专卖店等举措，进一步提升了五粮液的品牌形象。

茅台品牌形象塑造方式主要是讲好茅台故事和品牌形象政治符号化。作为中国的国酒，茅台是神秘环境铸造的，是独特工艺酿造的，是厚重文化积淀的，是卓越品质决定的，是历史贡献形成的，是开国元勋钦定的，是历代领导推崇的，是人民群众公认的①。这份总结是茅台向消费者营销的重点，也是茅台向消费者传递的品牌核心。独特的水源、独特的气候条件、独特的酿造工艺形成了茅台独特的酱香，这些都是茅台的故事素材。茅台酒愈陈愈香，茅台的故事越久越能打动人心。茅台是国酒之所以能得到消费者的普遍认同，另一个重要原因是贵州茅台将品牌形象政治符号化。符号化的茅台具有了尊贵、厚重等广为白酒消费者追逐的属性，极有力地塑造了品牌神秘的形象。

因此，从品牌塑造方式上看，五粮液更善于打组合拳进行整合营销传播，尤其依重于广告宣传。相比之下，茅台品牌塑造方式较单一，但更擅长运用公共关系讲述品牌故事。

第三节　五粮液与茅台系列酒品牌定位的比较

一　五粮液系列酒品牌体系及其定位

目前，宜宾五粮液股份有限公司出品的所有白酒类系列酒品牌与产品由宜宾五粮浓香系列酒有限公司（以下简称五粮浓香公司）负责运营、管理。其中，自营品牌分为战略品牌和区域性重点品牌两大矩阵。战略品牌即五粮春、五粮醇、五粮特曲和尖庄；区域性重点品牌包括五粮人家、百家宴、友酒、火爆、五粮头曲等品牌。目前，五粮液旗下的中价位白酒以五粮春、五粮醇、五粮特曲、五粮人家、百家宴、友酒、火爆等品牌为代表，呈现年轻化、场景化、品质化的产品特性，满足了消费

---

① 2017年5月10日茅台集团董事长袁仁国在央视《对话》栏目中国品牌日特别节目上的演讲。

者对次高端、中端浓香型白酒的消费需求。五粮液旗下的低价位白酒在品质上做了较大提升，削减多个产品线，重点围绕尖庄品牌打造，在全国及区域竞争中保持强有力的领先地位。五粮液系列酒品牌体系几乎涵盖了中、低价位市场，与高端市场的"五粮液"主品牌构成了全市场覆盖的品牌金字塔体系。

（一）尖庄品牌定位分析

尖庄作为五粮浓香公司唯一塔基品牌、五粮浓香四大战略品牌之一，承载着"百亿尖庄"的重要使命和战略目标。尖庄品牌历史悠久，市场基础扎实，曾创造过年销售12万吨的奇迹，是中国家喻户晓的高品质、低价位知名品牌。以"百年国民品牌"作为品牌定位，肩负着培育五粮液基础消费人群口感的重任。

（二）五粮醇品牌分析

五粮醇作为五粮浓香四大战略品牌之一，自1994年创立品牌、1995年产品上市以来，品牌价值和体量逐年攀升，荣获"中国名酒典型酒""2018国家品酒大赛中价位白酒品质第一称号""中国白酒历史标志性产品"等诸多荣誉，是中国首个以"醇"命名、践行醇文化的名酒企业白酒品牌，五粮浓香型白酒"醇香"风味的典型代表与创新先锋，满足当代饮品口感，传递美好醇厚情感，中价位白酒高性价比之选，醇正品质、醇香风味。

（三）五粮特曲品牌定位分析

五粮特曲作为五粮浓香四大战略品牌之一，目标定位为中端民酒市场，致力于成为中国特曲品类第一品牌。五粮特曲自2013年上市以来，对特曲品质的坚守与探索从未停歇，匠心传承五粮工艺，创新多粮特曲品质，优中选好，不断突破，以独特的复合细腻口感，成为更多白酒专家的选择，带给当代消费者全新的饮酒体验。

（四）五粮春品牌定位分析

五粮春是五粮浓香四大战略品牌之一，是广大消费者买得起、喝得起的中端名优白酒首选品牌。在定位方面，随着白酒消费升级，消费者对产品品质、品牌提出更高要求，五粮液公司在同工艺、同原料、同批次的基酒中"优中选好"打造五粮春，充分保证了系列酒产品出色的品质，决定了系列酒的市场稀缺性和核心竞争力。五粮春酒具有香气悠久、醇厚丰满、清冽甘爽、尾净怡畅的独特风格。其"名门之秀"的广告语和品牌形象深入人心，成为消费者中端名优白酒首选品牌。

（五）友酒品牌定位分析

友酒作为次高端社交白酒品牌，口感更佳、柔顺劲爽、自然芬芳，充分满足消费者追求柔和劲爽的消费需求。友酒系列重在打造消费场景，从陌生到熟悉，以酒为媒，共建友谊的桥梁，让初见的距离更加亲近，打造友情和社交的全新体验。

（六）百家宴品牌定位分析

百家宴酒作为中端宴席消费品牌，适用于城市消费人群的家庭用酒。百家宴瞄准市场细分品类空白，将其定位为中华家宴酒，契合中国文化中重视家庭、家族、团圆的核心价值。百家宴凭借其全新的定位、全新的品牌形象，跳出传统白酒开发思维习惯，精准定位家宴市场，打造"为家人，开好酒"的标签。

（七）五粮人家品牌定位分析

五粮人家主要针对中端消费市场，定位中华"家"文化地域特色品牌，在品牌诉求上强调"家国情怀""超高性价比"。五粮人家品牌推出区域文化专属产品，以"同血脉、同器型、同品质，不同品名、不同文化、不同营销"形成多元特色产品体系，同时其浓香型的酒体风格自带五粮液基因，容易获取消费者信任。而 300 元以上的定价不仅可以与区域性白酒品牌正面竞争，也为经销商预留了合适的价差空间，有利于快速打开市场。

（八）火爆品牌定位分析

火爆酒针对小酒市场，着力打造轻奢、时尚的中国第一高端小酒，瞄准年轻态消费者和举杯小酌的消费场景。火爆品牌面向新中产精英群体，提出"小酌不将就，好酒小瓶装"的诉求，打开白酒市场格局，开启全新的白酒品类。

（九）五粮头曲品牌定位分析

五粮头曲是为时代新青年打造的一款场景化用酒，符合当代年轻人情感与口感需求，通过鸿运文化进行品牌认知塑造，不断深耕市场，聚焦家宴及新时代商务宴请，打造独具特色的高品质头曲产品。鸿运当头，喝五粮头曲。五粮头曲以"品质之选""时尚典范"，正引领白酒消费新时尚。

二 茅台系列酒品牌定位分析

2014年,茅台集团成立贵州茅台酱香酒营销有限公司,专门负责销售除茅台酒以外的其他白酒产品。茅台集团推出"133"品牌战略,除了打造贵州茅台1个世界核心品牌外,还包括3个全国市场知名品牌(茅台王子酒、茅台迎宾酒、赖茅酒)以及3个区域市场重点品牌(汉酱酒、仁酒、贵州大曲)。2018年茅台提出重启旧品牌的战略,推出了王茅和华茅两个品牌。

(一) 茅台王子酒品牌定位分析

茅台王子酒是国酒茅台为了让广大老百姓都喝得起茅台(股份的)酒,而研发的一款中低端53度酱香型白酒。茅台王子酒的定位"厚德品质尊天下",强调其产品标准完全按照贵州茅台酒的生产工艺流程和规范来实行。"王子酒"一词暗含飞天茅台是王,"王子酒"是"王子",品质一样优秀。茅台王子酒自1999年推出以来,凭借亲民的价格、优质的口感占据全国中端酱香酒市场最大份额,深受消费者欢迎。

(二) 茅台迎宾酒品牌定位分析

茅台迎宾酒作为第二款系列酒,市场定位于普通工薪阶层,属于价格便宜的一款酱香入门酒。"茅台迎宾酒,迎宾迎天下"的品牌广告语,旨在传承中国文化中"待客有礼"的传统,营造出"宾客常到,杯酒不空"的美好生活氛围。

(三) 赖茅酒品牌定位分析

1929年,贵阳商人周秉衡创办"衡昌烧坊",后由贵阳人赖永初接管,并更名为"赖茅",后被收归国有,并入贵州茅台股份。2014年,茅台集团重新启动赖茅品牌,2015年正式推出,这是茅台另一款十亿级大单品。赖茅产品主要有传禧、端曲、重沙和传承系列,瓶标上有记录历史的铭文。赖茅酒定位于"国民酱香",面向中端市场。

(四) 汉酱酒品牌定位分析

汉酱酒于2011年5月正式面世,与传统茅系酒风格不同,走的是"绵柔"路数。汉酱酒是高端酱香型白酒,产品定位仅次于茅台酒。汉酱的包装设计融入了汉代的文化色彩:瓶盒的图案采用了汉代士官服饰前襟的花纹,象征着奢华与内敛;瓶身上的"漢"字采用了马王堆汉墓出土的帛书,具有浓厚的历史感。品牌既强调承袭了茅台酒的品质,也彰显了汉文化的精髓,可谓内外兼修。

(五) 仁酒品牌定位分析

仁酒是2007年上市的系列酒。该酒以儒家"仁"文化为诉求，以"君子仁风，盛世仁酒"为品牌口号，面向商务市场。仁酒包装低调简约、在口感上偏淡雅柔顺，适合初接触酱香酒的消费者。

(六) 贵州大曲品牌定位分析

2015年茅台重新推出了贵州大曲，并作为酱香酒的核心品牌。作为茅台酒发展史上的一个特殊产品，贵州大曲曾是贵州极具影响力的民间酒品牌。贵州大曲以"贵州人记忆中的味道"为品牌口号，定位于中端市场。因此，贵州大曲通过美酒与岁月的融合，以怀旧作为诉求点。但由于经历了太长时间的空白，重新起步也非常晚，贵州大曲的品牌知名度和竞争力相对较低。

(七) 王茅酒品牌定位分析

王茅作为茅台布局次高端市场的重要品牌，以高净值人群为目标消费者，鲜明提出"人生正好喝王茅"。目前王茅主要有以下三款产品构成：王茅酒（祥邦/白）作为主力产品，主要针对私人宴请和礼品赠送场景；王茅酒（祥雅/黑），是标杆产品，主要面向于私人品赏和礼赠收藏市场；王茅酒（祥泰/红），定位于亲友聚会，庆典聚餐，婚寿宴席等。

(八) 华茅酒品牌定位分析

华茅酒始于1861年华家开办的成义烧坊，后被国有化，并入贵州茅台。2018年茅台集团重启华茅品牌，将华茅作为茅台集团的战略储备品牌，弥补茅台酱香系列酒与飞天茅台之间的市场空缺。华茅酒定位为高端酱香品牌，以高端商务人群为主要目标市场。在品牌宣传上，华茅强调其稀缺和高品质，旨在通过传承中华文化，为消费者提供更深层次的高品位文化需求。

三 五粮液与茅台系列酒品牌定位的比较

通过对五粮液和茅台系列酒品牌定位的对比（见表9-2），可以发现五粮液和茅台系列酒品牌在整体定位上具有相似之处，也各有千秋，主要表现为：

(一) 从战略目标看，两者系列酒品牌定位目标趋同

无论是五粮液还是茅台，旗下系列酒品牌的战略目标都旨在成为高端主品牌"五粮液"与"贵州茅台"这两个超级品牌补充，扩大目标市场范围，培育消费基础。无论是培育浓香型白酒消费者，还是酱香型白

酒消费者，五粮液和茅台的系列酒品牌，尤其是面向中低端市场的品牌都具有相同的目的。

（二）从市场定位看，两者系列酒品牌覆盖面广

五粮液的"4+4"系列酒品牌与茅台的"3+3+2"系列酒品牌，都各自覆盖了浓香型和酱香型白酒的高中低端市场，可以满足不同消费水平的消费者需求，进行全面的目标市场覆盖。

（三）从产品定位看，五粮液系列酒品牌定位更加精准

五粮液系列酒品牌定位层次更加分明，从市场定位看相互之间没有过多的重叠，不会产生此消彼长的消费冲突。同时，五粮液各系列酒品牌有较明确的目标消费者群体和消费场景的定位，较准确地把握了目标消费者的生活方式和适用的场合，品牌形象更为清晰，更容易被消费者所认知和接受。而反观茅台，其系列酒品牌过于强调贵州茅台DNA，无论是茅台王子酒，还是汉酱、贵州大曲，甚至是重启的王茅和华茅，虽然这样的定位可以有效地利用茅台的光环效应，但也会模糊各品牌之间的差异性。另外从茅台系列酒的品牌产品定位档次来看，各品牌之间的交叠较多，容易让消费者产生困惑。

表9-2　　　　　　　　五粮液与茅台系列酒品牌定位对比

	品牌	市场定位	消费者定位	适用场景	核心价值诉求
五粮液系列酒	尖庄	低端	大众消费	全场景	百年国民品牌
	五粮醇	中端	大众消费	全场景	醇香中国，美好生活
	五粮春	中端	全市场	全场景	系出名门，品质之选
	五粮特曲	中端	全市场	商务、宴席	匠心传承，五粮特曲
	友酒	次高端	商务精英	商务聚会	社交白酒，友谊之选
	五粮人家	中端	全市场	全场景	生活消费，家庭之选
	五粮头曲	中端	商务人士	商务、宴席	鸿运当头，五粮头曲
	火爆	高端	年轻态精英	轻奢消费	小酌不将就，好酒小瓶装
	百家宴	中端	城市消费人群	家宴	为家人，开好酒

续表

	品牌	市场定位	消费者定位	适用场景	核心价值诉求
茅台系列酒	茅台王子酒	中低端	全市场	全场景	茅台王子酒，王子尊天下
	茅台迎宾酒	低端	大众消费	普通大众宴请，待客酒	茅台迎宾酒，迎宾迎天下
	赖茅	中端	大众、商务消费	好酒品鉴，商务宴请	国民酱香
	汉酱	次高端	中等收入	品鉴、商务宴请	千年经典，盛世汉酱
	仁酒	中端	商务人士	商务接待	"仁"文化、健康
	贵州大曲	中端	以贵州市场为主	家庭聚会、商务宴请	酱香品质
	王茅	次高端	商务人士	庆祝成长	人生正好，喝王茅
	华茅	次高端	高端商务群体	品饮、宴请、礼品、收藏	天地人和、时间酝酿的精华

第四节 五粮液与茅台品牌定位的综合比对分析

综合前面五粮液和茅台三个品牌定位方面的分析和比较，可以得出以下结论和建议：

一相较于茅台的企业品牌定位，五粮液企业品牌定位缺乏一以贯之的持久性，不利于长期企业形象的塑造。纵观五粮液与茅台的品牌定位演变历程，茅台始终如一坚持"国酒茅台"价值诉求，不断强化向消费者输出"国酒＝茅台"的品牌认知。目前即便茅台申请国酒商标失利，但短时间内消费者对其国酒地位的认可不会改变，这也是茅台品牌最为成功之处。而同样历史悠久，一度也拥有"国酒"地位的五粮液，在企业品牌定位和形象塑造上，却没有寻找到一个有力的核心价值诉求点。从"酒业大王"，到"中国的五粮液，世界的五粮液"，再到"大国浓香，中国酒王"的企业品牌定位，虽然很明确地展示企业行业市场领袖地位和"二次创业"重铸辉煌的决心，但该品牌诉求由于缺少与消费者的联结，难以真正走近消费者内心，占据一席之地。因此，对五粮液而言，品牌该如何让消费者感到与自己息息相关，使得自身企业形象更能打动消费者，尤其现在面临的消费者受教育程度更高、价值观更加多元、更具有国际视野和有更高精神层次需求，这是五粮液品牌定位值得思考。

二从主品牌定位来看，五粮液和茅台各有优势。一直以来，五粮液在浓香型白酒领域傲视群雄，茅台则在酱香型白酒领域独步天下。作为核心产品品牌，五粮液和茅台在品牌定位上都强调其悠久的历史、独特的酿造工艺、特殊的地理环境以及深厚的企业文化，具有较多相同的品牌支撑点。有所差异的是，在品牌形象上茅台更具有历史厚重感和神秘色彩，善于利用公关宣传讲述品牌故事，不断凸显其稀缺性，用物以稀为贵强化其国酒形象，甚至赋予品牌投资品和奢侈品的属性。而五粮液品牌则在平衡历史感与现代感、传统与时尚、本土化与国际化上表现更为出色。但如果就整体主品牌定位战略来看，茅台略胜一筹。因此，对五粮液而言，在赋予品牌现代感、时尚感和国际化的同时，还需要借鉴茅台善于讲品牌故事的特点，讲好五粮液的品牌故事，突出其作为超高端产品的珍奇性和稀缺性。另一方面，茅台在提出"中国茅台，世界飘香"的新品牌定位后，其品牌战略的变化值得关注。

三从系列酒品牌的定位来看，五粮液整体上领先于茅台。五粮液系列酒品牌发展较早，品牌定位明确，市场表现不俗。五粮春和五粮醇品牌价值过百亿。而反观茅台，其系列酒品牌缺乏清晰准确的定位，对主品牌的依附性加大，造成消费者对系列酒品牌价值感知偏低。因此，五粮液通过品牌凝练，维持强势的系列酒品牌，开发更贴合年轻消费者的新品牌的战略，值得坚持。

第五节　五粮液品牌定位战略的优化建议

"罗马不是一天建成的"，品牌资产或品牌竞争力实质上也是企业长期品牌运营战略的结果。品牌定位是品牌战略的基础，决定品牌建设和发展的方向。前面的分析从三个角度对五粮液和茅台的品牌定位进行了分析和比较：

（1）相较于茅台的企业品牌定位，五粮液企业品牌定位缺乏一以贯之的持久性，不利于长期企业形象的塑造；

（2）对核心品牌的定位五粮液和茅台各有所长，茅台品牌更具历史感、沧桑感和神秘色彩，而五粮液品牌更具有时代感、时尚感和国际化；

（3）在系列酒品牌的定位上，五粮液系列酒品牌比茅台系列酒品牌层次更清晰，定位更精准，与核心品牌的区分度更明显，整体上优于茅台。因此，在基于前述分析和对比的基础上，结合目前白酒市场竞争态势和消费者需求现状，对五粮液现有品牌定位战略做出三个方面的优化建议。

一 厘清不同层次的定位，突显产品品牌属性

企业品牌就是品牌化的企业，是以企业形式出现的品牌资产。企业的发展历史、经营理念、文化价值观、产品服务等都是形成企业品牌的基础，而企业品牌的形成通常需要一个相对漫长的时间，一旦形成就不容易调整和改变。企业品牌通常代表着企业在消费者和社会公众心目中的形象。而产品品牌是一种标识，用以区别企业产品与其他竞争产品之间的差异，是产品核心价值的表现。企业品牌与产品品牌具有不同的性质和作用，企业品牌旨在将企业的愿景、使命和价值观传递给利益相关者；产品品牌的重点在于在目标消费者心中树立一个独特的、有利的形象，以吸引消费者购买。

"五粮液"这一名称，既是企业品牌也是核心产品品牌。纵观五粮液的品牌定位，不管是从"中国白酒大王"，还是"中国的五粮液、世界的五粮液"，抑或是最新定位"大国浓香，中国酒王"都是在从企业层面进行诉求，向消费者展示了一个具有悠久历史、雄厚实力、勇于改革、充满活力和进取精神的"酿酒帝国"的企业形象。这样的企业品牌定位和形象塑造具有一定的战略前瞻性，对其各类产品品牌有强有力的支撑作用，并在一定程度上增强了企业品牌的延伸张力。但过于侧重企业品牌的定位和形象塑造，一定程度上使得"五粮液"核心产品品牌的定位和形象变得模糊和空洞。

对消费者而言，五粮液酒是来自"中国白酒大王"的酒，五粮液酒是"中国的，也是世界的"品牌，五粮液酒是"浓香型"酒，是"中国酒王"，但五粮液作为酒其本身的特质是什么？五粮液作为品牌符号所代表的核心价值是什么？当然五粮液对品牌定位还有诸如"五粮液，您一生的选择！""新一代成功人士的必饮品""香醉人间五千年""天地精华、民族精神、世界精彩"的诉求和宣传。但其中对于五粮液作为产品品牌属性和特质的定位依然不够明确，并未能向消费者清晰地传达品牌

能带给消费者的价值。

反观茅台，其一直坚持茅台品牌"国酒"的定位和形象塑造，"国酒茅台，香飘世界"的品牌价值表达清晰、简洁和准确，持续不断地向消费者传递和塑造了茅台所具有的高品质和尊贵形象，赋予了茅台品牌的象征意义。尽管"国酒"之争茅台败北，但在一定时间内其长期坚持的品牌定位，很难让消费者在消除"国酒=茅台"的认知。"国酒"品牌定位的选择和坚持可以说是茅台品牌最为成功之处，也是其强大品牌价值的源泉。

因此，五粮液在品牌定位上需要进一步厘清作为企业品牌和产品品牌的不同层析的定位，从品牌属性上区分两者各自的特质和不同的使命，针对不同的目标受众传递更准确，更能引发共鸣的品牌价值表达和诉求。同时，对五粮液品牌应该回归到核心产品品牌的定位上，从产品独特的品质、市场竞争产品和高端目标消费者的需求出发，确定五粮液品牌所具有的有吸引力的、独特的属性和价值感，并简练、准确、清晰地传递给消费者，真正地在消费者心智中占据一个有利的位置。

二　坚持核心品牌价值诉求，凸显稀缺性

品牌定位就要通过塑造有吸引力和独特的品牌形象，占领消费者的心智。而品牌形象的构建中最重要的部分就是品牌的核心价值诉求。品牌核心价值需要具备高感染力、个性鲜明和高度差异的特点，还不能过于抽象和模棱两可。茅台品牌战略的成功很大程度上是因为其对茅台品牌核心价值"国酒"所代表的"尊贵、稀缺和权力"的持续输出与坚持。因此，五粮液在对品牌核心价值的选择和表达上比较模糊和抽象，"天地精华""民族精神""世界精彩"都太过于抽象、遥远和宏大，很难与消费者产生直接的联结，引发消费者共鸣。

另外，作为中国超高端白酒，无论品牌核心价值是什么，稀缺性无疑是最重要的品牌支撑元素。物以稀为贵是人们的普遍共识，在凸显品牌稀缺性，讲述品牌故事方面，五粮液需要向茅台学习。

茅台的市场价格远高于五粮液。而价格主要受供求关系的影响。茅台在与消费者的沟通中广泛强调其传统手工酿造的技艺，制作和存储时间长，产量有限，很好地诠释了其稀缺性，也得到了消费者的认同。物以稀为贵，茅台以稀缺而提价的理由常常能得到消费者的理解和响应。

然而，同样是稀缺资源的高品质五粮液，却鲜能以产能不足为由涨

价并得到市场的理解。相反，五粮液作为浓香白酒产品，生产时间相对较短，从而导致部分消费者认为其可以不限量供给。同时五粮液"白酒大王"的品牌定位，往往给消费者现代工业大生产的印象。因此，目前在消费者的认知中，都普遍认为茅台比五粮液更具有稀缺性。实际上，浓香型高品质白酒的生产存在二八定律，高品质白酒是极度稀缺资源，不足全国白酒产量1%。高品质浓香型白酒是稀缺中的稀缺，五粮液是稀缺浓香型白酒中的稀缺[1]。据2020年报统计，五粮液酿酒出的酒，16.34%的酒可以用来做五粮液，其他的83.66%只能做低端产品[2]；2020年五粮液公司大概出产了15.88万吨酒，但真正的五粮液却只有2.6万吨左右。因此，五粮液应该通过品牌定位和传播，把自身真正的稀缺性告诉给消费者，讲好品牌"稀缺性"的故事，凸显品牌的稀缺性。

三 警惕年轻化风险，聚力高端品牌形象

随着"90后"步入社会，逐渐成为主流消费群体。消费者群体的成长和变化，使得白酒年轻化成为白酒品牌关注的方向。五粮液品牌也提出了要向"年轻化、时尚化、低度化"转变。但对于高端白酒品牌年轻化所存在的风险应该慎重对待。

从消费需求看，国内白酒市场，消费人群的"老龄化"现象开始显现，但这并不意味着90后的年轻人会减少甚至放弃白酒消费。一方面，今天白酒消费的社交属性已经超越了其功能属性，90后消费者已经进入职场，白酒自然会成为他们在许多社交场景中的消费选择。另一方面，随着年龄的增长，90后会变得更加成熟和理性，处世和消费方式也会更趋稳重和传统，会逐渐回归到白酒的传统消费中。所以应该从消费者不同年龄的成长阶段来理解白酒消费行为。另外，从白酒发展历程来看，随着时代的变迁、社会的发展，白酒消费的内涵和形式也在发生着相应的变化。因此，以这样底蕴深蕴、内涵深刻的身份去进行年轻化，无异于将抛弃自身所带有的文化精髓。年轻化有可能消减白酒品牌所承载的历史感和厚重感，更难以诠释出白酒的民族本真。没有内涵，没有精神的东西，更是难以为人所喜好。

因此，对五粮液主品牌的年轻化打造需要审慎对待，对品牌年轻化

---

[1] 宋书玉：《酿造高品质浓香型白酒有四个特殊条件》，2019年3月20日，https：//www.sohu.com/a/302530285_114731，2021年11月5日。

[2] 根据2020年报披露的主要产品生产量计算得出。

的定位不应该是去迎合当前年轻人的消费需求，而是要去挖掘白酒品牌未来潜在消费者。在五粮液品牌年轻化的过程中，需要看到白酒消费的递进性特点，品牌定位应该瞄准主流消费人群，契合高端消费者、超高端消费者价值标准和心理需求，聚焦到品牌高端形象的合力打造。

第十章　五粮液与茅台品牌销售系统比较分析

销售系统是指企业对产品销售进行计划、执行及控制的所有销售活动的集成和有效组合，以达到企业的销售目标。本部分主要从销售渠道（结构）模式与销售组织管理两个维度进行分析。

第一节　五粮液与茅台品牌销售渠道模式比较分析

销售渠道是指商品从生产者传送到用户手中所要经过的全过程，即包括产品运输储存所要经过的所有路线和通道，也包括由此相应设置的各个中间环节，即各级市场销售机构。白酒企业的销售渠道是白酒营销系统中至关重要的一环，对白酒企业尤其是全国性的白酒企业而言，其典型的销售渠道结构体系通常为传统的三级渠道体系，即：厂家—经销商—终端—消费者。厂家一级通常包含其下设的销售公司；经销商一级通常包含一批商（一般为全国或区域总经销商）、二批商（一般为省、市级经销商）；终端主要是酒行、超市等市县一级零售商，具体如图10-1所示。

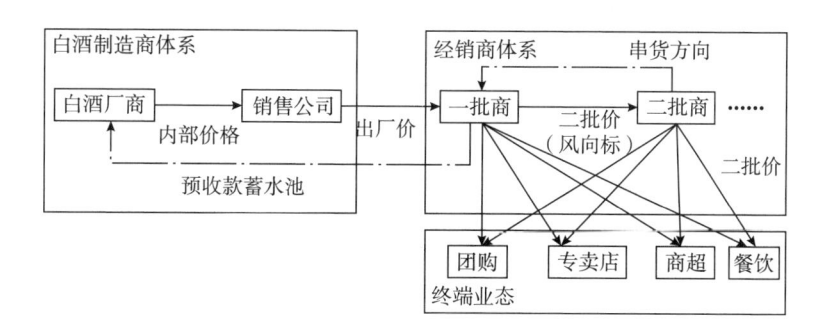

图10-1　中国白酒传统销售结构体系

在图10-1所示的销售渠道结构体系中,基于厂商之间博弈所带来的对渠道控制主导力及厂商合作关系程度的差异,可以将白酒企业销售渠道结构分为三类不同的渠道模式,即厂家主导模式、经销商主导的大商制模式和厂家与经销商合作共赢模式。从营销实践看,不同白酒企业都根据自身的实际情况选择不同的销售模式,并在不同发展阶段根据市场环境的变化进行相应的调整。

一 五粮液销售渠道模式分析

五粮液的销售渠道模式采用的是典型的由经销商主导的大商制模式。大商制销售渠道模式亦即总代模式,即厂家在特定的省或区指定实力强的大经销商担任总代理,并由其全权负责所在区域所规定品牌产品的所有销售活动的一种营销模式。在厂家将区域内的产品销售全权委托由大商负责情况下,大商不仅具有销售权,而且还获得定价权,因此大商对渠道运作有更强的主导力,甚至可以与厂家进行品牌OEM合作。综上所述,大商制销售渠道模式的优势在于可以有效激发大商的经销积极性,但其明显的缺陷在于白酒生产企业对渠道的控制力较弱,无法有效控制各级渠道加价(包括批发价与终端零售价)带来的严重价格升级现象,以及渠道间窜货容易引发的渠道矛盾与冲突。此外,由于相对较长的渠道链条,白酒生产企业难以准确感知和快速响应市场动态变化,导致企业市场竞争力弱化。

(一)传统渠道模式阶段(1994—2016年):"大经销商"模式

五粮液传统"大经销商"渠道模式(简称大商制)的发展总体可分为两个阶段,如图10-2。

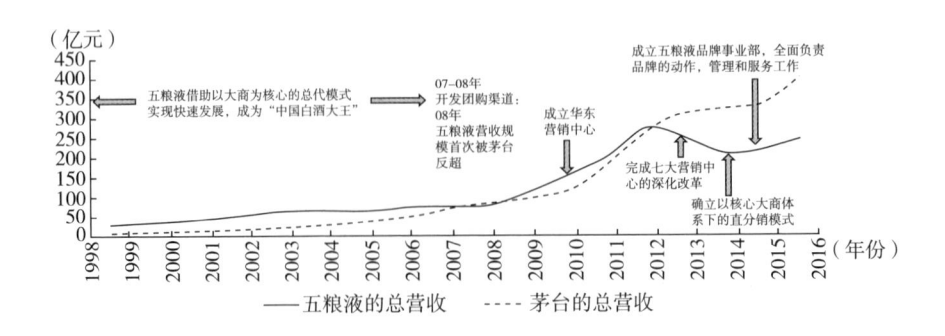

图10-2 五粮液传统大经销商制的调整历程

资料来源:公司公告、长江证券研究所研究报告。

1. 以大商制模式为核心的总代模式兴起与发展阶段（1995—2002年）：五级总代理体系

20世纪90年代中期，随着改革开放不断深入及老百姓生活水平大幅提高，社会对酒的需求量快速增长。以1994年推出"五粮醇"为标志的OEM贴牌模式为引，五粮液公司由此构建起大商制销售模式，五粮液公司负责优质产品的生产，而经销商则负责市场推广与产品销售，所得利润按双方协商的比例分享分配。随后，五粮液公司升级形成了以"全球总代理—全国总代理—区域总代理—省级总代理—地级总代理"为主线的全方位总代理体系。全球总代理（如2006年授权华泽集团为五粮液年份酒10年/15年全球总代，随后授权银基商贸为永福酱酒全球总代）主要负责开拓海外市场和全球范围内的产品销售；全国总代理（包括广西翠屏酒业、北京金榜题名、宜宾智溢酒业等）则分别负责48度五粮液、一帆风顺五粮液以及五粮春等不同品牌产品在全国范围内的销售；区域总代理（包括如北京市糖、浙江商源集团、广东粤强、安徽百川商贸等）主要负责所在销售大区的产品销售，其业务范围区域囊括了华北、华东、华南、西南等白酒重点消费市场，是五粮液运用相对充分的一种商业模式；省级总代理（包括如石家庄桥西、湖北人人大、山东泰山名饮、广西翠屏酒业等）负责所在省级市场的产品销售，成为五粮液全国扩张的中坚力量；地级总代理（包括如保定百年商贸、陕西高川商贸、安徽天韵商贸等）则主要负责所在地级市场的产品销售，并为五粮液的渠道下沉奠定了较为坚实的市场基础。

2. 大商制的调整改革（2003—2016年）

随着消费群体收入水平和消费水平的不断增长，其品牌消费意识及其对高端白酒品类的需求强度随之提升。在这个阶段，大商制模式的弊端逐步凸显，主要表现在：一是大商制严重限制了酒企对渠道的控制力，导致五粮液无法控制住经销商的定价，容易造成价格倒挂及严重的区域间窜货，极大损害了厂家和渠道的根本利益；二是大众品牌意识崛起情况下，大商OEM创造的众多子品牌日益稀释五粮液主品牌，极大损害了五粮液高端形象，甚至OEM子品牌直接变成了竞争品牌。而在这个阶段，竞争对手贵州茅台凭借突出大单品构建准确的高端品牌定位及其营造的"国酒"的稀缺性，在消费者心中快速构造起高档高端白酒形象，对五粮液高端品牌形象构建及品牌价值提升形成直接冲击。2005年，五粮液的净利润和市值被茅台反超，2007 年茅台终端零售价和品牌价值超越五粮液，2008 年茅台营收超过五粮液，2009 年再次被五粮液反超，2013 年至今，茅台营收超过五粮液，失去了全国白酒行业龙头企业地位。

为克服大商制模式所存在的弊端，五粮液开始调整改革大商制，以缓解品牌管理不利、进展缓慢的困境。

（1）构建品牌事业部，分品牌构造渠道管理。2005 年，五粮液按照"1+9+8"品牌战略构建 3 大品牌事业部。五粮液品牌事业部主要负责五粮液四个由低到高不同档次产品（饮用、豪华、精品和珍品）的品牌销售管理，直销品牌事业部与买断品牌事业部则分别负责九个子品牌的管理与经销商买断品牌的管理。显然，事业部制下分品牌的渠道管理进一步理顺、加强了对各品牌尤其是对买断品牌的管理。

（2）建立区域营销中心，分区域加强销售管理。进入 2010 年，为推动终端运作向扁平化、精细化方向发展，弱化、改革品牌事业部的纵向管理模式，五粮液开始尝试营销中心制。在 2010 年，五粮液公司首先成立了五粮液产品华东营销中心，并充分授权其统一协调区域范围内所有产品的营销工作，取得较好运作效果。2013 年，五粮液公司全面推动销售前移，分批分次按区域逐步建立起七大区域营销中心[①]，各自负责覆盖区域的五粮液所有品牌的销售。

（3）设立团购事业部，大力推动团购直销渠道发展。为进一步推动五粮液公司渠道的扁平化建设，从 2007 年始，五粮液开始大力发展面向企事业单位的团购直销渠道，当年所获得的团购收入即超过了 5 亿元，收入占比达到了 7%；而 2008—2012 年，团购收入占比则更是从 15%进一步提升至 25%。显然，团购直销渠道的发展不仅能有效减弱五粮液对经销商的依赖，进一步增强对渠道管理的主导权，而且能够更直接、更快速占领团购客户的心智，充分利用其作为意见领袖对其他消费者的相关群体影响力溢出效应，达到扩大销售和提升五粮液高端品牌形象的目的。

（4）实行核心大商体系下的直分销模式。2014 年，五粮液建立"厂家对接大商，大商对接小商"的直分销模式。直分销模式是将五粮液从

---

① 七大区域营销中心主要指华北营销中心、华东营销中心、华南营销中心、华中营销中心、西南营销中心、西北营销中心、东北营销中心。

全国各区域市场筛选约500家构建核心大商队伍，纳入企业直接管理体系，转变为厂家在某一区域或渠道的平台服务商，而其他小型经销商则纳入分销体系，不与五粮液直接挂钩。在直分销模式下，特约经销商以获取渠道价差利润为主要盈利来源，而平台经销商的盈利来源并不在于分享渠道差价利润，而是按照销量得到五粮液所提供的返利。五粮液直接给予返利确保大经销商获取满意的利润，同时大经销商有力协助五粮液管理众多小经销商。因此，通过直分销模式，五粮液与大商之间建立起更加紧密的利益捆绑关系，在一定程度上有效遏制了大商甩货、小商低价调货的渠道混乱局面。

（5）成立五粮液品牌管理事务部。2015年，五粮液成立五粮液品牌管理事务部，品牌管理事务部具备品牌推广和市场营销双重职责，由其全面负责品牌的运作、管理和服务工作。

连续13年的渠道改革从一定程度上改善了酒企对渠道的管理和掌控，但五粮液渠道本质——大商制并没有改变，无法从根本上解决子品牌杂乱、价格倒挂、区域间窜货等问题，限制了品牌进一步做大做强和价值提升。但历经品牌事业纵向模式、区域销售模式变革以及团购、商超、电商渠道的大力发展，五粮液的渠道已经逐步走向扁平化、精细化，渠道管理能力已有了一定提升。

（二）变革创新模式阶段（2017—2022年）：渠道扁平化与精细化

2017年以来，五粮液一改之前雷声大、雨点小的作风，从精细化和扁平化两个维度入手，以增强渠道管控能力为核心目标，实施了一系列实质性的改革。在渠道扁平化管理方面，裂变营销战区，开发小商，推进"万店工程"建设；在渠道精细化管理方面，则通过导入控盘分利模式以提高渠道成员全员参与度，加快推动数字化转型以进一步细化对经销商和终端考核。改革的力度和效果都是显而易见。

1. 渠道扁平化：裂变营销战区、开发优质小商、推进"万店工程"

五粮液大力推进渠道扁平化变革，旨在通过销售职能向渠道和终端前端转移，从而增加对市场响应速度和市场控制力。

（1）组织创新，裂变营销战区

2019年开始，为快速响应市场，实现企业对市场的精耕细作，五粮液全面推动营销机构向终端和消费者方向转型，依托数字化赋能，以事业部运作模式改革为核心，重点打造以市场为驱动，总部横向专业化、区域纵向扁平化的平台型营销组织，以组织创新支撑战略目标达成。

为继续深耕区域市场，在营销模式上，五粮液按照"纵向扁平化、横向专业化"的思路，构建"总部管总，战区管战"模式，改变片区中心制为营销战区制，以省划分基础，将原有7大营销中心改为21个营销战区，再在各营销战区下设60个营销基地，由此将企业营销职能从关注大片区层面前移至更加贴近渠道和市场的省级层面。

（2）终端创新，推进"大营销工程"下沉渠道

随着商务消费及个人消费崛起的市场发展新趋势，渠道下沉已成为品牌持续发展与价值升级的必由之路。"大营销工程"[①] 建设可以有针对性打通五粮液产品到消费者的"最后一公里"，有效实现五粮液向终端营销的转型。

2017年，为增强企业终端控制力，提升企业市场灵敏度，五粮液开始重启专卖店并将其核心功能由以前的"终端展示宣传+销售"升级为"终端销售+展示宣传+数据应用"，计划3年时间内将专卖店渠道打造成具备独立盈利能力的模式，形成旗舰店、标准店和专柜的全新专卖店业态。在此基础上，全面推进"大营销工程"，推进营销网络精细化和深度下沉。

2017年，五粮液完成建设7000家核心终端网点，2018年完成建设了10000个终端网点。通过这些销售终端，同时将消费者体验、服务升级如品牌体验、产品品鉴、验真服务、送货上门等等贯穿于"大营销工程"的执行规划中，消费者可以借此更直观体验、感受五粮液的产品品质、品牌文化与优良服务，进而形成强烈的品牌认同感。从这个角度看，"大营销工程"更多是五粮液能更好向消费市场提供完备消费服务的系统解决方案。

（3）结构创新，聚焦资源扶持、引进优质商家

2017年以来，五粮液发挥品牌优势，在调整渠道结构方面持续推进三大方面的举措。一是大力引入小商以减弱对大经销商的依赖。二是以专卖店为主力覆盖区域空白市场。自2017年五粮液渠道下沉至县，实施

---

① "大营销工程"是指五粮液在上百个大中城市、上千个重点县区建设上万家高质量的核心销售终端，以"五粮液专卖店（旗舰店）+有社会影响力的销售终端+KA类终端+线上线下一体的新零售终端"形式构建核心渠道。"大营销工程"推进的销售终端建设，不是单纯的终端转型升级解决方案，而更多是五粮液能更好向消费市场提供完备消费服务的系统解决方案。

以专卖店布局空白市场以来，其专卖店数量快速增长，至2018年已有约1300余家，同比增长了30%。三是积极拓展与大商超、电商的合作，为全国的消费者带来更优质的购物体验，让消费者可以更放心地品尝到真正、优惠的五粮液臻品。

（4）技术创新，升级赋能专卖系统构建智慧零售体系

2010年3月，五粮液基于全国布局发展的1600余家线下专卖店，全面开启"云上服务"。五粮液"云店"具有便捷性（简便易得的轻量级小程序应用）、安全性（保真保质的指定专卖店无接触配送服务）和社交性（定位朋友圈和社群）三大特性，不仅作为对传统渠道的最大补充迎合了当前"宅经济"环境及消费习惯迭代的新发展趋势，为消费者提供一对一、全渠道的服务，更是以新型直营渠道的布局，进一步深化了五粮液的营销数字化改革，为五粮液后续提高终端执行力、把握发展节奏及提升盈利能力提供了有力支撑。

（5）品牌管理创新，统一规划铁腕收缩子品牌

五粮液明确了"1+3"及系列酒"4+4"核心产品体系，2019年以来，五粮液下定决心提高渠道话语权，停止了五粮液"VVV"等4个年销售额在亿元以上的总经销品牌合作，并将73个规格产品下架。此外，对以"五粮"为字头的总经销品牌，若合同期内任务完成率低于70%，将面对品牌被淘汰。

2. 渠道精细化：依托数字化赋能，导入控盘分利，加强渠道管理

五粮液推进渠道精细化，数字化是基础，全环节扫码是实现路径，控盘分利是结果，最终目的是提升渠道管控能力。

（1）操作基础：构建三大数据平台进行数字化赋能，为精细化运作提供支撑

随着数字化技术的发展，用数据实现对经销商、终端、消费者的跟踪和管理成为可能。在洋河公司的成功经验上，五粮液自2017年始开启数字化转型之路：2017年与IBM签署战略合作协议；2018年完成数字化物流平台，辅助公司进行商家管理、库存管理、市场秩序管理；2019年进一步构筑全渠道互联网、大数据营销决策平台，并在此基础上形成"消费者驱动+平台化运营+数字化支撑"的现代营销体系，为企业的市场决策提供支持，更有效地进行渠道精细化管理。

2019年6月，五粮液启动上线IBM为其定制的数字化系统，实现了

产品生产、物流、仓储、销售各个环节的全过程溯源，系统监控经销商的销售区域、销售价格、销售情况、库存情况，保证了五粮液售出的每一瓶酒都会在系统里层层扫码和记录，极大提高了企业的快速响应市场能力。

（2）实现路径：设置增值收益激发各环节扫码动力，实现控盘分利①

为有效推进控盘分利下的数字化革命，五粮液基于三大数据平台，依托在新上市的第八代五粮液的酒箱、酒盒、瓶盖上导入扫码积分系统，全面实现对八代五粮液的多码关联与数字化管理。

首先，企业通过增值收益激发消费者、终端、经销商的扫码动力：消费者扫码加入会员俱乐部可以享受会员增值服务；经销商扫码不仅可获取积分奖励，还与五粮液每年经销商年终评选挂钩；终端扫码则可以获取不固定金额红包等。

其次，企业通过扫码积分系统能够获取产品在渠道所有节点流动的细节信息，有利于企业对渠道管理三个核心要素即货物、需求、价格进行精细化控制和实现对渠道利润的二次有效分配。具体而言，一方面，五粮液能够通过扫码积分系统精确地掌握产品在各个市场的流动，分析调控经销商价格体系及其是否按合格的客户或者终端数量分配计划量，可以有效控制好渠道，防止经销商窜货、甩货行为。另一方面，可有助于遴选出操作规范、实力强大的经销商和终端队伍，对其进行包括分配更多计划量、给予更多返点等在内的相关资源的倾斜支持；而对违规操作的经销商则进行处罚，甚至取消经销权。因此，控盘分利将有助于帮助企业解决经销商积极性不高、资源分配不公等长期问题，有利于企业推动整个渠道运作进入正循环。

（3）组织保障：进一步优化渠道管理组织结构

为彻底解决五粮液在系列酒品牌领域所存在的营销模式落后、渠道管理粗放等问题，2019年6月，五粮液整合原有三大品牌营销公司成立系列酒公司，对各系列酒品牌进行集中管理、统筹规划。

---

① 五粮液所采用的控盘分利模式是指从需求、价格、货物三个核心要素和渠道、秩序、服务三个辅助要素对渠道利润进行深入调节与管控，以保证品牌价值提升的一种品牌管理模式。

二 茅台销售渠道模式分析

茅台渠道管理采用"小经销商模式"①。相较于大经销商而言,小经销商虽然存在资金实力较弱、营销能力不强等不足,但与厂家的博弈能力也相对较弱,更不易出现窜货、压货、甩货等扰乱市场秩序的行为,厂家能保持对终端市场的较强感知力和对渠道的控制力,能更好地实现渠道精细化管理。

(一)传统渠道模式阶段(1998—2013年):"小经销商"模式

茅台传统"小经销商"渠道模式(简称小商制)的发展历程如图10-3所示。

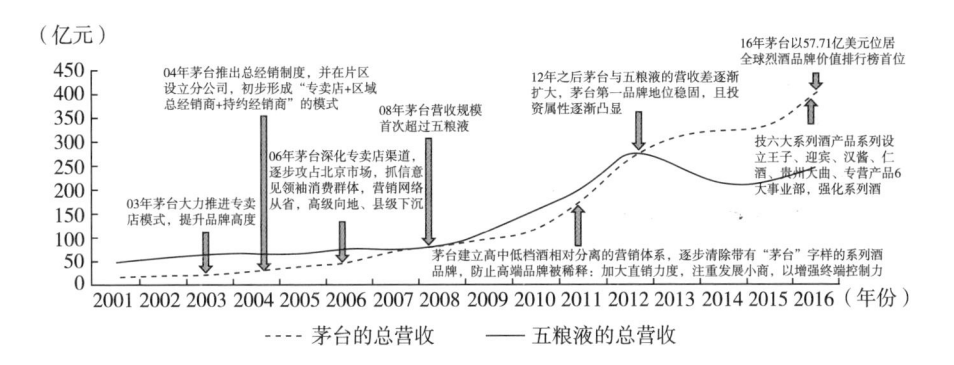

图10-3 茅台传统小经销商制发展历程

资料来源:公司公告、长江证券研究所。

1. 以"经销商+专卖店"为内涵的"小经销商"模式的兴起与发展(1998—2004年)

1998年,茅台利用品牌在消费者心中已形成的稳固地位,开启了以小规模经销商为主的"经销商+专卖店"复合经销模式与市场化营销体系建设之路。在小经销商模式下,茅台虽然并不直接掌控终端,但凭借强势的品牌力和企业实力在整个供应链和销售链中居于绝对的主导地位,可以有效控制整个渠道系统。小经销商在茅台酒的销售系统中所扮演的

---

① 茅台的销售渠道模式实质是厂家主导模式下的小经销商模式,即以"专卖店+区域总经销商+特约经销商"的复合经销为主,且注重发展小商。茅台的渠道体系本质是典型的直分销模式。"线下自营店+线上旗舰店"构成其直销渠道的主体部分,经销渠道则以"区域总经销商+特约经销商+专卖店"为主要形式。

更多是产品的配送者角色，而不是渠道的主导者与市场的开发者。小经销商在资金实力、营销能力等方面显然不如大型经销商，但面临的销售任务与资金周转压力更小，更不易产生压货、甩货、窜货等扰乱市场秩序的行为。因此，在"经销商+专卖店"的复合型"小经销商"模式下，茅台能更好地对渠道进行精耕细作，保持对终端市场的较强感知力和影响力。

2004年，贵州茅台在运营机制变革上迈出了坚实的步伐，先后成立了两家控股运营公司，实现对超高端品牌与高端细分品牌的专业化运营。此外，2004年茅台集团形成了"专卖店+区域总经销商+特约经销商"的小商制渠道模式，茅台的"小商制"的营销管理模式在终端控制方面更有力，无论是价格管控还是打击假货，这种扁平化的模式都更具优势。

2. "小经销商"模式的调整改革（2005—2013年）

（1）定制与团购兴起，控制专卖店，实行大区制销售，加大直销力度（2005—2012年）

2003—2012年，我国白酒行业进入"黄金十年"，经销商+专卖店销售体系快速扩张，也正是由于扩张速度过快，管理滞后，出现了一系列经营问题，经销商之间为完成销售任务，相互压价销售和窜货现象严重。

2005年，茅台开始停止新设专卖店，加强现有专卖店的管理。另外，茅台开始为军区、政务、大型企业等主要消费群体定制茅台酒，与经销商体系的茅台酒区分，团购业务开始迅速发展起来。

2010年，茅台开始采用"大区销售负责制"进行销售体制改革，并在全国范围内整合成立了九大销售大区。各个大区区域产品独立唯一编码，以此推动形成了一个更为严密、牢固的销售网络，有效地控制了经销商的"窜货"行为。截至2012年，茅台的国内销售区域达到了31个，设立了31家全资自营公司。2011年，茅台明确提出实行经销商和自营店两条腿走路的营销机制，以在全国各省会城市建立自营店方式加大直销力度。截至2011年，茅台共建立了自营店30家，2012年则达到了100多家。

（2）再次放开代理权（2012—2013年）

2012年底限制"三公消费"禁令和塑化剂事件，白酒行业进入深度调整期，量价急速萎缩，渠道库存高，茅台和经销商渠道损失惨重。为应对行业调整压力，2013年7月，贵州茅台首次打破专营渠道再次放开代理权，截至 2018 年，茅台发展的经销商总数就突破了 3300 家，达到了历史最高点。

（二）变革创新模式阶段（2014—2022 年）：直销破局

首先，自建电商平台。2014 年，茅台自建了五大网上销售平台并授予"京东商城"销售权，一定程度拓宽了茅台酒的销售渠道。2016—2018 年销售收入分别达到 10.9 亿、20.9 亿、17.7 亿。2016 年 6 月，茅台"云商"App 正式上线运营，仅半年时间，"云商"获得的交易总额就突破达到了 26 亿元。

其次，改革营销体系。2018 年，茅台大力改革营销体系，在全国范围大幅度削减经销商，仅 2018 与 2019 两年，茅台国内经销商共计减少 1200 家。

第三，团购、商超与经销商错位发展。2019 年 5 月 5 日，茅台正式成立集团营销公司。营销公司的主要任务是在全国范围发展商超、卖场经销商和全国综合类（全品类）电子商务平台，在本土范围发展商超、卖场服务商，实现团购、商超与经销商渠道错位发展。

第四，加强建设直营渠道。从 2012 年茅台布局直营店开始，全国范围内直营店仅有 33 家。2019 年茅台的营销体制改革以"渠道扁平化"为重点方向构建集团管控的新模式，重点扩大各省直销渠道①，不再新增专卖店、特约经销商、总经销商。2019 年直营销售比例预期达到 20%以上。

三 五粮液与茅台销售渠道模式比较分析

（一）五粮液与茅台现有销售渠道模式本质比较

首先，从五粮液销售渠道模式的本质角度看。五粮液从 2003 年开始对传统的大商制模式进行调整改革，2017 年开始更是从渠道扁平化和精细化两个维度对销售渠道进行深度变革创新。在历经品牌事业部纵向管理模式到区域销售管理模式的变革，以及大力发展团购、商超、电商等直销渠道后，五粮液也开始强力提升对渠道的话语权，但五粮液渠道的本质——"大商制"并没有从根本上改变。无论怎么变革创新，在市场经济条件下，因市场的竞争性，厂家与大经销商之间博弈渠道控制权、利润分配权、价格制定权的斗争始终客观存在，因而对五粮液而言，如何

---

① 茅台在各省直销渠道建设包括加强与国内大型商超、知名电商的合作；在国内重点城市的交通枢纽建立经销点等。

通过自己软硬实力的提升以提高自己与经销商博弈的谈判权，寻求在命运共同体机制下与经销商共商共建共享，是在"大商制"模式条件下保证渠道效率、获取价值提升、构建世界品牌的关键。

其次，从茅台销售渠道模式的本质角度看。茅台的营销体系是典型的直分销模式。虽然茅台一直在通过建立自营店、成立营销公司、加强与商超、电商的合作等方式推进营销扁平化、减少中间环节、平衡利益分配，寻求重点在直销上的突破，但从2019年上半年财报可以看到，茅台直销比例却在下降，且占比低（不到4%）。茅台要完全脱离经销商也不现实，短期内销售渠道基本构架不会发生大的变化，因此，茅台销售渠道的本质仍然是以小商经销为主的"专卖店+区域总经销商+特约经销商"的复合经销模式，直销（含商超渠道）为辅（根据2018年财报）。小经销商的能力短板固有存在。

（二）五粮液与茅台销售渠道模式的基本特征比较

表10-1　　五粮液与茅台销售渠道模式基本特征比较

	茅台	五粮液
现阶段营销渠道模式	小商模式（+自营渠道）	大商模式
渠道主导权	厂家主导	经销商主导
模式概述	小经销商模式是指经销体系中以小规模经销商为主。销售渠道包括专卖店、区域总经销商、特约经销商；直销主要是自营店和线上渠道	大经销商制模式（总代模式）指厂家以省或区为单位，指定实力强的大经销商来担任总代，由其全权代理所在区域的产品销售活动
渠道利润来源	出厂价与一批价的差价； 一批价与零售价的价差	出厂价与一批价的差价，厂家返利、补贴； 一批价与零售价的价差
优势	（1）小商资金周转和库存压力小，不易产生压货、窜货等扰乱市场秩序行为； （2）厂家对小商管控力更强，尤其是控制价格方面，更好地实现渠道情细化，保持对终端市场的较强感知力	（1）厂家可借助总代渠道资源实现较低成本的快速扩张； （2）经销商利润由其营销能力和积极性决定，渠道积极性较高
劣势	小商的资金实力、营销能力不如大商	（1）大商制下大商追求资金周转率往往低价出货，不利于挺价； （2）厂家对经销商控制不强，价格体系易发生混乱

比较五粮液与茅台销售渠道模式基本特征，无论是五粮液的大商模式还是茅台的小商（+自营渠道）模式，可以说两种模式有其各自的优劣势，渠道模式本身并无直接的好与不好之分。企业对渠道模式的选择关键取决于企业定位及与当时企业战略相契合，五粮液与茅台也是各自利用对应模式在相应历史条件下获得了巨大成功。从五粮液的成功来看，大经销商通常具备更为完善的多层级销售网络，有市场覆盖面广、宣传影响力大、市场渗透力强等优势。五粮液既能依托各区域市场大经销商完备的销售渠道网络系统，将产品快速导入空白市场、全面渗透竞争市场，达到扩大产品区域市场布局范围目的，又可通过市、区县、乡镇、村不同层级的经销渠道网络将产品有效下沉，从而提升产品渗透率。因此五粮液曾经凭借大商制快速实现了全国化，逐渐发展成为行业龙头。

（三）五粮液与茅台销售渠道模式的历史实践比较

1. 行业主动提价权由五粮液向茅台的转移。以2008年为分界点，白酒行业的主动提价权由五粮液转移到了茅台。其主要原因在于：一是小经销商模式的推动。茅台的小经销商模式相比于五粮液的大商模式而言，因其规模小而更具有销售任务较小和资金周转压力不大的相对优势。因此在2008—2012年，在高端白酒供不应求的市场条件驱动下，茅台酒更容易形成涨价期惜售的行为，出现茅台酒价格的上涨幅度增长快且高于五粮液的现象；二是消费意见领袖的推动。茅台在高端白酒涨价期采取了集中打造茅台酒品牌的高端专有属性、深化专卖店渠道、分离系列酒品牌等策略来提升核心品牌价值与品牌高度，以精细化营销布局稳固茅台第一品牌地位，以此紧抓意见领袖消费群体主流推动作用与消费趋向带动作用。

2. 主营业务销售收入、销售利润等主要财务指标的差距拉大，如图10-4所示。

茅台在近20年逐步赶超并远超五粮液，说明茅台渠道模式与市场环境条件变化与发展要求的匹配性更高。茅台的渠道以小商为主，小商基本没有跟厂家抗衡的实力，但是基于茅台强大的品牌力，以及出厂价与零售价之间的巨大价差，渠道商必然要听从厂家的命令，因此茅台有很强的渠道控制力，渠道商的库存、价格，包括市场的需求情况都在厂家的掌控之中。这是继2008年茅台能获得行业主动提加权，2012年白酒市场进入艰难期后茅台仍能稳定价格并在主营业务销售收入、销售利润等

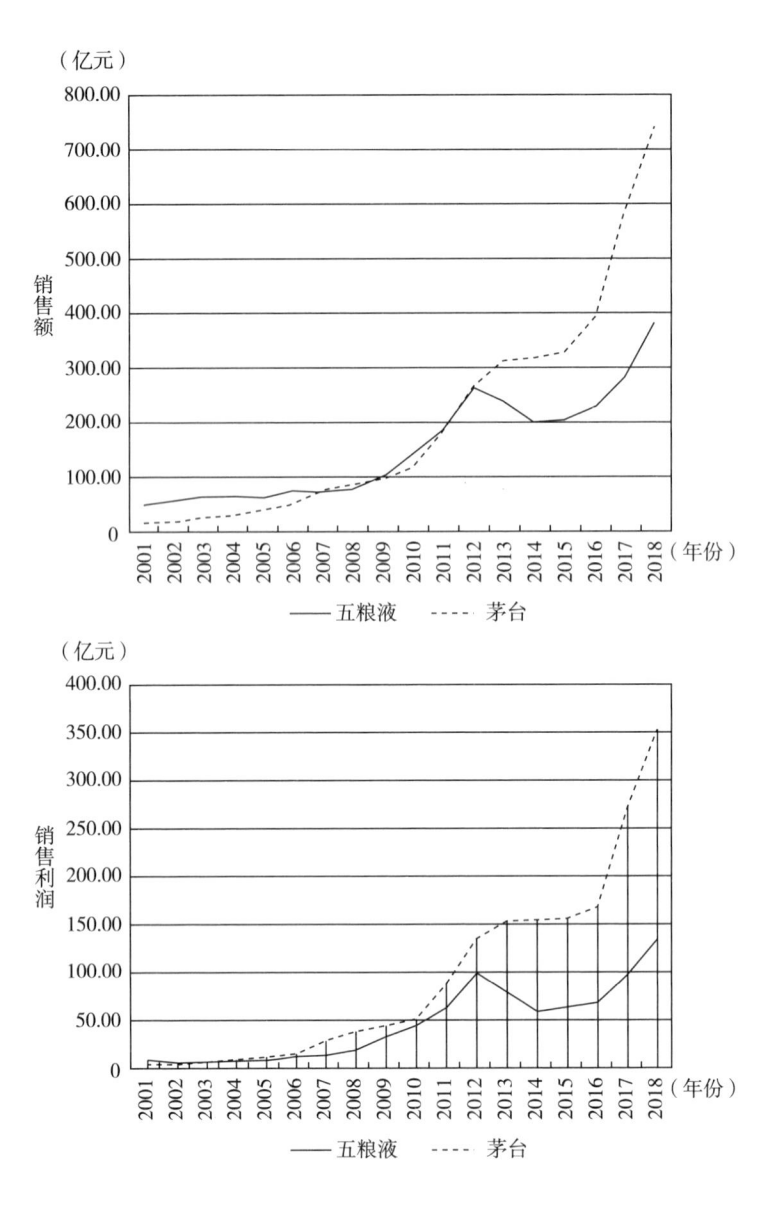

图 10-4　五粮液与茅台主营业务销售收入、销售利润对比

数据来源：五粮液有限公司年报（2020 年）。

方面迅速超过五粮液的重要因素之一。而五粮液的"大商制"在具体实施过程中更多表现为一种相对粗放的销售管理模式，在早期确实能有效激发渠道商的积极性，但一旦渠道商规模扩大、实力增强而有了与厂家抗衡能力，而厂家又对渠道商有了严重路径依赖情况下，则会出现整个渠道的库存、价格对厂家的透明度弱化而引发错误决策，以及企业对市场动态变化的响应能力极度下降的情况。2013 年，五粮液的逆市提价是对此现象的最好印证。此外，在厂家渠道控制力弱化下，渠道商甩货、窜货等行为会严重扰乱市场秩序，导致产品的正常销售受阻，渠道商销售积极性受挫。因此，根据目前的市场条件和五粮液过去多年的运行实践来看，大商制模式已是弊大于利的一种模式。

总之，五粮液与茅台销售渠道模式的最大差别在于厂家对渠道控制力的强弱不同，决定了当遇到市场环境发生突变时厂家的政策调整能否由渠道商有效执行以及厂商博弈所造成的内耗对品牌形象与价值的冲击。所以，五粮液一直谋求渠道变革创新，进行品牌"瘦身"、数字化变革等，就是要以此管控渠道的库存、价格情况，全面增强渠道控制力，如果能成功实行，对于五粮液的渠道模式确实是一种很大的改善。

（四）五粮液与茅台销售渠道模式的未来发展方向比较

从五粮液角度看。五粮液主要是加快渠道的扁平化与信息化建设，以此提升企业的渠道管控能力。包括：推进扁平化改革，向小商+专卖店模式转型，同步裂变营销战区适应扁平化管理；建设"大营销工程"，以成数量化规模的核心终端推进精准化服务营销，克服传统渠道应对信息碎片化不利问题；配套渠道改革上线数据化管理工具，导入控盘分利模式，高效管理经销商和核心终端、获取消费者画像，最大化渠道扁平化和终端化的效果。

从茅台角度看。茅台对经销渠道依赖并不重，出厂价与零售价价差巨大，未来会继续减少经销渠道占比，增加直营比例，同时继续深化专营渠道，贴合大众消费需求。虽然茅台对渠道的控制力很强，但小商模式提价容易，压价难。在巨大的差价利益诱惑下，经销商囤货居奇行为会导致市场供需矛盾和价格矛盾恶化并陷入恶性循环，如果放任经销商和黄牛对茅台酒的炒作，茅台酒将形成巨大的泡沫并必然会破灭，这将会给茅台甚至整个白酒行业造成巨大的冲击。因此，控制终端零售价格是茅台目前最重要、最迫切，也是难度很大的工作。目前，茅台对终端零售价格的控制效果尚不显著，这就对要求茅台必须进行进一步改革创新。

总体来看，五粮液与茅台的渠道变革方向具有一致性特征，主要侧重于几个方面：一是强化渠道管控。尤其是针对白酒行业容易出现的经销商价格倒挂、随意定价、低价甩货、库存积压等问题，加强对价格、库存的掌控。比较而言，茅台所采用的是加大直营的比例等比较典型的渠道管控手段，五粮液则采用渠道扁平化去层级以及强化营销渠道数字化管控等手段；二是继续下沉渠道。伴随消费升级，四五线城市包括县级城市对高端白酒的消费也在不断增长，因此下沉渠道已成为各高端白酒企业共识，各大白酒企业纷纷积极在众多县城甚至乡镇建设专卖店。最典型的是五粮液的"大营销工程"和茅台现阶段以专卖店、特约经销商、总代理为主的经销商体系建设。茅台在不断深化专卖店渠道以提升品牌高度策略推动下，专卖店（柜）渠道建设取得可观成效，在已有的2930个销售网点中，专卖店（柜）的数量占比高达47%。

第二节 五粮液与茅台品牌销售组织管理模式比较分析

一 五粮液销售组织管理模式变革

2010年后，由于大商制的弊端日益突显，五粮液开始逐步调整营销结构，进行组织管理模式变革。

（一）2010—2013年期间，建立七大营销中心，向区域化管理模式转型

在七大区域的营销中心各自负责五粮液所有品牌在所在区域的销售。此外，五粮液还设立营销督察管理部（服务市场和经销商，管理库存）、销售服务管理中心（服务经销商）、包装材料供应部、售后部（管理售后工作）等部门，旨在更有效地对接经销商。

（二）2014年实行核心大商体系下的直分销模式，形成"厂家对接大商，大商对接小商"的销售管理模式

直分销体系的本质是通过整合厂家、平台商、小商或终端之间的合作关系，实现对渠道的分类分级精准化管理。核心大商或平台商由厂家进行直接管理，其职能由原来的"将产品从厂家分销到各渠道和终端"简单化分销职能转化升级为"在营销中心统一指导下负责市场开发（明确区域、市场责任）、市场打造（因地制宜，采取一地一策、一商一策）、

市场服务、市场配送（确保物流高效及时、低成本）、市场管理（零容忍处理低价、违规窜货等不良行为）"。其他小型经销商则直接向核心大商进货，不再与厂家直接关联。这种模式对渠道而言可充分发挥各层大经销商的经营优势，减轻小商经营压力；对厂家而言则可有效收缩渠道管理幅度，降低渠道管理成本，减轻渠道管理压力。

（三）2015 年成立五粮液品牌管理事务部全面承担品牌推广和市场营销的双重职责

品牌管理事务部下设品牌管理处、销售管理处、督导检查处、特渠管理处、综合服务处和 7 大区域营销中心，主要负责品牌的运作、管理和服务工作。区域营销中心则主要负责区域品牌的打造运营和市场布局、渠道建设及销售管理等相关工作。

因此，五粮液渠道模式是典型的以五品部为首，"大商代理"和"区域管理"为两大基本要素，核心大商和区域营销中心相辅相成的经销网络。这种渠道网络既有助于五粮液联合区域经销商开展因地制宜的市场营销和渠道建设，又能缩短与消费者的距离，为保障价格体系合理、解决产品窜货等提供掌控力，从而有效推动渠道向扁平化趋势发展。

（四）2019 年围绕五粮液品牌事业部改革片区中心制为营销战区制，打造市场驱动型营销组织平台

五粮液的营销战区制以省划分基础，构建"总部管总，战区管战"的深耕区域市场、快速响应市场的模式。对外，全面向终端和消费者方向转型，将原 7 大区域营销中心裂变为 21 个营销战区，由此将公司营销职能从大片区层面前移至省级层面，从而更加贴近渠道和市场。对内，持续推动事业部的运作模式、团队的构建向数字化终端营销转型，提高对终端和消费者的精准化服务能力。推动建立市场化用人机制，针对企业早期相关营销政策落地难情况，把策划、人事、费用核算等职能下沉到一线。此外，五粮液加大了对销售队伍的建设。为匹配营销组织的变革、增加营销执行队伍战斗力，补充了大量优秀的营销人员。2018 年公司销售人员 658 人、同比增长了 14%；2019 年 4 月，五粮液公司面向全国市场化招聘营销业务人员，招聘包括营销战区渠道运营经理、费用核算专员等 100 余名营销人才，进一步扩大销售队伍，保证相关政策的落实到位。

二 茅台销售组织管理模式变革

近年来,茅台酒价呈现非常不利的周期性大幅波动,终端市场炒、囤茅台酒现象日益严重,价格高涨。这些乱象不能单纯依靠企业外部的市场化因素或行政干预手段,而必须从企业内部营销组织管理优化角度入手,进行深刻的销售渠道结构"扁平化"的变革,才能从根本上得以解决。无论是茅台集团还是茅台股份公司,都在新形势、新任务下推进与渠道扁平化相适应组织管理模式变革,实现战略升级、重心转型的重要创新。

2019年初,茅台集团推动旗下酱香酒营销公司进行营销组织变革,将原六个事业部整合而成了"营销策划部"与"渠道管理部"两大部门。"渠道管理部"是营销"推力"责任部门,主要负责渠道网络、经销商与终端建设,以销售力、渠道力推动终端动销。而"营销策划部"是营销"拉力"责任部门,负责市场研究、消费者研究、品牌管理、传播管理,以品牌力、文化力拉动动销。"推""拉"结合不仅进一步强化了企业对市场及消费者的关注力,也要求企业从全产业链的营销战略视角关注经销商及终端的组织表现。

2019年5月,贵茅集团营销公司正式成立,着力构建以团购、商超为主体,终端客户优势互补的集团管控新模式,以此推进营销体制转型。

第十一章　五粮液与茅台品牌管理系统比较分析

品牌是一种错综复杂的象征，是能够给其持有者带来溢价和增值的一种无形资产。品牌承载的是人们对其产品及服务的认可，品牌建设是一个需要长期坚持的过程。管理创新是品牌创新的绩效基础，为使品牌资产长期保值增值，企业应当成立专门的组织、制定规范的文件持续开展品牌管理。

第一节　五粮液与茅台品牌管理团队比较分析

一　五粮液品牌管理团队

五粮液集团当前的品牌管理团队，主要包括战略发展部、市场管理部、五粮液品牌管理事务部等。2015 年，五粮液按照"品牌专业化运营，市场精细化耕作"思路，开展了第二轮营销体系改革，将五粮液主品牌与五粮液系列酒品牌分别运营，成立了五粮液品牌管理事务部、五粮醇品牌营销有限公司、五粮特头曲品牌营销有限公司、五粮液系列酒品牌营销有限公司，进一步下沉营销渠道，推广"直分销"模式试点，构建核心经销商体系。五粮液股份公司在其"十三五"战略规划中，规划"品牌价值重塑"，提出了"明确各品牌的形象定位，建立品牌设计、品牌传播、品牌营销的统一管理机构和管理策略"。但这类"统一管理机构"目前尚未明确建立。

二　茅台品牌管理团队

茅台集团当前的品牌管理团队，是 2018 年组建的茅台集团公司品牌管理委员会（为集团五大管理委员会之一），下设法律知保处、战略管理处、企业文化处、技术中心、信息中心、监察室等 10 个职能部门。品牌管理团队的主要职责，是负责集团旗下各品牌的培育、发展、布局和保护等工作,目标是不仅要"管住"茅台品牌,而且要"管好"茅台品牌。

三 五粮液与茅台品牌管理团队比较

随着市场竞争的深入发展,对品牌维护与提升的要求也越来越高,传统的品牌分散管理模式已经很难满足需要,从这方面来看,五粮液品牌管理团队的建设力度要弱于茅台。五粮液与茅台品牌管理团队的具体比较如表11-1所示。

表11-1 五粮液与茅台品牌管理团队比较

	五粮液	茅台	比较
部门	包括:战略发展部、市场管理部、五粮液品牌管理事务部等	茅台集团公司品牌管理委员会,下设10个职能部门	茅台建立了统管多部门的品牌管理委员会。而五粮液按品牌管理内容由不同部门管理,管理方式相对分散
职能	负责五粮液、五粮醇、五粮特头曲、系列酒品牌管理与营销等	负责茅台集团旗下各品牌布局、培育、发展和保护工作,包括茅台品牌管理的组织领导、重大事项决策、部署等相关工作	五粮液品牌管理协调工作主要通过董事会办公室进行。茅台实现了品牌相关的合同、质量、战略、纠察、处罚的一条龙管理

第二节 五粮液与茅台品牌管理制度比较分析

为了有效促进品牌资产的保值增值,企业必须高度重视品牌管理制度建设,从制度制定、落实和实施等全过程加强管理,维护企业与产品的声誉,塑造良好的品牌形象。

一 五粮液的品牌管理制度

表11-2列出了1994—2019年五粮液的品牌管理制度演变情况。

表11-2 五粮液品牌管理制度演变情况

时间(年)	品牌管理制度
1994—2002	大商制渠道管理模式,即通过划分销售区域,由一级经销商负责一个区域的品牌营销,下设若干层级经销商,组成一种多层级的品牌营销渠道管理模式

续表

时间（年）	品牌管理制度
2003—2012	2003年，实施"1+9+8"品牌战略①，开始精简贴牌产品，构建金字塔式品牌矩阵；2004年起逐步进行中低档酒品牌调整，精简OEM子品牌80多个，砍掉了中低端买断品牌，至2007年调整基本完成；2010年，精简系列酒品牌，实施品牌主产品与系列酒产品分离销售的制度
2013—2015	2013年发展腰部中档品牌，先后推出了一些中档新产品：绵柔尖庄、五粮特曲、五粮头曲以及低度系列酒等；2014年，提出"1+5+N"策略②；2015年，设立五品部，开始公司化运作五粮特曲头曲、五粮醇以及系列酒品牌
2016	实施"五粮液+五粮系"双轮品牌结构，确定了"1+3+5"品牌发展组合③
2017	确定了品牌聚集"1+3战略"④，开始集中力量打造战略品牌和区域性重点品牌两大矩阵
2018	修订完善品牌管理制度，开始实施"品牌管理优化项目"；对部分高仿主品牌的系列酒进行停产处理，从而增强品牌辨识度
2019	发布《五粮液集团系列酒品牌和产品开发及清退管理标准》《"五粮液"品牌产品开发及清退管理标准》等一系列品牌管理制度；目的是突出品牌"三性一度"（纯正性、一致性、等级性和辨识度）

二 茅台的品牌管理制度

茅台的《贵州茅台酒厂集团品牌管理办法（试行）》在2006年推出第一版，2015年修订为第二版，2017年推出第三版后成为现行版本。按照新版品牌管理办法，茅台重点清理整治了LOGO滥用、品牌侵权、虚假广告等现象，对子公司品牌及产品进行全面瘦身。2017年修订后的管理办法，从品牌使用许可、产品审批、广告宣传、首席质量官设立等方面，以更加严格的管理制度规范子公司的品牌运营。表11-3列出了茅台《品牌管理办法》的一些主要规定。

---

① "1+9+8"品牌，是指1个国际性品牌、9个全国性品牌、8个区域性品牌。
② "1+5+N"策略，是指1个高端国际性品牌、5个全国性品牌、N个区域性品牌
③ "1+3+5"品牌，是指1个新品五粮液；交杯五粮液、五粮液1618、五粮液低度系列3个战略品牌；五粮醇、五粮春、绵柔尖庄、五粮特曲、五粮头曲5个个性化品牌。
④ "1+3战略"是指：对"1"个52度水晶瓶五粮液品牌，从高端化、时尚化和国际化"3"个维度进行发展。

表 11-3　　　　　　　　茅台品牌管理办法主要规定

类别	制度要求
品牌开发	每个品牌必须完成销售任务（年销售量 500 吨，或者年销售收入 1000 万元）；子公司开发的酒类产品，需要在外包装上清晰显著标示一个产品名称（注册商标），以区分产品来源；产品最多设置一级副名称，包装上的产品副名称大小不得超过产品名称的 1/2；子公司统一管理自己使用的产品名称，必须在品名、形状、图案、色彩等外包装设计方面体现自己的风格特点，各环节和包装上的名称必须一致；将按照"受保护优先"及"申报优先"原则处理抄袭模仿行为
产品包装	除"贵州茅台酒"及目前已单独授权的产品外，其他产品禁止使用"贵州茅台酒"特有的外包装设计，不得在产品包装上使用"飞天"图案，不得使用"茅台""贵州茅台""MAOTAI""MOUTAI""KWEICHOWMAOTAI"及"KWEICHOWMOUTAI"这类商标名称；只能在酱香型产品上使用"源远流长"商标；外包装及广告宣传方面原则上不得使用"小批量""国藏""典藏""珍品""陈酿"等用词；产品包装设计遵循诚实守信原则，禁止使用可能引起消费者误认的数字元素
定制酒	定制产品分为个性化定制与模块化定制。定制产品不能使用产品条形码，禁止上市销售。贵州茅台酒定制主要面向国内外重要公司、社团组织及名人等特定对象；普通、特需贵州茅台酒 1 吨以上为个性化定制的起订量，模块化定制根据客户需求整箱起订；酱香系列酒的个性化定制起订要求为 10 吨以上，模块化定制根据客户需求整箱起订
品牌考核	品牌年度考核分为"合格、培育、不合格"三个等级。完成年度任务且无重大违规行为的，为"合格"品牌；完成年度任务 60% 以上且无重大违规行为的，为"培育"品牌；完成年度任务 60% 以下或发生重大违规行为，或发生违规行为未按要求整改的，为"不合格"品牌；合格级、培育级品牌予以保留，培育级次年考核未达到合格级的，视为不合格级；合格级连续两年考核未达合格者，视为不合格级，不合格级品牌一律停产、终止合作

三　五粮液与茅台品牌管理制度比较

下面从品牌管理制度文件、制度要求、制定实施目的三个方面，对五粮液与茅台的品牌管理制度进行比较，具体情况如表 11-4 所示。

表 11-4　　　　　　　　五粮液与茅台品牌管理制度比较

类别	五粮液	茅台	比较
品牌管理制度文件	《"五粮液"品牌产品开发及清退管理标准》《五粮液集团系列酒品牌和产品开发及清退管理标准》等	《贵州茅台酒厂集团品牌管理办法（试行）》2006 年出台第一版，2015 年第一次修订，2017 年第二次修订。《茅台集团关于全面停止定制、贴牌和未经审批产品业务的通知》等	茅台的制度文件更成体系，制度建设看起来更完善

续表

类别	五粮液	茅台	比较
制度要求	按照"三性一度"要求，全面梳理现有品牌及产品结构，在坚守契约精神与经销商平等协商的基础上，分类分步推进整改和清退工作	对子公司品牌运营提出了严格的管理规范，涉及品牌要素、管理机构设置、产品审批、品牌使用许可、广告宣传、"首席质量官"设立、品牌考核、违规处罚等品牌管理规则	茅台的制度规定更明确、更全面，制度延续性更强
目的	解决"很多贴牌酒、杂牌酒都在模仿五粮液，稀释五粮液品牌力，同时以极低价格混淆五粮液品牌结构和价格体系"问题，巩固五粮液的品牌价值，促进五粮液高质量、可持续发展	推动品牌管理从"管住"向"管好"转变。加大品牌培育、推广和保护力度，清理多余的品牌与产品，有效保护茅台集团主品牌价值不被稀释，规范市场秩序、优化品牌资源。塑造国际化品牌，打造受人尊敬的世界级企业	都是为了完善品牌管理，规范市场秩序，维护主品牌价值。但五粮液需要做的工作更多

第三节　五粮液和茅台品牌追踪与维护比较分析

企业要实现持续健康发展，必须坚持规范品牌管理、加强品牌建设。品牌维护既是品牌管理的内在要求，也是品牌价值提升的重要保证。一个品牌在消费者心目中的地位常常是动态变化的，有时受某些事件影响的变化可能非常大，影响效应可能是正效应也可能是负效应。而品牌维护的目的就是要充分利用正效应顺势提升品牌价值，或者最大限度减少负效应的冲击，及时化解品牌危机。已发展成为知名企业的品牌，其品牌发展维护主要包括自我维护、法律维护及经营维护三个方面。

一　五粮液的品牌追踪与维护

（一）五粮液品牌发展的自我维护

1. 在高端品质维护方面

五粮液坚持"诚信为先，品质为纲"的价值理念，严格执行食品质量安全管理体系，注重产品质量过程控制。采用纯粮固态发酵制造工艺，在基酒品质上精益求精，坚守高端名酒特色品质。坚持原料、过程、产品并重，通过"订单农业"实现"一粒种子到一滴美酒"的可溯源管理，长期保持酒类产品出厂合格率100%，成为我国浓香型白酒的典型代表。2019年推出"501五粮液"，产品产自501车间的明清古窖池，成为五粮液高端品质产品的新代表，向消费者传递出五粮液的高端品牌价值，推动着整体品牌力的提升。五粮液股份有限公司是行业内唯一三度获得"全国质量管理奖"的企业，是国内首家荣获"全球卓越绩效奖"的酒类企业。

2. 在技术创新方面

五粮液公司长期坚持科学发展，传承创新《陈氏秘方》，产品以"酒味全面"而著称，体现了中国"中庸"文化的高深境界。企业围绕浓香型白酒固态发酵微生物资源研究、酿酒智能化技术研究、酒类分析技术研究与应用、浓香型酿酒新工艺研究与应用等科研课题，大力开展技术研发工作。以工艺创新、酒体创新为核心，持续推进供给侧结构性改革。不断加强创新平台建设，已成功打造国家白酒产品质量监督检验中心、四川省固态发酵白酒酿造工程研究中心等一批高层次研究平台，推动企业创新能力持续提升。五粮液公司2019年研发投入达到1.26亿元，比上年增长50.28%。2018年新增专利197项，获省市科技进步奖9项；2019年获"中国酒业协会科技进步奖"二等奖1项，取得公司重大技术突破2项，新增授权发明专利5项。

3. 在防伪打假方面

五粮液长期坚持"打假保真"，持续整顿和净化市场，与各地市场监督管理局等部门积极配合加大打假力度。发布第八代五粮液，在包装、品质、溯源防伪等多方面进行了全面升级，与新浪合作推出以区块链为核心技术的"五粮液数字酒证"，五粮液在不断提高产品品质的同时，实现了数字经济与传统行业的深度融合，着力推动品牌价值持续回归。

4. 在企业社会责任方面

五粮液股份公司热心参与公益事业，主动履行社会责任，在社会公益、慈善事业、环境保护等多方面做出实际行动。2019年精准扶贫投入13378万元，全年对外捐赠达到14773万元。2008—2019年累计对外捐赠达到49696万元，得到消费者、合作伙伴等社会各界的高度认可。五粮液股份公司连续三年获得"四川省环境诚信企业"称号，获得第一批"四川省工业资源综合利用企业"称号及"四川省节能环保品牌示范项目奖"。荣获"社会组织扶贫50佳案例""2019年四川省脱贫攻坚先进集体""四川省环境诚信企业"等众多社会责任方面成绩，企业形象和品牌形象得到进一步提升。

5. 在品牌荣誉方面

五粮液品牌最早在 1915 年巴拿马万国博览会上开始崭露头角，其后荣誉不断，将"国家名酒""国家质量管理奖""世博金奖产品""华谱奖之国家名片奖"等上百项国内国际重大荣誉收入囊中。近年来一直保持良好发展势头，品牌价值不断提升。2019 年成功入选欧盟认可的中国地理标志品牌，在这一年的"世界品牌 500 强""亚洲品牌 500 强""中国 500 最具价值品牌"排名中，分别排名第 302、40 和 19 位，与上年相比分别提升 24、8 和 1 位。

（二）五粮液品牌发展的法律维护

1. 在法律保护获取方面

五粮液一直重视商标权的及时获得、驰名商标的法律保护、证明商标与原产地名称的法律保护等。2006 年获得"中华老字号""中国浓香型白酒典型代表"认定，五粮液和五粮春成功申报"中国畅销名酒"。2007 年获得"全国重点保护品牌""十大经理人品牌""四川省第一批非物质文化遗产名录"等认定。2008 年，五粮液传统酿造技艺再获佳绩，成功入选"国家级非物质文化遗产名录"，"五粮春"品牌被认定为"中国驰名商标"。2018 年"五粮液窖池群及酿酒作坊"荣获国家工业遗产称号。2019 年，五粮液公司申请发明专利 9 项，实用新型专利 11 项，外观设计专利 129 项。

2. 在依法维权方面

五粮液公司注重运用商标、专利、著作等法律法规，维护品牌形象，提升无形资产。对侵犯自身注册商标专用权、发布不实言论影响企业形象与声誉等事件积极进行法律维权。近年五粮液公司涉及品牌维护的部分民事诉讼案件参见表 11-5。

表 11-5 五粮液涉及品牌维护的部分民事诉讼案件

披露年份	案件名称	被告方	涉案金额（万元）
2006	商标专用权纠纷	哈尔滨世纪酒业有限公司、黄建平、陈志勇	230
2009	名誉侵权纠纷	市场信息报社、靖鲲鹏	50
2009	名誉侵权纠纷	石波	50
2012	商标侵权	深圳市朝阳技术有限公司	50

续表

披露年份	案件名称	被告方	涉案金额（万元）
2012	商标侵权	赵忠民	70
2013	"五粮液"商标专用权纠纷	北京谭氏瑞丰商贸有限公司、甘肃滨河食品工业（集团）有限责任公司	7000
2013	"五粮春"商标专用权纠纷	北京谭氏瑞丰商贸有限公司、甘肃滨河食品工业（集团）有限责任公司	6000
2015	注册商标专用权纠纷	河北大午酒业有限公司、山东大众报业集团鲁中传媒发展有限公司	300
2016	商标专用权纠纷	肖泽好、黄军玲	1400
2016	商标专用权纠纷	金颖	650

资料来源：五粮液有限公司年度报告（2006—2016年）。

（三）五粮液品牌发展的经营维护

1. 在品牌市场占有维护方面

1994—2002年，五粮液以OEM模式迅速壮大品牌阵营，1995—2002年营业收入年均增速达到29.89%，一举拿下并不断巩固"中国酒业大王"称号。其后，为防止子品牌野蛮生长、过度透支母品牌资产，五粮液开始品牌瘦身，主动对贴牌产品进行精简管理，至2007年仅保留了不超过16个子品牌。2010年五粮液果断精简系列酒品牌，推动主品牌价值进一步回升。从图11-1可以看出，在五粮液品牌瘦身调整的主要阶段（2003—2007年），由于"营销政策调整、品牌打造等导致费用有所上升[1]"、实施"产品结构调整[2]"等原因，营业收入增长明显放缓，2003—2007年的营业收入年均增速只有3.72%，但"品牌形象、无形资产等多个方面取得了非常好的成绩[3]"，高价酒/中低价酒的营业收入比值，从2003年的1.02提升至2008年的3.16（至2017年都基本稳定在这一水平），为其后2008—2012年营业收入快速增长（年均增速达到36.08%）奠定了坚实基础。

2013—2015年行业调整期，五粮液实施"1+5+N"品牌战略，布局全价位产品线。2016年，五粮液提出"五粮液+五粮系"双轮品牌结构，

---

[1] 《宜宾五粮液股份有限公司2005年度报告》。
[2] 《宜宾五粮液股份有限公司2007年度报告》。
[3] 《宜宾五粮液股份有限公司2005年度报告》。

大胆清理了 15 个总经销品牌、近 300 个产品条码，及时稳定了产品终端市场预期和表现。

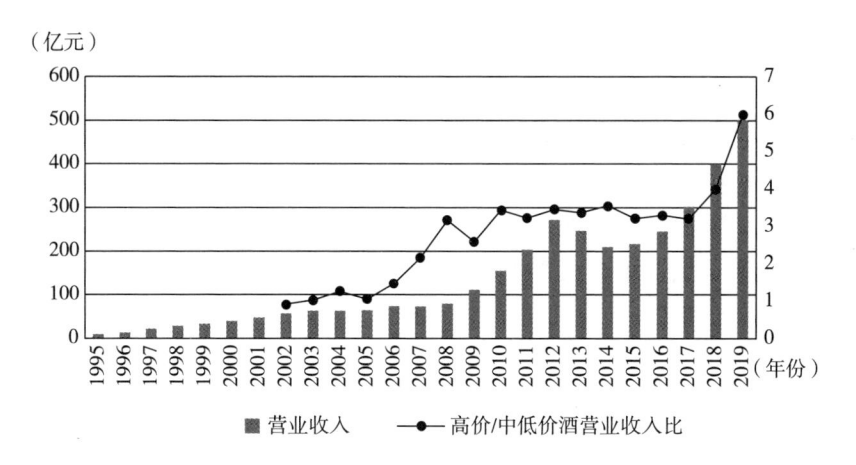

图 11-1　五粮液 1995—2019 年营业收入情况（亿元）
数据来源：五粮液有限公司年报（1995—2019 年）。

2017—2019 年，五粮液创新推出"火爆"等年轻化、时尚化的小酒概念产品，同时将系列酒品牌从 130 个梳理精简到 49 个，清退下架 42 个品牌 129 款高仿主品牌的产品。实施"大营销工程"，推出"五粮 e 店"新模式，直接面向终端消费者，构建线上线下一体化的新型智能连锁零售体系。2019 年五粮液营业收入突破 500 亿元，比 2015 年增长 131.39%，2015—2019 年营业收入年均增速达到 23.34%。从产品结构看，2017 年后高价酒与中低价酒的营业收入比值，随总体营业收入的增长而快速提高，具体变化趋势如图 11-1 所示。

2. 在品牌市场秩序维护方面

五粮液股份公司在不断提高产品品质的同时，通过数字化营销构建稳定透明的渠道结构，通过产品和渠道治理加强品牌形象维护。2019 年启动"雷霆行动"，进一步强化品牌管理，公布"关于取消抚顺市益铭阳进出口经贸有限公司 39 度五粮液经销资格的通报""对近期两起违约跨区域销售的处理通报""关于终止十一家经销商（专卖店）合作的通报"等系列事件处理结果，严惩经销商违规行为，强力维护品牌形象和市场秩序。

3. 在品牌传播曝光维护方面

五粮液股份公司始终重视品牌推广和宣传，强调历史与现代的融合，以企业形象展示推动品牌家族整体发展。以"大制作、大广告、大公关"推动品牌提升和价值重塑,利用各类媒体不断提升宣传覆盖率,除了多年来在中央电视台保持长时间广告投放之外,在海内外的卫视、户外媒体、网络媒体、报纸杂志等媒体上进行广泛立体传播,以"独家赞助"公关目标人群,形成持续强大的品牌攻势和宣传效应。

五粮液善于抓住新闻事件扩大品牌宣传,积极利用"600年五粮液拍出50万元天价""68度原浆酒创白酒界吉尼斯纪录"等新闻事件,强化品牌传播。大力创新品牌传播方式,依托达沃斯论坛、中国国际酒业博览会、博鳌论坛首尔会议等重大活动,持续占据舆论焦点,不断提升品牌曝光率、影响力。

4. 在消费者追踪维护方面

五粮液一直非常重视高端团购消费群体,长期坚持通过系列主题活动、互动活动等形式走近更多消费者。2017年五粮液酒王俱乐部成立,对核心消费群的服务水平大幅提升。2018年实施高层"走访大企业"活动,从而与更多高端商务消费圈群搭建起了良好的交流平台。2019年五粮液营销数字化平台正式上线运作,通过建立产品数据库,为消费者追踪、营销渠道维护等经营管理提供大数据支持。公司数字化转型荣获"体验营销典范"。

5. 在品牌国际化发展方面

在2015年米兰世博会上,五粮液与美、英、日等一百多个国家和地区建立起了产品购销关系。近年来,五粮液积极开拓海外市场,以"直营"和"合作"推动品牌国际化,抓住"一带一路"倡议发展契机,积极传播中国白酒文化,以白酒低度化和浓香文化的亮丽名片与全球市场接轨,对外塑造品牌价值。五粮液将"白酒国际化"写入"二次创业"日程,与国际知名企业施华洛世奇、帝亚吉欧、保乐力加、奔富等开展战略合作,打造中西方酒文化交流平台。五粮液海外市场布局已初见成效,韩国、日本等市场销售量已经出现较大幅度增长。

二 茅台的品牌追踪与维护

(一)茅台品牌发展的自我维护

1. 在高端品质维护方面

茅台坚持把抓品质、树品牌、做文化作为长期性、战略性任务。在制造工艺上,用纯净小麦制成高温大曲和高粱作为酿酒原料,按照酿造工艺流程，生产周期至少需要 5 年。茅台是我国酱香型白酒的典型代表，其产地地理环境和微生物环境的独特性，成为其产品稀缺性和不可复制性的基本要素。茅台自 1999 年先后通过了"绿色食品""有机食品"、ISO9002 品质管理体系、ISO14001 环境管理体系等认证。茅台酒的酿造历史，可以追溯到汉武帝时代，在其诸多品牌要素中，政务色彩成为其最显著的形象。在 20 世纪新中国许多重大政治、军事和外交事件中，都出现了茅台的身影，也就使其与军事酒、外交酒有了联系，茅台也因此长期致力于打造"国酒"之尊。

2. 在技术创新方面

茅台集团围绕集智创新、协同攻关和培育精神，出台了《茅台集团创新工作室管理办法》，着力以创新工作室发挥示范引领作用，营造创新氛围，培养工匠精神和技能人才。2018、2019 年茅台集团新命名的"创新工作室"分别达到 20、18 个。稳步推进"智慧茅台"工程建设，围绕各个生产环节，打造智慧车间。依托互联网，为有机高粱农户量身打造茅台原料供应链管理综合应用平台。积极推进办公信息化，优化业务流程。2019 年，贵州茅台公司研发投入达到 22053.27 万元，占营业收入比例为 0.26%。

3. 在防伪打假方面

2013 年，茅台酒上线了 RFID 防伪溯源体系，消费者通过手机就可以直接追溯茅台酒的来源、查验辨别真伪，为白酒质量保障和食品安全提供了有力保障。通过防伪保真数字化、食品安全溯源信息化建设，茅台集团在终端环节的防伪打假得到了加强。2017 年茅台集团开始与浪潮集团等科技企业合作，推动新技术应用，探索区块链等新技术成果在白酒防伪溯源中发挥积极作用。在茅台官方网站，可通过点击"打假维权"查询全国 31 个省市及茅台打假维权办公室专门的打假维权服务电话，可下载手机安装"茅台防伪溯源系统"，可在线"投诉举报"。

4. 在企业社会责任方面

茅台集团秉承"大品牌大担当"社会责任观，持续加大生态环境保护力度，努力提高员工获得感和幸福感，与经销商构建"亲""清"关系，共同为消费者提供优质商品和服务。采取"对口帮扶""公益助学"等多种形式，在贵州省道真、务川、镇雄、仁怀等多地开展扶贫帮扶工作，2018、2019 年投入扶贫资金分别达到 3.36、1.50 亿元，每年在全国范围资助 2 万名贫困学生圆梦大学。2017 年以来，企业社会责任特别贡献奖、人民企业社会责任奖年度企业奖、人民企业社会责任奖年度案例奖等诸多奖项也是对茅台积极履行社会责任的肯定。

5. 在品牌荣誉方面

茅台获得了包括第九届世界烈酒大赛金奖、全球卓越绩效奖、布鲁塞尔国际烈酒大赛金奖、布鲁塞尔国际烈性酒大奖赛飞天53度茅台酒大赛最高奖（大金牌）、"全国企业品牌建设特殊贡献单位"称号、中国食品企业国际贡献奖、"国家名片"、中国特色旅游商品大赛金奖等众多国际国内荣誉，品牌价值长期位列华樽杯酒类榜首。

（二）茅台品牌发展的法律维护

1. 在法律保护获取方面

2001年，茅台酒通过"原产地域保护产品"认证，茅台酒传统工艺列入国家级首批物质文化遗产，2010年，茅台股份公司成为全国首批商标战略实施示范企业。2012年，为避免销售额流失和品牌不断流失，茅台集团重新申请了曾在2005年被撤销的"赖茅"商标专有权。2013年"茅台酒酿酒工业遗产群"申报批准为全国重点文物保护单位。2015年茅台酒被"中国地理标志产品大典"收录。虽然茅台集团9次申请注册"国酒"商标均告失败，申请"茅台国宴"商标也被驳回，但其坚持17年的申请历程也反映出茅台集团强烈的商标保护意识。

2. 在依法维权方面

茅台是遭遇侵权比较严重的品牌。一些中小型白酒生产企业通过模仿茅台酒的标识体系、模仿包装造型、模仿广告词、套取茅台的文化内涵等等，实施侵权及打"擦边球"侵害茅台无形资产，对此，茅台常通过双方协商、协会调解、行政制裁、法律诉讼等途径维权。积极采取法律武器维护自身权益，例如，2012年茅台集团起诉贵州荣和烧坊酒业有限公司商标侵权，茅台股份公司2018年起诉"飞天不老酒"所属公司及其生产商、网售平台（索赔300余万元，取得了终审胜诉）。对于市场上销售假冒伪劣贵州茅台酒等不法行为，茅台集团也在其官方微博"贵州茅台官微"发布声明，会跟进出具鉴定报告，积极支持消费者开展投诉维权。

茅台也在不断尝试运用法律武器维护自己的诉求。如：2018年茅台集团因申请"国酒茅台"商标被拒，起诉国家商标评审委员会，后因茅台集团撤回该诉讼而结束；2016年因申请"茅台国宴"商标被驳回，茅台集团起诉国家工商行政管理总局商标评审委员会，该诉讼也于2019年被法院驳回。

(三) 茅台品牌发展的经营维护

1. 在品牌市场占有维护方面

茅台把高端品牌细分，推出不同度数"贵州茅台酒"、不同年份"陈年茅台酒"、飞天特供等主要产品，满足高端客户个性化需求，巩固和提升自身品牌价值。通过取消茅台酒价格"双轨制"推进营销体系改革，全力"控价稳市"。通过"建网络，抓陈列，搞品鉴"，推动酱香系列酒取得新发展，成为"双轮驱动"的有力支撑。通过开展"文化建设暨服务提升"系列活动，推动市场认可度和消费者满意度不断提升。

为加强品牌管控，茅台集团从 2017 年开始"瘦身"行动，精简了 155 个品牌 1983 款子公司产品，只保留了 59 个品牌 406 款产品。2019 年，茅台集团进一步将子公司品牌精简至 5 个，并停止子公司使用集团名称和 LOGO，以此规范市场秩序、优化品牌资源，防止主品牌价值被稀释。同时，茅台集团通过聚焦白酒高端及次高端市场，为中低端酱酒留出更多发展空间。2019 年，茅台基酒产量达到 7.50 万吨，环比增长 6.88%；实现营业总收入达到 888.54 亿元，与上年相比增幅达到 15.10%。从产品结构看，2014 年后茅台酒与其他系列酒的营业收入比值，随总体营业收入的增长呈迅速降低趋势，即茅台其他系列酒的营业收入贡献在快速增加，具体变化趋势如图 11-2 所示。

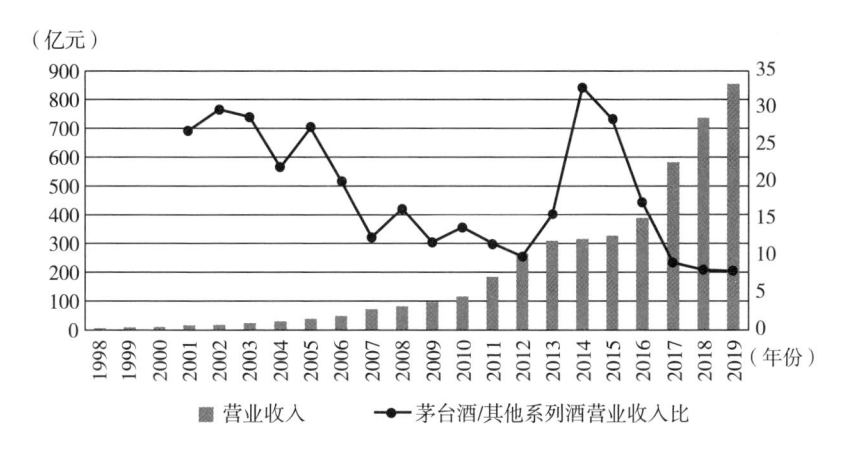

图 11-2 茅台 1998—2019 年营业收入变化情况

数据来源：贵州茅台有限公司年报（1998—2019 年）。

2. 在品牌市场秩序维护方面

茅台通过限制和约束品牌标识的使用，加大违规处罚力度，打击各种蹭茅台热度的产品和营销手段。据统计，2016 年茅台集团处理违规虚假宣传事件达到 48 起，而 2017 年则锐减至 7 起。2019 年，茅台集团进一步规范市场，全面停止了各子公司定制、贴牌和未经审批的产品业务，对屡次出现品牌管理重大违规行为的白金酒公司进行处罚，终止授权其使用集团知识产权。2020 年 3 月，茅台集团终止了佰酒汇电子商务有限公司的茅台酒经销权并解除产品经销合同，对影响品牌形象的行为给予严厉处罚。茅台把品牌收紧，推高茅台品牌价值，把消费者的心理价位推高，掌握了高端主动权，提高了品牌含金量。

3. 在品牌传播曝光维护方面

茅台特定的原料、工艺、历史和文化，是茅台发展的最大无形资产。茅台曾提出"要走平民化道路"，在品牌传播中大量传递家庭、温情等信息，抓住现代人崇尚健康的理念，推出"茅台护肝说"进行广告公关。同时，茅台利用"酒是陈的香"的大众认知，成功营造"年份酒"概念，为其高档品牌增加了深度。进入巴黎、夏威夷、罗马、东京等数十个国际机场免税店"露面"，为茅台进入国际市场打下了基础。茅台集团也曾经通过"中国历史博物馆收藏茅台酒"、"汉帝茅台酒在香港大拍卖"等活动，大力进行品牌宣传。茅台集团的广告宣传及市场拓展费用，在 2018、2019 年分别达到 19.67、26.75 亿元。

4. 在消费者追踪维护方面

茅台集团重视发展"茅粉俱乐部"，自 2017 年起，每年在茅台镇举办一届"茅粉节"，成为茅台与消费者互动的最佳方式[①]。2019 年"北京联谊会金源腾达茅粉俱乐部"正式成立，"云南首家茅粉俱乐部"成立，"首届重庆'茅粉'节"在渝举行等一系列事件，显示茅台正在不断通过"茅粉"活动，培育更多茅台文化传播使者，着力消费者之间的交流来提升品牌忠诚度，积累"茅台式口碑宣传"品牌效应。

5. 在品牌国际化发展方面

以"文化茅台"战略推动品牌全球化，提出"让世界爱上茅台，让

---

① 快讯君：《茅粉会、酒王俱乐部……"抢人大战"葫芦里到底卖的什么药?》，《佳酿网》，2019 年 1 月 23 日，http://www.jianiang.cn/yanjiu/0123915092019.html，2021 年 9 月 23 日。

茅台香飘世界"。收购法国波尔多海马酒庄,与卡慕、百多士等公司合作,"海外茅台人"已扩大至 64 个国家和地区的 107 个经销商,广泛分布在亚洲、欧洲、非洲、美洲、大洋洲的有税市场及重要口岸的免税市场。2019 年新进入 6 个"一带一路"沿线国家,新增了 1 家试销商和 10 家海外专卖店①。2018、2019 年茅台国外销售收入分别为 28.93、29.20 亿元,占茅台当年营业收入的比例分别达到了 3.93%、3.42%。

三 五粮液和茅台品牌追踪与维护比较

围绕品牌发展的自我维护、法律维护和经营维护三个维度,下面对五粮液与茅台的品牌追踪与维护情况进行对比,具体如表 11-6 所示。

表 11-6　　五粮液与茅台品牌追踪与维护比较

类别		五粮液与茅台比较
品牌发展的自我维护	在高端品质维护方面	都非常重视品质和传承,依托各自自然环境和酿造技艺,在高端白酒香型上错位发展,反映在品牌价值上,五粮液是仅低于茅台的白酒品牌,如图 11-3 所示
	在技术创新方面	都注重品质提升与新品开发。从 2019 年研发投入看,五粮液资金投入不及茅台,但在人员投入上远超茅台;从成果方面看,五粮液新获"中国酒业协会科技进步奖"三等奖 1 项,取得公司重大技术突破 2 项,获政府专项资金支持 260 万元,新增授权发明专利 5 项,发表科技论文 21 篇;而茅台公司年报中未见披露这方面成果,如表 11-7 所示
	在防伪打假方面	积极应用现代防伪技术,强化防伪数字化,探索区块链技术应用于产品防伪溯源,在茅台官方网站,"打假维权""防伪溯源""投诉举报"链接均可获得实质信息或操作,这方面比五粮液更完善
	在企业社会责任方面	注重在对口帮扶、工业反哺、助学扶智、生态环境保护等方面积极承担社会责任,获得了许多荣誉,从力度上看,2019 年精准扶贫投入占利润总额的比例,五粮液、茅台分别为 0.55%、0.26%,五粮液高于茅台
	在品牌荣誉方面	都持续在国际国内获得了众多至上荣誉,同时两家龙头企业都注重突出各自优势,实际在很大程度上避开了"同台竞技"

---

① 美通社:《茅台 2019 海外市场首现供不应求》,《美通社》,2019 年 11 月 16 日,www.prnasia.com/story/264881-1.shtml,2021 年 9 月 23 日。

续表

类别		五粮液与茅台比较
品牌发展的法律维护	在法律保护获取方面	都在商标、专利等重点领域积极争取法律保护，从"国酒"商标的申请与反对态度，也反映出两家企业都非常重视知识产权
	在依法维权方面	都会在必要时对制造售卖假冒仿造公司品牌产品行为、有损品牌形象事件、公司权益诉求等进行诉讼维权
品牌发展的经营维护	在品牌市场占有维护方面	在品牌市场占有和维护方面都是不遗余力，通过品牌扩张、优化品牌，在2013—2015年白酒市场调整期，五粮液高价酒与中低价酒营业收入均出现下滑，而茅台提高了营业收入，抵消了其他系列酒营业收入的下滑，使得总营业收入不降反升，开始反超并逐渐拉大与五粮液的距离；2017年以后，五粮液高价酒在营业收入中的占比逐步提升，而茅台高端的"茅台酒"在营业收入中的占比则略有下降，如图11-4所示
	在品牌市场秩序维护方面	都注重不断强化品牌管理，严惩经销商违规行为，强力维护品牌形象和市场秩序
	在品牌传播曝光维护方面	五粮液比茅台品牌宣传力度大，长期在广告宣传方面投入更多，特别是在2013—2016年行业调整期，五粮液明显加大了广告促销投入，年均广告费用达到36.38亿元，但营业收入在此期间仍出现了下滑如图11-5所示
	在消费者追踪维护方面	都着力建立自己的会员专属体系，团结核心经销客户、紧抓核心消费者，通过资源共享、生活及文化等方方面面的高端交流，深度接近消费者，通过对消费圈层的渗透，在目标群体中建立良好的产品口碑及品牌忠诚度
	在品牌国际化发展方面	都重视对海外消费市场的研究，不断开发更多与国际市场接轨的名优白酒，在推动产品输出的同时，不断加强白酒文化输出。在国外收购等方面茅台走在前列

资料来源：根据川酒发展研究中心相关资料整理。

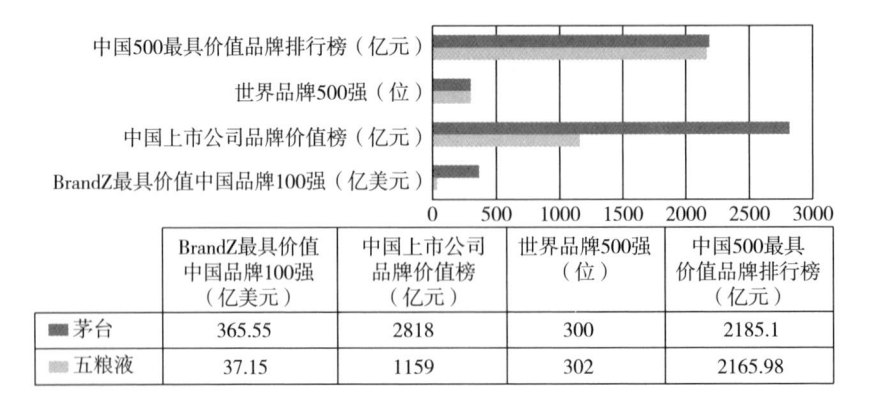

	BrandZ最具价值中国品牌100强（亿美元）	中国上市公司品牌价值榜（亿元）	世界品牌500强（位）	中国500最具价值品牌排行榜（亿元）
茅台	365.55	2818	300	2185.1
五粮液	37.15	1159	302	2165.98

图11-3 2019年品牌价值

资料来源：华樽杯和BrandZ官网。

表 11-7　　　　　　　　五粮液与茅台创新投入对比

指标	五粮液	茅台
研发投入合计（万元）	12636.04	22053.27
研发投入占营业收入比例（%）	0.25	0.26
公司研发人员的数量（人）	2719	495
研发人员数量占比（%）	10.32	1.83
研发人员人均研发投入（万元/人）	4.65	44.55

资料来源：五粮液有限公司和茅台酒股份有限公司年报（2019 年）。

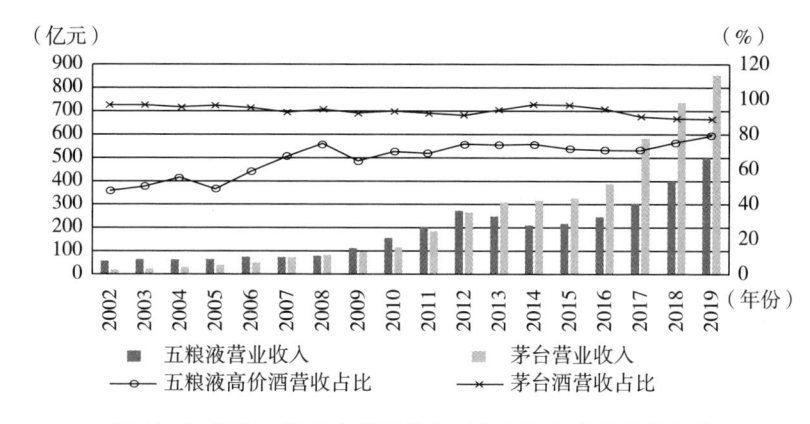

图 11-4　2002—2019 年营业收入（亿元）与产品结构变化

资料来源：五粮液有限公司和茅台酒股份有限公司年报（2002—2019 年）。

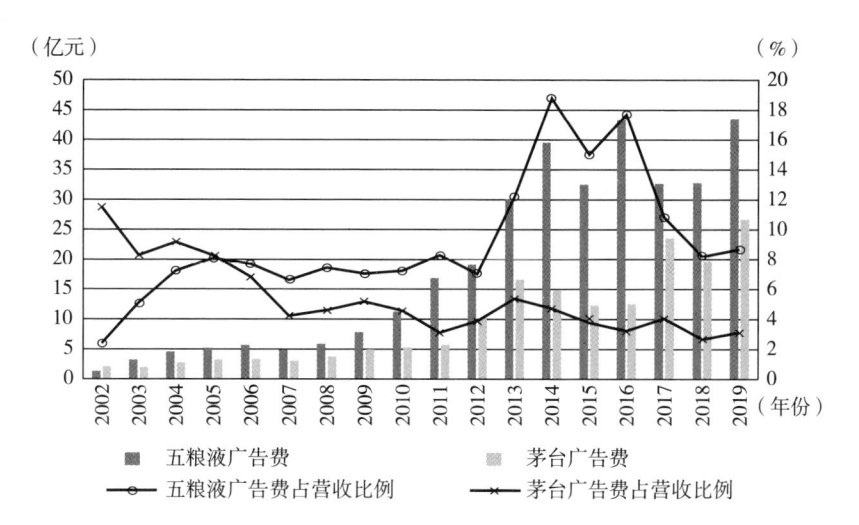

图 11-5　2002—2019 年广告费用（亿元）及其占营业收入的比例

资料来源：五粮液有限公司和茅台酒股份有限公司年报（2002—2019 年）。

第四节 五粮液品牌管理建议

一 建设协调统一的五粮液品牌管理团队

品牌管理团队一般直接隶属于企业最高层决策人。茅台集团建立了统管多部门的品牌管理委员会，是茅台集团五大管理委员会之一，下设法律知保处、战略管理处、企业文化处、技术中心、信息中心、监察室等 10 个职能部门，负责茅台集团旗下各品牌布局、培育、发展和保护工作，具体负责茅台品牌管理的组织领导和重大事项决策，并部署相关工作任务，实现了合同、质量、战略、纠察、处罚的一条龙管理。这种建立统一组织、强化管理协调的方式值得五粮液在品牌管理团队建设中借鉴。

五粮液对建立关于品牌的"统一管理机构"已早有认识，在其"十三五"战略规划中，已经提出了"明确各品牌的形象定位，建立品牌设计、品牌传播、品牌营销的统一管理机构和管理策略"，只是目前这一"统一管理机构"尚未明确建立。因而，建议五粮液进一步重视品牌的培育、保护及长期爱护，强化品牌管理团队建设，吸收"品牌管理委员会"的优点，尽快组建一支由核心骨干组成的高效率管理团队，履行品牌设计、品牌传播、品牌营销等职能的统一管理机构，协调各相关部门职能，推进合同、质量、战略、纠察、处罚等实现更高效的协调统一管理。

二 建立体系化的五粮液品牌管理制度

品牌管理制度伴随品牌的建立而产生，打造品牌的过程是企业提高市场竞争力的过程，塑造企业良好品牌形象、保护企业和产品信誉，需要一套完整、动态、开放的制度安排来保障，"著名品牌"的增值必须通过制度建设来保证。

茅台集团在 2006 年出台第一版品牌管理办法，后在 2015 年第一次修订，至 2017 年第二次修订为现行管理制度。茅台集团按照品牌管理办法，对子公司品牌运营加强制度化管理，有利于产品审批、品牌使用许可、广告宣传、首席质量官设立等得到长期规范发展。这种制度化、体系化、规范化的品牌管理模式值得五粮液借鉴。

建议五粮液立足自身实际，深入梳理产品审批、品牌使用许可、广告宣传、产品质量等制度文件，从品牌战略高度建立和完善《品牌管理办法》，进一步明确规则，形成完善的品牌状态监视制度、品牌策略调整制度、企业品牌保护制度等制度体系，推动品牌管理规范化、制度化、体系化发展。

三 实施更加有效的五粮液品牌追踪与维护

五粮液与茅台在品牌发展的自我维护、法律维护方面，都做得比较出色。但值得一提的是，在创新方面，茅台以创新工作室发挥示范引领作用，营造创新氛围，突出工匠精神、培养技能人才、提升职工队伍素质。这种注重创新激励制度建设、注重以创新带动人才培养和职工素质提高的做法值得五粮液借鉴。

在品牌发展的经营维护方面，五粮液与茅台都可谓下足了功夫。只是在品牌广告宣传方面，五粮液比茅台力度更大，长期在广告宣传方面投入更多，特别是在2013—2016年行业调整期，五粮液明显加大了广告促销投入，但营业收入在此期间仍出现了下滑。因而五粮液需要重新思考自己的广告、公关、销售、人际等传播方式，提高品牌传播的投入产出比。

（1）推进技术创新队伍建设。技术创新涉及新产品开发、新方法应用、新的组织管理形式实施、新的市场营销等多方面，需要长期的多主体参与、多要素互动。建议五粮液立足长远，继续强化技术创新制度建设，推动技术、质量、商业模式和企业文化创新。进一步加强与高校、科研院所的创新协作，推进科研团队建设，突出工匠精神、培养技能人才、提升职工队伍素质，着力提高技术开发的能力和层次，建立健全技术开发成果有效利用的机制，从人才、技术、产品质量等方面为品牌管理奠定坚实基础。

（2）探索新技术加强防伪打假。制假与保真的博弈长期存在，由于传统防伪方法需要在产品生产、销售的各个环节投入大量人力物力进行跟踪、验证，效率始终不高。随着现代新技术的兴起，建议五粮液在采用先进包装防伪技术的基础上，可以结合移动终端，深入探索基于区块链等现代信息技术的综合防伪溯源措施，努力提升打假效能。同时，以一定的激励措施，发动"粉丝"积极参与打假，形成强大的品牌维护社会监督效应。

（3）着力提升品牌传播实效。成功的品牌传播，可以有效提高品牌知名度、提升企业的社会美誉度、培养消费者的品牌忠诚度。在社交媒体时代，面对新生代消费群体，品牌传播已经从"央视广告包打天下"演变为"精确制导"传播，因此，企业品牌传播需要精准定位目标人群，在精细化细分市场减少营销传播浪费，提高广告宣传方面的投入产出比。建议五粮液可以长期关注客户及客户需求的变化，针对目标消费人群，深入调查分析他们的消费特征，包括消费场景、消费心理、消费习惯等内容，从而设计制作更有针对性的品牌传播内容，选择恰当的传播媒体，确定合适的传播频率，同时加强公司网站、公众号等渠道建设，提高传播受众与品牌之间的有效互动及目标受众群体之间的有效互动，为消费者资源共享、真伪鉴定、投诉举报、文化生活交流等提供充分便利，充分利用粉丝群体自媒体口碑传播效应，推动五粮液酒王俱乐部不断发展壮大，推动品牌信任度及客户忠诚度不断提升。

四　销售组织管理模式变革

总体而言，对比五粮液与茅台近几年的销售组织管理模式变革可以发现：首先，强化渠道管控，以渠道扁平化为主要特征的渠道结构的改革创新已是白酒企业共识和必然选择；其次，渠道结构创新必然要求销售组织模式的创新。目前，五粮液与茅台的销售组织管理模式都在根据环境变化进行适应性变革，从而能尽力与新形势下白酒市场的新变化与企业发展的新要求相匹配。

当然，这种销售组织管理模式的变革创新能否有效克服原有渠道结构模式运行时的弊端，谁能通过这种变革创新最终占据更有利的市场竞争地位，有待未来进行验证。

参考文献

白向群：《切实推进循环经济发展》，《光明日报》2006年2月27日第8版。

曹广勇等：《再议芝麻香型白酒》，《酿酒科技》2013年第11期。

陈东方：《客户价值研究与差异化营销》，硕士学位论文，华北电力大学，2006年。

陈之昶：《品牌定位的实施流程》，《商场现代化》2007年23期。

程云翔：《市场营销竞争力评价指标体系构建》，《商业经济研究》2016年第13期。

董娜：《我国中小企业提升核心竞争力的研究》，硕士学位论文，河北师范大学，2011年。

段宁：《基于客户感知的酒文化旅游开发市场特征与定位研究》，硕士学位论文，山东师范大学，2016年。

菲利普·科特勒等：《营销管理》，何佳讯等译，格致出版社2016年版。

丰红辉：《房地产开发企业营销竞争力研究》，硕士学位论文，浙江工业大学，2013年。

冯英木：《"芝麻香"曲高和众新鲁酒一枝独秀——"鲁酒新突破"新闻发布会隆重举行》，《酿酒》2008年第6期。

郭惠玲：《企业营销竞争力评价体系的构建及其应用研究》，硕士学位论文，华侨大学，2003年。

胡劲、黄嘉涛：《论企业营销竞争力体系构建原则》，《计划与市场探索》2004年第3期。

化春光：《破解茅台巴拿马获奖谜团：一个无中生有的金奖》，《旅游时代》2015年第4期。

黄均红：《酒都宜宾和宜宾酒文化史迹》，《中华文化论坛》2001年第 1 期。

黄艳蓉：《营销力评价指标体系构建及模型研究》，硕士学位论文，武汉理工大学，2007 年。

纪磊：《牛栏山"三五"圆满收官》，《中国酒》2016 年第 3 期。

季红颖：《企业营销竞争力评价体系研究》，硕士学位论文，吉林大学，2008 年。

江源：《中国最大清香型白酒生产基地在汾阳揭牌》，《酿酒科技》2018 年第 10 期。

金孟泽，郭慧：《河南白酒市场浅析》，《中国酒》2000 年第 2 期。

李代广：《复兴豫酒企业有样板可参照》，《经理日报》2006 年 1 月 14 日第 3 版。

李东、邢振超：《四种营销传播理论的比较——从 USP 论、品牌形象论、定位论到 IMC 理论》，《学术交流》2006 年第 11 期。

李付丽等：《电子舌和测色仪在酱香型白酒质量检测方面的应用》，《. 酿酒科技》2015 年第 3 期。

李海凤：《内蒙古白酒市场营销策略研究——以河套酒业高端酒为例》，《中国管理信息化》2013 年第 6 期。

李亚男：《基于老白干酒业的企业风险管理分析》，《企业导报》2011 年第 7 期。

李宇珩：《黑龙江省白酒生产企业现状及相关税收政策效应分析》，《黑龙江科技信息》2011 年第 34 期。

梁淑佳：《北京牛栏山创意包装设计》，硕士学位论文，长沙理工大学，2019 年。

刘朴兵：《略论改革开放后河南酒文化的传承和发展》，《农业考古》2012 年第 1 期。

刘守刚：《做酒就是做文化》，《中国酒》2013 年第 9 期。

刘小平、瞿瑛：《我国企业营销竞争力测度指标体系研究》，《全国商情》2008 年第 19 期。

刘小宇：《大转型：跑出加速度彰显高质量》，《吕梁日报》2019 年 1 月 20 日第 1 版。

罗科：《我国手机制造企业品牌运营策略研究》，硕士学位论文，西南大学，2010 年。

吕建铖：《打破香型束缚，东北酒逆势前行》，《酿酒》2015 年第 6 期。

孟凡德：《铸就高端品牌引领鲁酒振兴》，《中华商标》2012 年第 7 期。

闵玲等：《"十四五"四川将实施川酒振兴"五大行动"》，《四川日报》2021 年 1 月 21 日第 12 版。

《山东省人民政府办公厅转发省经济和信息化委关于加快培育白酒骨干企业和知名品牌的指导意见的通知》，《山东省人民政府公报》2018 年第 18 期。

《省人民政府关于促进贵州白酒产业又好又快发展的指导意见》，《贵州省人民政府公报》2008 年第 2 期。

松子，金秀：《景芝镇被授予中国芝麻香白酒第一镇景芝酒业获中国芝麻香白酒生态酿造产区》，《中国酒》2012 年第 12 期。

宋晶等：《论品牌意识与品牌运营》，《财经问题研究》2001 年第 12 期。

王华美：《AA 白酒公司发展战略研究》，硕士学位论文，天津工业大学，2017 年。

王建蓉：《品味与气质的百年轮回》，《经济日报》，2010 年 11 月 8 日。

王卫红：《我国企业营销能力现状分析与对策》，《商业研究》1998 年第 1 期。

魏义光：《品牌新常态》，中国法制出版社 2015 年版。

吴珊红：《品牌万里行胜利回师北京》，《公共商务信息导报》2006 年 10 月 13 日第 9 版。

武铮铮、李永：《市场营销竞争力评价指标体系的构建方法探讨》，《中国集体经济》2021 年第 31 期。

谢振斌、郭建波：《四川宜宾县喜捷镇槽坊头酿酒遗址价值分析》，《四川文物》2013 年第 5 期。

熊山：《基于 V-S-O 营销竞争力基本架构与管理框架》，《中国商贸》2013 年第 13 期。

熊银解：《新经济时代销售竞争能力的塑造》，《市场营销导刊》2001 年第 4 期。

徐辰熠：《四合一理论在颐尚温泉品牌建设中的应用研究》，《品牌》2015 第 7 期。

许涛：《五粮液股份有限公司品牌组合优化研究》，硕士学位论文，兰州理工大学，2018 年。

杨德立、郭惠玲：《企业营销竞争力的理论初探》，《市场周刊》2003 年第 5 期。

杨沐春：《且看宋克伟引领下的二锅头"牛速"》，《中国酒》2018 年第 12 期。

姚婷：《作业成本法在 A 公司酿酒环节的应用研究》，硕士学位论文，大连海事大学，2018 年。

余明阳、杨芳平：《品牌定位》，武汉大学出版社 2008 年版。

张一：《衡水老白干酒新品牌营销战略研究》，硕士学位论文，天津大学，2006 年。

张弈等：《内蒙古河套酒业品牌延伸发展的分析与思考》，《中国商贸》2014 年第 14 期。

赵晶：《中国"隐形冠军"型中小企业国际化战略分析》，硕士学位论文，浙江工业大学，2015 年。

周涛：《区域零售企业多业态发展营销竞争力研究》，硕士学位论文，东北林业大学，2014 年。

邹泉：《房地产品牌营销战略》，硕士学位论文，武汉大学，2004 年。

后　　记

　　五粮液和茅台品牌发展历史悠长，在其发展历程中经历的市场变化、社会环境的变革、领导人的更替、企业重大举措综合作用，成就了现在的五粮液与茅台。这些动态的变化看起来杂乱无章、毫无头绪，本书依然试图从中解读出五粮液、茅台的品牌成长之路和品牌持续发展的秘密。

　　本书首先由外及里、由环境到企业本身，分析了白酒产业发展趋势，消费者变化、企业自身变化。本书总结白酒产业发展特点和消费者的变化特征，并分析在此市场变化的情况下，五粮液与茅台自身产品结构、价位、战略和管理上的改变。通过对五粮液与茅台发展历程的总结，可以理清其品牌发展脉络，更能够理解和对比分析五粮液与茅台企业品牌理念和企业愿景。

　　在总体战略层面对五粮液和茅台对比分析之后，本书从品牌模式、品牌结构、品牌授权、品牌延伸、品牌定位、品牌销售系统、品牌管理系统对五粮液与茅台的品牌运营战略进行深入剖析和比较。为更直观比较分析五粮液和茅台在不同品牌战略下的运营结果，本书构建品牌竞争力模型，评价两个品牌在2019年度的竞争力。

　　综合以上分析结果，本书从顶层设计、品牌文化建设、品牌运营战略、品牌定位、渠道治理与创新、品牌绩效评估等方面为五粮液品牌战略优化提出了建议。